今今乐道读书会™
JINJINLEDAODUSHUHUI
约会世界最好的思想

高效学习按钮

如何用30分钟吸收30万字

杨铄今 编著

THE BUTTON FOR EFFICIENT LEARNING

西南财经大学出版社

图书在版编目(CIP)数据

高效学习按钮:如何用30分钟吸收30万字/杨铄今编著.—成都:西南财经大学出版社,2018.6

ISBN 978-7-5504-3444-8

Ⅰ.①高… Ⅱ.①杨… Ⅲ.①学习方法 Ⅳ.①G791

中国版本图书馆CIP数据核字(2018)第083136号

高效学习按钮:如何用30分钟吸收30万字

GAOXIAO XUEXI ANNIU:RUHE YONG 30 FENZHONG XISHOU 30 WANZI

杨铄今 编著

策　　划:何伊凡
出版统筹:姜洋
编辑统筹:姜洋
责任编辑:李思嘉
助理编辑:张春韵　冯玉平　任娅斐　候珊珊
封面设计:刘振山
责任印制:朱曼丽

出版发行	西南财经大学出版社(四川省成都市光华村街55号)
网　　址	http://www.bookcj.com
电子邮件	bookcj@foxmail.com
邮政编码	610074
电　　话	028-87353785　87352368
照　　排	四川胜翔数码印务设计有限公司
印　　刷	四川五洲彩印有限责任公司
成品尺寸	165mm×230mm
印　　张	18
字　　数	249千字
版　　次	2018年6月第1版
印　　次	2018年6月第1次印刷
印　　数	1—3500册
书　　号	ISBN 978-7-5504-3444-8
定　　价	45.00元

序：
阅读不止是在读书

文/何伊凡

阅读是这个世界上最美妙的事，也是最痛苦的事。

特别是当你希望将阅读作为一项事业时，其中的美妙与痛苦会成倍的放大。

我与杨铄今先生是好友，我和他再加上另外一位合伙人西姐，号称“西葫芦”组合，3 个人加起来快 120 岁了，还经常一起去看电影、打游戏。

他是“读”书很多的人：每天“读”一本，迄今已超过 700 余本。当然，他背后有一个庞大的拆书部队，来自十多所高校的学者，将一本书先读厚，补充进延展性的知识，然后再读薄，萃取其中的精华，压缩到 5 000 余字。他也并不照本宣科，而是在讲书时又加入了自己的人生体验与商海经验，并有诸多发挥。他提供的不是浓缩的知识“胶囊”，而是“知识背后的知识”。

他是天生的“讲书人”，口才极佳，曾经是辽宁电视台的著名主持人、制片人，几乎所有话从他口中出来，都是带着金句的段子。更难得的是，他自身就是成功的连续创业者，在“一线”拿过枪、打过仗、赚过钱。他并不是商学院教授，而是从“血海”中杀出来的实战派。让我印象深刻的是他的逻辑能力与对数字的敏感性。在这方面，如果说我的大脑运算能力是 4 核的，他的就是 8 核的，而这两点，都让他能超越文本，给书籍赋能。

“今今乐道”为什么要出一套“书中书”？想先分享三个小故事。

1951 年，爱因斯坦在普林斯顿大学教书。有一天，他刚结束物理专业高级班的一场考试，走在回办公室的路上。他的助教跟随其后，手里拿着学生的试卷，一路沉默。

爱因斯坦看出助教有心事，于是问：你有什么困惑吗？助教小心翼翼地说：博士，您给这个班的学生出的考题与去年一样。您怎么能给同一个班连续两年出一样的考题呢？

爱因斯坦的回答十分有趣——他说：答案变了。

另一个故事的主角叫普朗克，他在物理学上的成就并不亚于爱因斯坦，是 1918 年的诺贝尔物理学奖获得者。

得奖之后，普朗克每天奔波于各个学府及社交场合演讲，讲了一段时间之后，连给他开车的司机也都已记得熟烂。于是司机就说：教授呀，你每次都讲一样的内容，我都记熟了。这样吧，下次到慕尼黑，我来替你讲。

普朗克觉得这个提议很有趣：好啊，那就你来讲好了。

到了慕尼黑，普朗克穿着司机的衣服，坐在台下。司机上台，对着一群之前没见过面的物理学家，洋洋洒洒讲了一番，而且讲得和普朗克每次讲的都一样，非常完整、系统。

然而讲完之后出了意外，台下有一个教授举手：先生，我请教一个问题……然后问了个非常专业的问题。

听完问题，司机笑了：这个问题，太小儿科了，这样吧，我让我的司机回答一下。然后司机就指向了普朗克……

第三个故事，来自《塔木德》，叫做《拉比和受伤的驴子》。拉比，在犹太语中表示尊称，指的是智者或老师。

据说有一位很有成就的拉比，叫做阿基巴，其实他 40 岁时还什么书也没读过，后来他与富人萨夫亚的女儿结了婚，妻子劝他到耶路撒冷去学习经文。

“我都 40 岁了，”他对妻子说，“我还能学成什么？我还是别去出丑了。”

“我来做件事给你看看，”妻子说，“给我牵头背上受伤的驴来。”

阿基巴牵来了驴，妻子用尘土和草药敷在驴背上的伤处，那驴看上去有些滑稽。

头一天，他们把驴牵到集市上，人们见了哈哈大笑。第二天，人们见了还是觉得可笑。但是到了第三天，人们再也不觉得可笑了。

“去学习经文吧。”阿基巴的妻子说，“人们今天会笑话你，明天他们就不会了。到后天，他们会说：‘他有他的道理。’”

这三个故事就是您手中这本书的价值。

第一个故事，讲的是好问题比好答案更重要，这套书请你带着问题来阅读，围绕着一个问题，切换场景，找到不同的答案，自己才是阅读的主角，而不是作者。

第二个故事，告诉你世界上有两种知识，一种是真正的普朗克式知识，另一种是对知识的司机式表演。这本书中的思维导图，就是帮助你鉴别这两种知识的。

第三个故事，说我们就是那头驴，多数情况下并不知道自己背上有伤，这本书就是敷在驴背上的尘土与草药。将几十本书打包，看起来有点简单、粗暴，但它是一面镜子，可以用最快的方式投射出我们的无知。

关于知识付费，目前亦有各种批评，认为其是将适合文火慢炖的精神财富速食化，是把自己嚼过的馍吐出来给别人吃。实际上，知识何曾真正免费过？如今不过是“换个姿势、再来一次”。中世纪的僧侣认为印刷术是对神圣传统的破坏，但事实证明：今天的破坏，就是明天的解决方案。

目录

第四篇　迭代意识

第一篇

有效决策

第一章《领导力 21 法则》

核心圈法则：谁决定了领导者的潜力

概要

从亚历山大到拿破仑，从努尔哈赤到毛泽东，人们往往认为，领袖的气质与能力是天生的，他们披荆斩棘、无往不胜、气吞山河，总能一次次攻城略地，步步为赢，天生就带着领袖的气质、能力与光环。

但事实果真如此吗？美国通俗心理学期刊 *Psychology Today* 发表过文章称，领袖的内在品质只有 1/3 是天生的，而另外的 2/3 是通过后天塑造和培养的。那么在这至关重要的 2/3 中，又是谁在决定着领导者的潜力呢？

《领导力 21 法则》（见图 1-1），是全球第一领导力大师——麦克斯维尔博士 40 年研究的集大成之作，书中以 21 条清晰的法则，彻底讲透了提升领导力的方方面面，将抽象的领导力概念以具象的方式呈现。麦克斯维尔博士认为：一切组织和个人的兴衰都源自领导力，而领导力不是一种与生俱来的天赋，它是一种可以学习掌握，并能逐步提升的思维模式，一旦了解其中的秘诀，任何人就能很快拥有领导力。

例如“盖子法则”：领导能力通常是一个团队办事成效的盖子，如果领导能力越强，锅盖就越高；反之，团队的发展潜力就会受限。“导航法则”：谁都可以掌舵，但唯有领袖才能成就。“动势法则”：只有领导者才能够激发出动势，要和动势成为好朋友，才能超水平表现自我。“爆炸性倍增法则”提出培养领导者的作用是倍增的，你

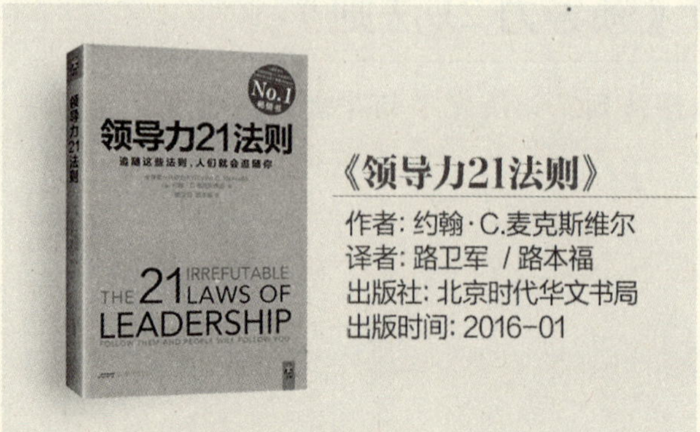

图 1-1 《领导力 21 法则》

在别人身上投资越多，时间越长，你获得的提升就越大，回报就越高！

这些法则不仅可以学习，而且每一项都可以拿来单独应用。不论你现在是一个正要开始发掘领导魅力的追随者，还是一个已经拥有大批追随者的领导者，都可以运用 21 条法则中的任何一条，成为更好的领袖。

问题 1

人们往往认为领导力是与生俱来的，但是事实真的如此吗？

麦克斯维尔博士认为：一切组织和个人的兴衰都源自领导力，而领导力不是一种与生俱来的天赋，它是一种可以学习掌握，并能逐步提升的思维模式，一旦了解其中的秘诀，任何人就能很快拥有领导力。

领导力的本质是影响力；每个人都有领导才能；领导力不是天赋，而是一组可观察、可习得的技能和能力；领导者对追随者的敬业度和绩效表现有巨大的影响；你已经在领导，只是还不够频繁；在激发人们的才干、精力和动力方面，最优秀的领导者是最差的领导者的三倍以上。99.99%的普通人都可以通过“刻意实践”提升自己的领导力，成为更优秀的领导者。

通用电气前董事长兼首席执行官韦尔奇是一位一流的教练兼导师。他非常善于培养领导人才，帮助公司各业务部门的高层领导持续成长，取得佳绩。为了使自己的领导能力有效地提升，他坚持不断练习，持续改进。这成了他生活的本能。

韦尔奇通过有针对性的持续练习，磨砺自己的品质和性格。比如，培养自己勇于质疑和挑战的信心，就算是面对业绩极为出色的领导者也不盲信、盲从。在他给下属写信的同时，他也在不断地思考，如何更好地提问，如何把领导团队和管理业务结合起来，形成更为敏锐的见地和判断。

真正使韦尔奇成为我们这个时代的企业领导力楷模的，是他的持续学习，正是这种练习模式使得他的同心圆学习能够真正开花结果。直到他离开通用电气之前，他仍然坚持每年至少召开 5 次以上的讨论会，分析各个业务、评估各级领导。在加入 CD&R 基金之后，他把自己的领导技能应用到了不同行业的许多企业。在应用的同时，他仍然在持续地提升自己。

问题 2

《领导力 21 法则》中有条很重要的法则是“核心圈法则”，作者认为“领袖的未来取决于核心圈，核心圈的质量决定领袖的成败”。怎么理解这句话？

很多人都知晓团队协作和战术配合的作用与重要意义，这一点无需多言。但不是所有人都能意识到团队中核心成员的实力强大，才是团队和核心领导者成功的关键。

甚至还有人觉得当团队中其他人的整体实力不如自己，才能凸显自己的作用，才能站在领导位置，这样的想法显然是不对的。

只有团队中每个人在各自的领域和专长上都是一等一的高手，

才能实现真正的强大。否则就算策略再高明，战术再强大，还是无法很好地执行和完成。

而核心圈成员的素质高，即每个人都可以独当一面，独立支撑一定阶段不同分支的发展，这样的团队才是高效的，作为领导者也可以更省心省力，把精力发挥在更为关键的地方。

每年夏季在法国举办的“环法自行车赛”，赛期长达23天，共有21个赛段，平均赛程超过3 500千米，这是一场环绕法国一周的世界级顶尖赛事。

在这样的高强度、长距离赛事中，即便是实力最强的选手，也无法保证在每个赛段都获得领先优势。这是一项需要战术安排和团队密切配合的比赛，没有人可以凭单打独斗获得冠军。

不同于普通体育比赛中的团队配合，环法自行车赛，更加注重团队中副将的实力，因为只有这样才能打出漂亮的“山地火车”战术。

“山地火车”，就是让副将在山地赛爬坡的时候，在大集团前方控制速度，在长坡上利用副将自身的实力优势以及不适合他人的配速来消耗其他团队主将和副将的体力，称之为“控场”。利用这种战术，当副将群的实力非常强大时，几乎没有人能够在被“山地火车”消耗掉体能之前成功逃离大集团，那么“远程进攻”等战术便失去了意义。主将只需待在“火车”的最后一节，节省体能，保存实力，等待其他对手被自己的副将消耗掉队之后，发起进攻，一击制胜。这种战术最重要的就在于副将的实力和强大的战术执行力。

运用“山地火车”战术最出名的就是天空车队。在2016环法自行车赛当中，天空车队为了让主将弗鲁姆再添一座环法总冠军奖杯，派出的山地副将阵容的实力几乎可以匹敌其他车队的主将。目的就是为了在山坡上开启“山地火车”的基础力量。

在长坡之中，因为实力超群，他们可以用其他车队连跟风都感到吃力的配速，消耗掉对手的体力，在进入最后一个爬坡之后，天空车队往往还会剩余两三个副将，其他车手在体力被消耗一空后，只能眼睁睁地看着弗鲁姆到达终点。

因此好的团队，不应该只是一个司令带着一群小兵攻城略地，而应该要有军师、先锋、猛将、粮草官……最关键的是，他们都是各自领域的高手。

问题 3

在日益激烈的市场竞争中，“优胜劣汰”是企业发展的不二法则，一个缺少人才竞争和激励淘汰机制的团队不能建成一流企业。那么企业该如何正确地通过优胜劣汰来实行人才选拔？

在一次国际企业领袖高峰会上，美国通用电气公司前首席执行官杰克·韦尔奇在谈到企业价值与人才策略时，把人按“价值观和表现”进行区分，提出每年通过淘汰 10%的方式，动态地提高整个组织的层次。

这种国际上通行的考评方式和阿米巴经营的“赛马机制”是不谋而合的，使我们进一步看到企业内部人才的“优胜劣汰”是公平的、自然的，是合乎国际潮流和社会发展规律的，也唯有这样，企业才能长久发展。

韦尔奇在这次演讲中把人分为四种：一、价值观正确，表现很好，受到重视；二、价值观不正确，表现差劲，会马上请他走；三、价值观正确，但表现不佳，会再给他一次机会；四、价值观不正确，但表现超凡，此类人是企业可怕的隐形杀手：他表现很好，但不愿配合公司文化。对这种人绝不能手软。

在此基础上，韦尔奇还按表现把员工分成 20%、70%、10%三部分，每年一定会淘汰最后的 10%不可信任的人。他说，对顶尖的 20%人，我会天天爱他们，亲吻他们，给他们股票选择权，在正式、公开场合称赞他们，目的是要把顶尖的 20%留下来。

对于每年裁员 10%，韦尔奇说，没什么大惊小怪，这是全世界最公平的事情！世上最糟的东西就是假慈悲，宁可让他们年轻时就知道自己不胜任，而不要等公司财务不好时才突然叫他走人，这样只会害了他们。经理人应把重点放在如何让20%保持高效率，怎么将70%提升到20%。剩下的部分，可以丢了！

他对于公司内的核心高层部署从来都不敢掉以轻心。自1981年领导通用电气公司以来，对于每位即将担任总经理的核心员工，都须经他亲自核定。这些人加在一起有500人之多。

这位被人们誉为20世纪管理奇才的韦尔奇正是凭着这套人才“优胜劣汰”的理论，保留最好的，剔除最弱的，才使得通用电气公司成为一个名副其实的“造人工厂”，并取得了今天世人认可的成就。

当然，要实现这种管理方法不会是一件容易的事，甚至可能会受到阻挠。因为所有的改革都会触碰到一部分既得人员的利益，这也是自古以来所有人员改革都会遭遇的难题。

但一艘船要想在提高速度的同时还要减少触礁的可能，就必须保证船上人员的素质和能力与既定目标相符合，这才是对船上所有人负责的态度。当然，也不必操之过急，你可以用半年、一年甚至更长的时间来完成这项人员的构建工作，以避免在短期内激化矛盾。

并非所有的改革都一定要大刀阔斧，或许还可以细水长流。但需要注意的是，优胜劣汰的前提要以企业发展所需为客观评判标准，而非个人好恶。

问题4

当你需要为核心圈引进新成员时，第一反应可能是从外界引入符合条件的人选，但或许还有一种更好的方式——基层选拔。这种方式有什么好处，以及具体应该怎么操作？

这样的好处在于你不必花大价钱和大力气用于对外界的挑选，完全可以把注意力放在内部，多花精力去培养基层中贴近核心圈层的人选，这样的核心圈成员往往忠诚度更高，更理解企业的发展路径和前进方向。

在一个组织中，成员对于领导者的回应可分成三种不同的类别：积极起而跟随者；迟疑而不知如何面对者；消极而不敢有所作为者。以前，你可能会把很多时间花在那些最消极的人身上，试着去改变他们。现在，你应该花大部分时间在第一种人身上，因为他们才是最值得你投资时间的对象。选择合适的对象，给予他们鼓励、支持与帮助，并在一定时间内伴随他们成长，你将会在未来获得可观的收益。

鲍勃是一家企业的优秀高管，他刚开始接手的业务群组，多年来的整体业务一直处在不断下滑的状态，而且士气低落，前景十分暗淡。在进行内部整顿时，他发现每个部门都忙于各自的业务，而不是像一个团队那样齐心协力。

一开始，鲍勃就将选拔合适的事业部总经理当成了头等大事，他坚信这是成功的关键。在精心评估了各业务部门的管理团队之后，他很快就对一些领导者进行了调整，任命了一些新的事业部总经理，重新定义了两个部门负责人的岗位职责。

当他一旦挑选出了合适的事业部总经理后，就不再插手具体的业务了。在既定的战略框架内，鲍勃给予事业部总经理充分的自由进行决策，同时也花大量的时间辅导和培养他们，使得他们努力工作，与集团公司对业务领导人的要求相吻合。

经过努力，一个士气涣散、业绩下滑的业务群组，变成了公司新的增长引擎。新提拔的事业部总经理所在的业务部门总销售收入在四年内翻了一番，利润增长了两倍，并且开辟了新的增长渠道。鲍勃为公司各个层级选拔出了新的领导人才，各部门的工作业绩都得到了提升，并且达到了公司高标准的要求。

因此，领导者的潜力能有多大，能得到多大程度上的发挥，很大程度上取决于身边核心圈的水准。核心圈的能力够强，可以相互激发、相互成全，促使高级的思维、能力、资源相互作用，成就大事就容易许多。

问题5

核心圈并不是那么容易建立，许多领导者往往并不能明确自己身边，到底需要什么样的人才。这种时候，领导者需要什么样的参考？

书中给出了五种选择，你不妨对号入座，在你的身边找到这五种人，相信他们会对你及你的组织产生极大的价值：

1. 具有潜力者——那些自己愿意追求上进的人

领袖的先决条件是，能够自动自发地追求上进，随时张开眼睛去搜寻那些具有这种潜力的人。

2. 积极乐观者——那些在机构里能够带动士气的人

那些能够提升别人，又能在机构里带动士气的人，才真是无价之宝，他们是构成领袖核心圈的最大资产。

3. 助你成功者——那些能催化你成为领袖的人

身居高位的人是孤单的，所以最好带个人同行。没有什么东西能比得上那些支持你、助你获得成功、踏实帮助你的伙伴。

4. 能增产者——那些能够造就他人的人

珍视那些能发掘并造就人才的人，请他们做你的核心，因为他们可以源源不断地吸引并挖掘优秀的人来加入你，壮大你。

5. 能验证价值者——那些能够栽培其他领袖的人

一个领袖最应珍视的是那些能栽培其他领导人才的人。很强直觉的领袖，通常大有谋略。

管理界领袖艾科卡说："成功不是来自你知道什么，而是来自你认识什么样的人，以及你如何向这些人表达你自己。"这话大有道理，你的事业将以凝聚了一群优秀的人而得福。

思维导图

《领导力 21 法则》的思维导图见图 1–2。

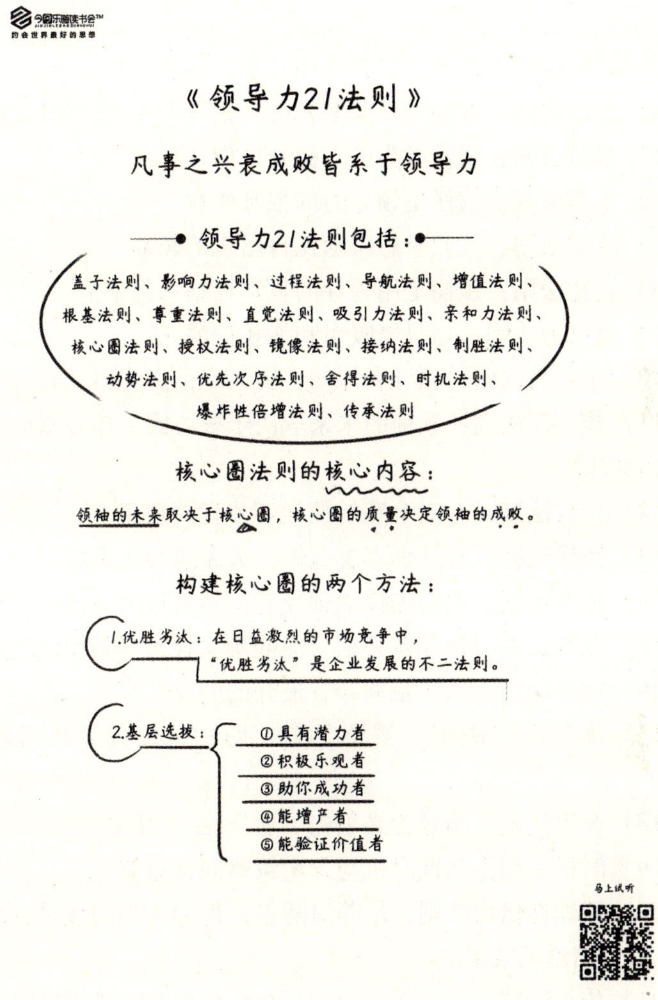

图 1–2　思维导图

领导力21法则具体如下：

（1）盖子法则：领导力决定一个人的办事效力。

（2）影响力法则：衡量一个人的领导力，全看他所发出的影响力。

（3）过程法则：领导力来自日积月累，而非一日之功。

（4）导航法则：谁都可以掌舵，唯有领导者才能设定航线。

（5）增值法则：领导者为他人提升价值。

（6）根基法则：信任是领导力的根基所在。

（7）尊重法则：人们只想跟随比自己强的领袖。

（8）直觉法则：领袖善用领导的直觉评估每件事情。

（9）吸引力法则：你只能吸引和你相似的人。

（10）亲和力法则：领导者深知，得人之前必先得其心。

（11）核心圈法则：领袖的未来取决于核心圈，核心圈的质量决定领袖的成败。

（12）授权法则：有安全感的领导者才肯授权于人。

（13）镜像法则：看到别人怎么做，大家也会怎么做。

（14）接纳法则：人们先接纳领导者，然后接纳他描绘的愿景。

（15）制胜法则：领导者必须为他的团队找出一条制胜之路。

（16）动势法则：动势是领导者最好的朋友。

（17）优先次序法则：领导者必须明白，忙碌不见得就会有成效。

（18）舍得法则：领导者必须先“舍”后“得”。

（19）时机法则：掌握时机与善用策略同样重要。

（20）爆炸性倍增法则：培养追随者，得到相加的效果；培养领导者，得到倍增的效果。

（21）传承法则：一个领导者的长久价值由其继承者决定。

第二章《灰犀牛：如何应对大概率危机》

风起青萍：警惕混乱无序中的信号

概要

一个创业者朋友抱怨说，他的联合创始人不行。从一进来就爱搞形象工程。印名片，开公司车外出，工作懒散，周一要提交的市场报告，拖到周五结束了都没交。另一个联合创始人意见也很大，但碍于情面和钱，也不好说什么。朋友担心公司后面会遇到问题，担心归担心，但也告诉自己，是自己想多了，事情没那么严重。朋友问，如果遇到这样的问题，应该怎么办？

那么，作为创业者，面对一眼就能看出的问题，明知道不处理的话后果会很严重，应该怎么做呢？

首先，我们要找到这类问题的准确定义。古根海姆学者奖获得者米歇尔·渥克出版的《灰犀牛：如何应对大概率危机》(见图1-3)用“灰犀牛”来比喻这类概率极大、冲击力极强的风险。

在此之前，塔勒布曾在他的《黑天鹅：如何应对不可预知的未来》一书中用“黑天鹅”来代表低概率、高影响的事件。该书出版后，适逢2008年金融危机事件爆发，瞬间在金融市场和政策领域吸睛无数。时至今日，人们已经把黑天鹅理论奉为圭臬。

但是，分析家和决策者甚至连那些可怕的、明显的、高概率的“灰犀牛”事件都无法防范，对低概率事件就更束手无策了。米歇尔·渥克认为，众多“黑天鹅”事件背后是不断汇聚的“灰犀牛”式危机。

相对于黑天鹅事件的难以预见性和偶发性，灰犀牛事件不是随

图1-3　《灰犀牛：如何应对大概率危机》

机突发事件，而是在一系列警示信号和迹象之后出现的大概率事件。书中以科技、经济、自然、社会等多方面的实例进行分析，为我们提供了那些迫在眉睫的、概率高、影响大的危机的预测、防备、应对及善后的具体方法，以便为人们在组织管理、公司管理和国家管理过程提供决策参考。

问题1

可能许多人都知道，黑天鹅比喻的小概率而又影响巨大的事件，通常会引起市场连锁的负面反应。而本书中的灰犀牛又指的是什么呢？它和黑天鹅的区别在哪？

灰犀牛是指概率极大、冲击力极强的风险，在某种程度上是可以预见的。它的理论涵盖的范围很广，也很符合当下的时代特性，不仅仅局限于经济领域，还涉及政治等领域。灰犀牛的现象表明，在社会各个领域不断上演的很多危机事件，在爆发之前已经有明显的迹象，但也最容易被忽视。

如果说“黑天鹅”挑战想象力和预测力，使人绝望的话，“灰犀牛”则更多考验的是决策者的应变力和行动力，让人保持清醒，且有希望解决。

那么当一个我们应该意识到的风险，就像是一头两吨重的犀牛，把牛角对准我们，全速向我们攻击时，你是否会认为，如此醒目的庞然大物，应该不会被忽视？可实际情况却恰恰相反，我们没能及时有效地回应，原因之一正是它的体型巨大。

一个典型的忽视灰犀牛的例子就是柯达。柯达忽视了数码摄影技术不可阻挡的潮流，而一心专注于现有业务。结果，它错过了在新技术领域脱颖而出的机会。

问题2

美国危机管理专家伊恩·米特洛夫认为，人们在发现危机时，会自动形成一种自我意识超强的保护机制。在这种机制下，人们一般会做出哪些反应？

一般反应：

拒绝——低估可能的损失。

自以为是——降低危机发生的可能性。

盲目——想象损失会很有限。

理想化——认为不可能发生在我们身上。

自我膨胀——认为自己有足够的能力阻止危机发生。

推卸责任——把灾难的责任推到其他人身上。

其实归结于一点，就是过分乐观。

神经学家通过实验已经证明，我们的大脑结构决定了我们总是以乐观的态度来看待问题，总是高估积极事件的可能性，而低估消极事件的可能性。这种倾向左右着我们的认知与判断。

而关于乐观天性存在的原因，神经学家塔里·夏洛特认为："可能因为乐观天性对于人类的生存有很大必要性，所以它才会被植入我们人体中最复杂的结构——大脑中。"

2011年4月，索尼的游戏平台遭黑客攻击，损失至少1.7亿美元。然而，即使是这样明显的灰犀牛，也并未让索尼的相关部门真正评估出其所面临的潜在风险究竟几何。

到2014年的11月，索尼影业遭受黑客入侵时，索尼终于蒙受了巨大损失：黑客入侵造成4.7万名索尼影业现任和前任员工，以及好莱坞明星的社交账号密码泄露。这一事件，也被美联社评论为“恐将成为美国企业史上损失最惨重的黑客攻击事件”。

事后人们发现，索尼的内部系统至少有17%的部分处于无人监管状态。而像老员工和客户数字记录这类重要涉密资料，索尼也把它们存储在已接入互联网的计算机内。

索尼这种严重误判风险以及“不作为”的行为，最终让自己付出了沉重代价。

问题3

书中认为灰犀牛从积累到爆发，往往会经历五个阶段，这五个阶段分别是什么，我们该怎么应对?

五个阶段：

（1）否认阶段：一开始，人们否认或弱化它的危险性。“否认”情绪是许多灾难之前和之后的一种最普遍的现象，这关乎人类本性，在后面会讲到。这种情绪不止存在于一个人的头脑中，而且存在于整个由人组成的决策群体中。

行为经济学家提醒人们提防集体意识现象，因为它会促使人们崇尚整体一致性，促使人们共同无视那些危险信号，最终导致人们做出错误的决定。人们宁愿和大家一起犯错，也不愿成为唯一正确的那个人。

（2）拖延阶段：通常“否认”之后是“拖延”阶段，人们想方设法把问题推给将来。明明知道存在的问题，但是一再逃避，不及时处理。这是一种躲避麻烦的相对容易的办法，也是企业文化常见的“多一事不如少一事”“做多错多”的风气。

它总是有各种各样的借口：机制设置上会有矛盾，人力与财力都匮乏，组织内外有各种阻力，反正我们逃不掉了，做不做都无济于事……这个清单可以无限长。因为，大多数时候，“作为的成本”远远高于“不作为的成本”。

（3）判断阶段：如果我们想掌控局面，就会进入第三个阶段——对危险信号做一些有用的回应，我们想正确衡量风险，想判断做什么是正确的。

但很多时候是事与愿违的，这些回应很有可能是迟缓的、扯皮性的行为，人们不知道判断的标准是什么，不确定各个危机的轻重缓急，最终就会演变成互相扯皮、推诿责任。所以我们需要一份判断指南，这在后面的预警信号里会讲到。

（4）恐慌阶段：终于危机爆发，灰犀牛冲过来了，如同地震一般，人们开始恐慌。人们在这个阶段的表现取决于：之前的准备工作做了多少；同类型的危机见证了多少次，我们可能获得的资源和机会有多少，剩下可供利用的时间还有多少。

（5）行动（崩溃）阶段：恐慌阶段很快就会过去，来到最后阶段——人们不得已采取行动或直接崩溃，或崩溃中伴随着行动。我们只有在灰犀牛非常靠近而且是冲着我们个人而来时，才会采取行动。但是，它离我们越近，我们的选择机会就越少，我们就要越快地做出决定。这个时候已经完全处于被动状态了，选择错误的可能性非常大。

解决的办法，就是要快速地发现问题并解决问题，跳过否认和拖延阶段，这样就能避免恐慌情绪的产生。

问题4

作者渥克认为，只有意识到我们的盲区所在，时常检视我们固有的思维模式，建立起让人无法忽视的预警系统，设置反应机制，我们才能及时看到冲过来的灰犀牛。你觉得对企业应该以怎么样的方式来设置这个反应机制？

传染病感染可以说是医院最头痛的问题之一了，在美国，这种问题每年要耗费国家30亿美元，并致使6万左右的病人死亡。为了解决这一问题，美国约翰·霍普金斯大学设计并建立了一套简单的、很难被忽略的体系，来拉响警报并触发即刻的行动。这其实就是一个包含五个步骤的备忘录，主要是为了阻止医院传染病毒渗入到常用的导尿管中。

备忘录非常简单：洗手；清洁病人皮肤；穿上消过毒的衣服，悬挂消过毒的帷幔；避开腹股沟；不管导尿管安放在哪里，立刻拿开。

备忘录上有个非常严格的规定，即如果所列项目没有被逐字逐句地执行，医疗组就必须立刻停止工作。在最初的测试阶段，这个备忘录就避免了感染病例的发生。在一百多个护理中心正式实施这个备忘录之后，全国的感染病例就降到了零。三年后，此类感染病例依然为零。

美国危机管理专家伊恩·米特洛夫认为组织机构最应该做的事情就是要校正信号探测机制，发现正常信号和预示潜在危险情况的信号之间的区别，确保这些危险信号能传达到相关人士那里，以及那些有能力改变结局的人那里。

这就意味着我们需要知道如何有效回应危险信号的出现，是哪些人负责，以及在哪方面做出有效的应对。

但知道危险信号以及应对方法，也不一定能保证安全渡过灰犀牛危机。因为灰犀牛危机的一个重要特点就是：危机发生之前的事实很明显，但明显不代表能引起重视。

所以我们需要建立一种危机触发行为机制，能让我们快速越过否认与拖延期，有更多时间制定行动计划并进入行动期，以及更充足的思考时间能让我们进行审慎推理与逻辑思考。这种触发机制包含一系列常规与非常规指标，设定预警线并定期进行检测。

前面提到的备忘录就是一个很好的危机触发行为机制，而且简单又便捷，它能够清晰地标示出指标及预警线，明确需要收集的危险信号。只要注明工作流程，责任到人，就能及时、有效地回应危险信号。同时，任何环节不到位都可以拒绝执行，这样可以极大地应对危机的发生。

这种备忘录的价值在于：标示问题，促使我们做出正确的决定。如果我们企业内有一份这样的备忘录，包含了财务和工作职责的预警考评指标，开头提到的搞形象工程的联合创业者的行为，很容易就能判断是否是灰犀牛了。

问题 5

灰犀牛危机爆发之前，往往都会有很明显的预警信号，但身处其中的当事人却经常没能避开这些危机。因为他们过于满足当下的一种“舒适”状态，很少对这些预警信号做出积极的回应，但这恰恰又是我们需要解决的问题。你认为出现哪些情形时，我们需要保持警惕？

在 2009 年之前，美国摩托车生产商哈雷戴维森机车厂的生产车间，一直有一种很独特的工作氛围，其工人能按自己的方式做事，他们从不用考虑时间问题，从不认为生产低效和严重的旷工现象是企业的重大缺陷。但是经济大萧条发生后，人们已经没有多余的钱来购买如哈雷机车之类的奢侈品，公司到了离破产停业一步之遥的境地。

迫不得已之下，公司开始寻找在整个生产过程中提高生产效率的方法和途径，其中一个方法就是通过调整一个零件上小小的塑料卡齿的角度，给每台机车的生产节省了 1.2 秒，从而为公司每年增加了 2 200 台机车的产量，每年的收益增加了几百万美元。

尽管公司最终转危为安，但如果管理层早意识到生产低效问题给公司造成的巨大损失，并采取措施，那么，它就可以远离这头灰犀牛。

上面的事件中，我们可以从中看出明显的预警信号，但还是被当事人给忽视了。为什么呢？其中一个原因，就是当事人并没有对这些预警信号表示出足够的警惕，才最终导致企业陷入了灰犀牛危机。

对此，米歇尔·渥克总结出五种情形下，我们可能会对灰犀牛危机出现的预警信号不能及时做出反应。因此，我们要对这五种情形保持时刻警惕。

情形一：不愿面对的事实真相，对问题选择性忽视。例如环保问题导致企业的不可持续发展，开篇提到的不作为的搞形象工程的联合创业者。

情形二：结构性问题，根源深藏，并反复出现。例如，女性管理者的缺失造成决策上的群体思维，信息安全缺陷造成客户资料泄露的公关事件。

情形三：人们广泛认识到它的存在，但是不知道该如何解决它，所有的解决方案看起来都不太合适。例如贫富不均带来的员工仇富心理，影响组织凝聚力。

情形四：新出现的危机，现今一般是科技创新的颠覆力量。例如胶片时代的霸主柯达一步步被新技术击溃，触屏手机的普及让曾经辉煌的诺基亚日益衰落。

情形五：难以定义，认知水平有限。例如人工智能的出现，史蒂芬·霍金和埃隆·马斯克都提出过警告，但我们现今无人确定它是人类的威胁，还是文明进化的希望。

对于创业者而言，大多会选择站在风口上的项目，那么我们更应该关注的是第一和第二种危机类型，以此开始设置我们的灰犀牛预警备忘录。一旦发现这类问题，立即处理，绝不姑息。

思维导图

《灰犀牛：如何应对大概率危机》的思维导图见图1-4。

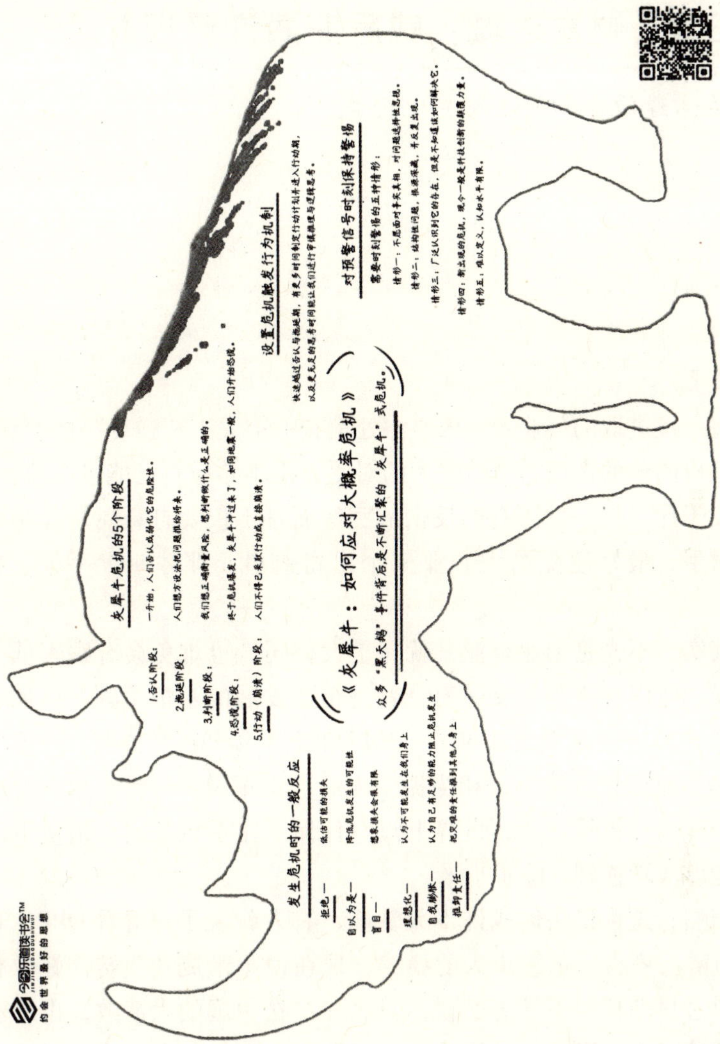
《灰犀牛：如何应对大概率危机》
众多"黑天鹅"事件背后是不断汇聚的"灰犀牛"式危机。
灰犀牛危机的5个阶段
发生危机时的一般反应
设置危机触发行动机制
对预警信号时刻保持警惕

图1-4 思维导图

第三章《财富之城：威尼斯海洋霸权》

左右逢源：如何在冲突中获益

概要

每一位进取的创业者，内心深处都有一个关于“逆袭”的梦想。面对危机四伏的市场，面对强大的对手，谁不希望自己能以小博大、四两拨千斤，打一场漂亮的反击战呢？而且不仅要打赢同期起步的竞争对手，最好还能给大企业来个出奇制胜，那才叫大手笔、大气魄！

其实，不光是创业企业，就算是大公司，也难免会有跌入低谷的时候，所以，逆袭和反弹简直就是企业发展的永恒主题。比如小米公司，2016年销量大跌36%，2017年上半年却成功逆袭，环比增长70%，重回世界第五，相当振奋人心。雷军说，这是小米创造的又一个奇迹。雷军还说，世界上没有任何一家手机公司，销量下滑之后能够成功逆转，除了小米。

当然，这种说法你或许不太赞同，有人就说了：看看OPPO和vivo的增长势头，想想华为的稳健，现在说小米成功逆转，好像有点为时过早吧！但不管怎么说，对比三星在中国的大溃败，再看看没落的昔日王者诺基亚、HTC，雷军确实不容易，小米能取得这样不俗的成绩，也确实值得骄傲。

“逆袭”这两个字，几乎人人都想要。除了领先者、行业老大以外，谁不想“逆袭”呀！但“逆袭”也不那么容易，那些成功的“逆袭”背后，都有着不为人知的艰辛。不过，我们今天要拆解的这本书，讲的却不是一家企业的逆袭，而是一个国家的逆袭。

这个国家很特别，它虽然不是企业，却很像企业。它是世界上唯一一个为了进行买卖活动而组织起来的国家，所以，它的政府机构也有着高度商业化的特点。这个国家的“逆袭”主要体现在，它原本只是一个小小的渔村，却在恶劣的环境下杀出一条血路，最终成为了无与伦比的海洋帝国。这个国家就是——威尼斯。

可能很多人会问：威尼斯不是意大利的一座城市吗？我们平时听得最多的是“水城威尼斯”，它怎么成一个国家了呢？这么问的话，你可能就有所不知了。其实，威尼斯是在 1866 年才并入意大利的。

在此之前，从公元 687 年到 1797 年，长达 1 000 多年的时间里，威尼斯的全称是“威尼斯共和国”，在法国和奥地利的战争当中被拿破仑割让给了奥地利，后来才并入了意大利。

这本《财富之城：威尼斯海洋霸权》（见图 1–5）讲的就是早年的威尼斯在东西方势力的围困下，如何开疆拓土，从一个弹丸之地崛起成为海上贸易强国而称霸地中海的故事。

图 1–5 《财富之城：威尼斯海洋霸权》

这本书的作者罗杰·克劳利，是英国著名的历史学家。多年来，他游历地中海世界，写下了大名鼎鼎的“地中海史诗三部曲”，雄踞畅销书榜，被翻译成德文、俄文、西班牙文、荷兰文、希腊文、韩文等，广受世界读者喜爱。

而地中海史诗系列三部曲的最后一部《财富之城：威尼斯海洋霸权》则可算是威尼斯简史。数百年间，威尼斯从礁湖渔村崛起，成为海上贸易强国，并且开疆拓土，左右逢源于东西方势力之间，此中故事非常精彩。

如果把威尼斯看作一个企业，那么它的成功可以说是在恶劣环境下杀出一条血路的典型案例，读完这本书，或许能给你带来不一样的启发。

问题1

中世纪的威尼斯海洋帝国，是如何一步步走向兴盛的，又是如何一步步转向衰败并最终灭亡的？

威尼斯原为一渔村，由于其地理位置优越，便于从事东西方中转贸易，故5—7世纪时受匈奴人和伦巴德人侵扰的内陆居民纷纷迁移至此地。

687年产生第一任总督，建立共和国。建国初期，隶属于东罗马帝国。

10世纪末获独立，成为富庶的商业国，它协助拜占廷击退诺曼人的进攻，于1082年获准在拜占廷帝国境内建立商站免税行商。

十字军东侵期间，威尼斯巩固了其在东方和爱琴海沿岸的地位，并乘机吞并拜占廷的大片领土，包括克里特岛、伯罗奔尼撒西南部及爱琴海上的许多岛屿。

1298—1382年，同热那亚共和国间连续进行四次海战，击败这一贸易竞争对手，成为地中海和黑海地区的强国，进入全盛时期。

15世纪末，随新航路的开辟，欧洲商业中心从地中海转向大西洋沿岸，威尼斯遭到惨重打击。

16世纪初，威尼斯被西班牙、法国、神圣罗马帝国与教皇所结成的同盟击败，领土日蹙。

1453年奥斯曼帝国攻占君士坦丁堡后，同威尼斯进行了延续二百余年的海战，威尼斯在巴尔干和地中海的殖民地丧失殆尽。

1797年法国同奥地利争夺意大利的战争，给威尼斯最后致命的一击。拿破仑·波拿巴灭威尼斯后，根据《坎波福尔米奥和约》，将其割让给奥地利，从而结束了威尼斯共和国的历史。

1866年并入意大利王国。

问题2

许多人都会把公元9世纪至公元18世纪的威尼斯共和国，比喻成一个高度商业化的企业。这其中的原因是什么呢？威尼斯共和国这家“企业”又是如何运作的？

威尼斯人是地地道道的商人，他们出海的时候，绣着金红色狮子的圣马可旗帜在船的桅杆上飘扬，就像公司的LOGO一样富有象征性。他们在评估风险、计算收益的时候，有着科学的精确性。商业就是他们的创世神话，也是他们存在的理由。

但前面也说了，威尼斯是在恶劣环境下杀出一条血路的典型。那么，威尼斯人所处的环境到底有多恶劣呢？

首先，威尼斯的地理位置岌岌可危，他们的脚下没有大片的土地，没有自然资源，没有农产品，也没有很多人口。

早期的威尼斯人只不过是在意大利内陆河上捕捉鳗鱼的渔夫、采盐工人和船夫。除了来自海上的风浪，他们还要防止岛屿被淹没以及潟湖（被沙坝或珊瑚分割而与外海相分离的局部海水水域）淤积。

其次，威尼斯可能是史上第一个虚拟经济体，它从不收获粮食，而只获取黄金。即使在成为贸易强国之后，威尼斯人也始终生活在恐惧之中。因为海洋充满了未知和危险，不仅能摧毁船只，也能引来敌人。

更重要的是，威尼斯人知道，一旦自己在海上的贸易路线被切断，整座宏伟的经济大厦就会瞬间坍塌。但也正是这种局面，让威尼斯人出奇地团结，因为面对贫瘠、大海和外敌的威胁，他们必须精诚合作，就像一艘船的全体船员不分贵贱，都要面对大海的危险一样。

为了应对危机，他们团结起来并且愿意接受政府的管控，采用公社型的企业运作方式来组建政府。不同于其他国家的是，威尼斯有一个非常有趣的政府：它不实行世袭君主制，而是一个由贵族寡头统治的共和国。

他们的贵族也不是地主，而是商人。这就决定了威尼斯的政府具有高度的商业化特点，他们热衷于做生意，在制定政府政策时，完全配合并服务于经济目标。

所以，威尼斯仿佛就是一个巨大的企业，领导人的政府管理相当于经济管理。威尼斯是一个由企业家运行，并且服务于企业家的共和国。而威尼斯政府也一度称自己为“公社”。

威尼斯比任何人都更早了解到一系列基本的商业规则：供应和需求的原则；对消费者选择、稳定货币、准时交货、理性的法律和税收的需求；长期有效、控制得力的政策。它用一种新型英雄取代了中世纪骑士，那就是：商人。

在商人阶层和政治阶层之间，没有任何隔阂，他们目标一致，相互配合。这种上下一致的领导策略，让威尼斯从一开始就对自身的定位有着非常明确的认知，他们不会去和巨头竞争，而是通过不断赚取经济利润从而增强自身的力量。

对创业者来说，如果你自身实力不足，又处在一个不断竞争的环境当中，在这种时候，“弄清楚自己的定位是什么”就显得格外重要。

从威尼斯人身上，我们也能发现，在明确定位和目标之后，需要在领导者和下层员工之间达成共识，目标一致、相互配合，才能收到预期的效果，否则就会出现动机和执行不一致的风险。

问题3

威尼斯人有一个很大的特点，那就是务实，相对于冠冕堂皇的事业，他们更关注贸易。换句话说，相比起宗教信仰、教派冲突之类的问题，他们更在意的是能不能挣钱，以及怎么挣钱。这一点，应该也是许多企业一直追求的。那威尼斯人具体是怎么操作的呢？

威尼斯共和国是第一个和伊斯兰国家进行商业往来，并且长期保持良性互动的欧洲国家。

威尼斯人曾经向教皇上书，请求教皇允许他们和伊斯兰国家进行贸易往来，而从他们上书的内容中，我们可以非常明显地看出威尼斯得以存在的基础，以及威尼斯人灵魂深处的危机感和焦虑感：在世界各地，商人通过辛勤劳动在陆地和海上开辟了航道，创造了财富，我们的城市因此得以茁壮成长。这就是我们和我们子孙的生活，因为没有了商业，我们不知道将如何生存。因此，我们在思想上必须十分警惕，并且像我们的祖先一样努力，以保证如此之多的财富和珍宝不会消失。

公元9世纪，威尼斯人越来越频繁地到阿勒颇、大马士革等伊斯兰地区从事贸易。而在当时，伊斯兰世界是天主教会不共戴天的仇敌，威尼斯也因此经常和天主教会发生摩擦，但是他们却没有放弃相关交易。

可能在当时的很多人看来，威尼斯人就是一群不择手段的恶棍，但不管怎么样，这种务实的观念产生了巨大的作用。威尼斯成为了一个连接东西方经济系统的中转站，将东方的丝绸、美食，以及先进的知识系统、思想等都带到了西方。

从现代的角度来看，威尼斯无异于一座“中转站”，而他们的货币“杜卡特”就和今天的美元一样，是通行的国际货币，而各个国家的商品、文化也通过威尼斯的海关得以传播。

当然，对于威尼斯人来说，最重要的是，他们在其中获得了巨额的利润。但是，除了从事贸易带来的巨额收益之外，“十字军东征”也是威尼斯崛起的关键因素。

战争过后，威尼斯抢占了拜占庭帝国八分之三的领土。这次瓜分也让威尼斯在一夜之间成为一个海洋帝国的继承者。一下子，这座城市从一个商业国家变为强大的殖民帝国。

在这个过程中，威尼斯对自己的称呼也从“公社”逐渐演变成“共和国”“最尊贵的共和国”“宗主国”等。威尼斯从此号令天下，用威尼斯人引以为豪的说法，那就是：“凡水流经之地”皆为威尼斯的疆域。

问题4

威尼斯共和国能够实现领土的快速扩张以及财富的飞速积累，其中一个很重要的原因是以点成线，建立了庞大的“殖民网络”。他们选择的殖民地和其他殖民国家有什么不一样？这对企业有什么启发？

在瓜分“十字军东征”的战利品时，法国人和意大利人抢的都是大片的内陆土地，但威尼斯人显然对内陆土地不感兴趣。相反，他们看中的是那些人们根本不放在眼里的岛屿、港口。

从地图上看，威尼斯人得到了整个希腊西部以及爱琴海上的一系列基地和岛屿、具有战略意义的半岛和海峡，以及最珍贵的君士坦丁堡的八分之三，包括其码头和兵工厂，这是他们商业财富的基石。

在谈判的时候，威尼斯人已经对地中海东部了如指掌，这是其他人都不拥有的知识。因为，威尼斯人和拜占庭帝国做生意已经有几百年的历史，他们清楚地知道自己想要的是什么。

所以，当法国和意大利的封建领主们抢夺希腊大陆时，威尼斯人想要的是足以控制战略性航道的港口、商埠和海军基地。他们挑选的领地距离海岸都不超过几英里。威尼斯人的目的是控制航线，好让东方的货物进入威尼斯大运河畔的市场。

威尼斯的海洋帝国从来就没有占据过大面积内陆土地，而是类似于大英帝国的各个中转站，是由许多港口和基地组成的松散网络。这些看起来平凡无奇的岛屿，能够帮助他们建立庞大的商业网络。

而为了保障这些领土，威尼斯没有强大的陆军，只有强大的海军。这也是威尼斯独特的对外扩张的方式：热衷于发展商贸网络，并依靠海军力量将这些财产维系起来。

而所有这些港口和岛屿，通过连点成线，最终连线带面，建立起了一个庞大的海上交通网络，彻底控制了商贸航线，使得威尼斯成为庞大的海上殖民帝国。

借助这一体系，威尼斯也能够和伊斯兰世界通商，将亚洲的奢侈品源源不断地带到西方世界，从中获取极大的商业利益。

对于创业公司来说，处在激烈的竞争环境当中，以点带面无疑是一种聪明的做法，而怎么选择适合自己的据点，也是创业者们必须面对的问题。

避开和大公司的正面对决，像威尼斯一样不参与内陆土地的争夺，立足于海洋，反而走出了一条不寻常的帝国之路，为称霸地中海奠定了基础。

问题 5

类似威尼斯共和国这种，通过布局商业网络实现逆袭的企业很多，比如国产手机厂商 OPPO 就是一个很好的例子。那么 OPPO 是如何在苹果、三星、华为、小米等这些强劲对手中实现逆袭的呢？

这几年来，OPPO 的销量不断飙升，靠的就是以点带面，避免和大品牌正面交战。和竞争对手比起来，OPPO 手机的配置、性能都没有明显优势，能实现这样的销售奇迹，和它的线下营销策略关系非常密切。

OPPO 为什么要把“充电 5 分钟，通话 2 小时”作为卖点？这是因为，在三四线城市和乡镇地区，信号不太好，所以手机待机的耗电量也大。你要像北京的信号这么好，充1天能打2天，谁还需要充5分钟打2小时呢？

据统计，目前OPPO在全国的线下销售网点已经有20多万家，可以说，哪怕是在十八线的小城镇，你都可以看到OPPO的身影；在这样一个庞大的销售网络里，有100多万的促销导购人员，光是江苏一个省，省级的经销商就有两万营销人员。

这对其他手机品牌来说，几乎不可想象。为了在这些销售网点做广告、做宣传，OPPO还主动给门店和销售员让利。就连个人开设的小店，OPPO也不愿意放弃，主动帮他们设计招牌，以便打上自己的品牌LOGO。

乍一看OPPO这样的投入似乎没有什么意义，因为小的销售点能够为公司带来的销量，实在是杯水车薪，然而，以这些小店为点，却能够构建出一个复杂、精细，且遍布全国的销售网络。

在这样的相互配合下，OPPO的广告遍布大小城市的各个角落，OPPO“充电五分钟，通话两小时”的广告，也已经像脑白金一样广为人知，最终实现了“低配高价”的高销量销售奇迹。

思维导图

《财富之城：威尼斯海洋霸权》的思维导图见图 1-6。

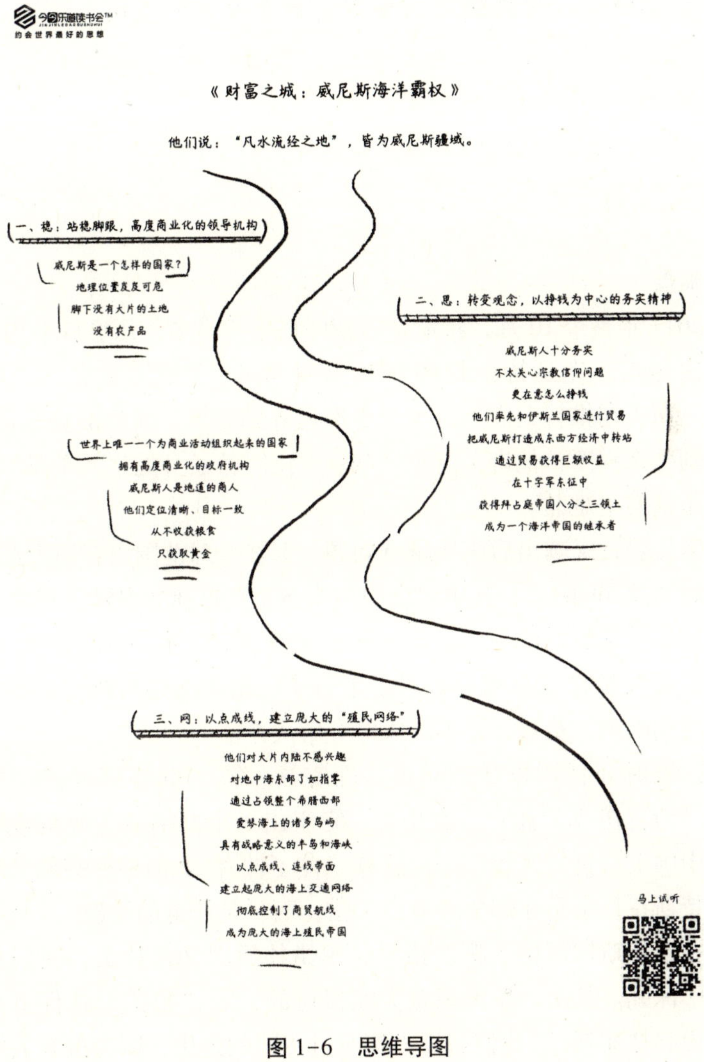

图 1-6　思维导图

第四章《沃顿管理精要：做最好的决策》

认识错误：极力避免错误可能就是最大的错误？

概要

2017年整个10月，特斯拉的新闻那是相当多，几乎每隔几天就上一次热点。先是特斯拉的新款车型 Model 3 推迟发布，CEO 埃隆·马斯克在推特上表示，至少要推迟6到8周，而且形势很严峻。严峻到什么程度？他讲了这么一句：“我们已经身处生产地狱。”可见日子确实很难熬。

紧接着，又曝出后座质量有问题，要在全球范围内召回大约1.1万辆特斯拉 Model X，其中包括中国市场上的2 000多辆。很快，又传出特斯拉裁员的消息，而且一下子就裁了700人，引起轩然大波。就连大众汽车的 CEO 穆勒都看不下去了，出来炮轰马斯克，说马斯克有时间吹牛、裁员，还不如先好好解决产能问题吧！

这段时间特斯拉状态频出，确实让号称“硅谷钢铁侠”的埃隆·马斯克伤透了脑筋。前几天，终于出了个好消息，说是特斯拉要在中国上海自贸区建厂了，总算“冲了冲喜”。但种种迹象已经表明，特斯拉肯定是在哪个环节出了错，而且是严重的错误。

至于特斯拉都犯了哪些错误、犯错的原因又是什么，我们在这里暂不深究。其实，今天想跟大家探讨的，是“犯错”这件事情本身。说起“犯错”，我们每个人都有过犯错的经历，因为没有人能永远正确。

但我们都希望自己能尽量少犯错，尤其是在做出重大决策的时候，最好能不犯错。你看特斯拉出了这么多问题，马斯克他肯定不是故意的。

可是，《沃顿管理精要：做最好的决策》（见图 1-7）的作者却认为，我们应该“故意犯错”，而且应该“英明地犯错”，并由此获得巨大成功。

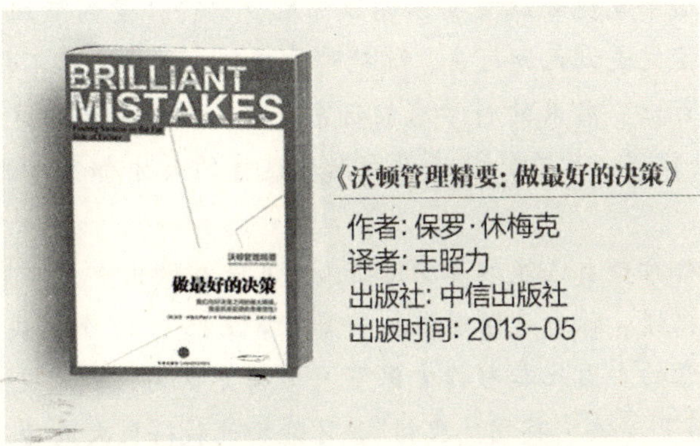

图 1-7 《沃顿管理精要：做最好的决策》

在做决策时，极力避免错误，可能就是最大的错误。理性地设计错误，修正对世界的预设，才能做出更好的决策。本书包含沃顿教授休梅克坚实的学术研究和深刻的见解，探讨怎样做出最好的决策。书中提供了一个勇敢而前卫的方法——“理性犯错”，即把自己从“不能犯错”这个观念的“紧箍咒”中解放出来，通过设计错误，主动检验自己的基本预设，突破局限的思维模式，更深刻地理解现实，更准确地把握世界的脉动。这是真正的冒险，也会带来巨大的收获——最好的决策。

问题 1

似乎人人都怕“犯错”，但谁也避免不了犯错，因此许多人会陷入这种矛盾的状态中不可自拔。但有没有什么人反而借助“犯错”，获得成功的呢？

1905年，爱因斯坦发表了一篇具有里程碑意义的文章，在其中提出了著名的“质能公式”，也就是 $E=mc^2$，指出质量可以转化为能量。这条公式听不懂没关系，你只需要知道，正是有了这条公式作为基础，原子弹的发明才成为可能，可想而知这条公式有多么重要。

既然这个发现如此重要，那你肯定会觉得，爱因斯坦发表的这篇文章肯定完美到无懈可击，你绝对没想到，这篇文章不仅不完美，反而错误百出。后来的科学家们研究发现，爱因斯坦的这篇文章至少有23处错误。你看，就连爱因斯坦这样的天才都不可能不犯错，何况我们。

我们都希望自己能尽量少犯错，尤其是在做出重大决策的时候，最好能不犯错。你看爱因斯坦在一篇文章里犯了23个错误，他也肯定不是故意的。因此本书作者保罗·休梅克认为，我们应该“故意犯错”，而且应该“英明地犯错”，才能由此获得巨大成功。

问题2

很少有人会喜欢犯错。大多数人在犯错之后都会试图把错误掩盖起来，甚至编造借口，把责任推给其他人，而不是设法从中获取教训。但实际上，错误能使我们变得更加明智，它能戳破虚假信念的泡沫，从而开辟新的前景。那么，实际生活中，我们首先应该怎么做？

我们必须接受错误，而且要学会拥抱错误，并把它们看作是超越正常观察途径的发现之门。为什么说“错误是发现之门”？我们还是先来讲一个故事吧，看看一位粗心大意的科学家如何因为一个错误，反而从垃圾堆里“捡”到了属于自己的诺贝尔奖。

这位粗心大意的科学家叫弗莱明，通常情况下，他的实验室里都是乱糟糟的。当时他正在研究一个重要的课题，那就是：如何抑制金色葡萄球菌的生长。你可能要问了，“金色葡萄球菌”是什么？

其实很简单，如果你身上有伤口又没有及时处理，那么就很可能会被感染，而金色葡萄球菌就是导致感染的罪魁祸首。所以，如果能找到一种物质，有效抑制金色葡萄球菌的生长，也就能很好地防止伤口感染。

话说回来，弗莱明这位科学家不怎么爱收拾。有一天，他把很多没洗干净的培养皿（当时用的是玻璃盘）摞到了一起，放在实验室里阳光照不到的地方，然后就去休假了，而且这一走就是一个多月。

等他回来的时候，玻璃盘里早就长满了霉菌。刚好，他的前任助手过来串门，问他最近在研究什么。于是弗莱明随手拿起一个脏兮兮的玻璃盘，准备给他解释一下。可是就在这时，他发现在玻璃盘的边缘有一块奇怪的惨白色痕迹，而在这块惨白色痕迹的周围，金色葡萄球菌似乎已经被溶化了。

令人称奇的是，正是这个不起眼的小细节，最终促成了20世纪最重大的医学突破之一：青霉素的发现。这种抗生素拯救了无数的生命，弗莱明也因此获得了诺贝尔奖。

按理说，弗莱明没有及时清洗实验器皿，这当然是不符合规范的，是错误的。但是，这个错误却为他打开了“发现之门”，并且带来了巨大的成功。所以，并非所有的错误都是糟糕的，错误很有可能把你推向一种强有力的新思想。

问题3

既然我们需要接受并拥抱错误，那是不是所有错误都可以犯呢？如果不是，那么哪些错误可以犯，哪些错误不能犯呢？

保罗·休梅克根据犯错的成本以及可能获得的收益，在书中把错误分成了四种类型，并总结出了规律：

（1）悲剧性的错误：比如致命的车祸、吸毒成瘾，这种错误的成本很高，但个人收益却微乎其微，应该完全避免。

（2）严重的错误：比如新的投资失败，这种错误也需要高成本，但是有可能获得高收益；与此同时，这种错误可以提供巨大的教训，而且回过头来看，它们也可能具有一定的价值，但我们还是应该尽量避免。

（3）无关紧要的错误：比如违规停车被开罚单、没赶上飞机，这是一种低成本、低收益的错误，这种错误的结果无非是支付罚金或者错过航班，而且你能从中吸取教训的意义不大，你能学到的只不过是“不要乱停车”“应该早点儿赶去机场”这种显而易见的道理。

（4）英明的错误：比如弗莱明发现青霉素的过程，这是一种成本相对较低，但能提供高收益的错误；另外，英明的错误所具有的高收益，通常会随着时间的推移而增加，而不是在犯错的那一刻就能体现出来。

因此，并非所有的错误都是糟糕的。如果我们力图消除生活中的所有错误，这同时也意味着我们会牺牲掉那些有价值的错误；相反，允许一些糟糕的错误进入我们的生活，其实是为了能够得到一次好机会，去创造英明的错误。

问题4

书中反复强调一点，就是我们在实际工作中要“故意地英明地犯错”，这就有点让人犯难了，什么是“故意地”“英明地”呢？有没有可以遵循的步骤和方法呢？

作者设计了一种“有条不紊地故意犯错”的程序，并且在自己创建的管理咨询公司内部进行了试验。这一程序被他称为“五步法”，步骤如下：

步骤一，罗列那些得到公认和执行的准则。首先，他召集了公司的管理团队，让他们列出在企业经营管理当中有哪些准则是得到公认和执行的，比如，年轻的MBA学员不适合加入公司，因为公司需要的是经验丰富的咨询顾问。书中一共罗列了十条，包括成文或不成文的准则。

步骤二，从中挑选用于测试的准则。接下来，管理团队对这十条准则的重要性以及准确性进行打分，选出其中重要性得分很高、但准确性分值不太高的准则。也就是说，要找到那些对企业来说很重要的、却又不太靠得住的准则。经过这一步的筛选，十条准则只剩下了三条。

步骤三，对准则进行归类。针对剩下的三条准则做进一步评定，评定的标准包括相对于犯错的成本而言，违犯这条准则的潜在好处很大，并且这条准则在企业当中能反复起作用等。经过这一轮的评定，他们最终选定了一条准则用于测试，那就是：公司发给客户的征求建议书仅仅是为了收集建议，收回来就行了，没有必要再针对客户的建议做出回应。

步骤四，制定犯错的策略。公司原有的准则是不回应客户填写的征求建议书，而现在，他们要故意违犯这条准则。当时，他们刚好收到了一份来自某个电力公司的建议书，于是决定认真对待。

步骤五，执行错误。正式对征求建议书做出认真回应。结果这一行动带来了令人惊喜的结果，他们和这家电力公司建立了密切的关系，除了受邀与电力公司 CEO 面谈，共同讨论正在开发的项目之外，还签署了 100 多万美元的咨询项目。对于他们"故意"犯下的这个"小错误"来说，这个回报显然很可观。

讲到这里，不知道大家有没有发现，所谓的"故意犯错""英明地犯错"，其实真正的意思是：有意识地去违背那些习以为常的公认准则，借此来对我们的固有成见进行检验。

一位物理学家曾经说过："专家就是这样一个人，他在一个非常狭窄的领域内犯过所有可能犯的错误。"相比较而言，英明的错误可以拓宽领域和加速学习，从而突破传统智慧的狭小范围。

这种学习是拓展性的，而不是聚合性的。有时候，要想到达一个目的地，通过知识的增量积累是行不通的，你需要通过英明的错误迈出一大步。

通过故意犯错挑战高级管理层的观点，能够为成功开启新的大门。可以说，谷歌是最能支持这样一种方法的公司。

在谷歌首次公开募股（IPO）的招股说明书里，有这么一项声明："我们将要投资的项目有10%的概率会赚得10亿美元……如果我们在看似投机性很强甚至是陌生的领域有小额投入，那么请不要惊讶。"

事实上，谷歌是在提醒投资者，假如公司所采取的行动看上去很奇怪或者不正确，千万不要感到吃惊。这些"看上去很奇怪或者不正确"的行动，正是谷歌公司故意犯的错。

而犯错的技巧，就是把代价高的愚蠢错误和廉价的明智错误分开；前者几乎让你一无所获，而后者可以把整个世界给你。

问题5

说了半天，听起来故意犯错的好处简直太大了，那是不是我们犯的错越多就越好，犯错越多就越成功呢？应该不是。那么可以故意犯错的前提或者说条件是什么？

虽然我们可以通过犯更多的错误来加速学习，但是在很多时候，学习并不总是最重要的目标。比如说，当你在3万米的高空手握波音747飞机的操纵杆，或者当你正在埋头给一位病人做开胸手术，这种时候可千万不要想着犯错。

故意犯错毕竟是有成本的，而且可能会有很高的失败概率，所以当你真的要这么做的时候，必须具备相应的战略思维。而在书中，作者也给出了五个条件，只有满足这五个条件，故意犯错的策略才是最有效的：

1. 相对于犯错的成本而言，会有巨大的收获

这一点很好理解，如果你决定要故意犯错，那么就必须考察成功的潜在收益，以及失败可能付出的成本。公司需要在犯错的过程中限制风险，并且避免那些可能导致灾难性后果的错误。

比如，在一架满载着乘客的喷气式飞机上，你会测试可能存在故障的实验设备吗？这当然是非常不负责任的。但是，如果在飞行模拟器上进行测试，那就是聪明的做法，因为失败的成本降低了。

2. 所选择的事项具有反复、频繁和标准化的特点

什么样的事项才是反复、频繁和标准化的呢？举个例子，花旗银行是最早提出把信用卡开户的邀请范围扩大到大学生群体的，但在当时，很多人都认为这种想法大错特错。

因为在他们看来，大学生还没有工作，因此也没有收入来源，所以他们很可能没有办法按期还款。但事实证明，花旗银行的这一决策获得了高回报，这些学生当中的很多人后来都发展成了有价值的长期客户，而且当学生手头紧张时，很多家长都会帮他们摆脱困境。

在这个案例当中，花旗银行所提供的新业务就依赖于反复、频繁和标准化的决策——银行可以持续地开发信用卡用户，因此这个行为是反复的、频繁的，与此同时，开通信用卡的流程显然是标准化的。

相对应地，有些决策则比较少见，或者是一次性的。例如，一家公司考虑要不要搬迁总部或者要不要参与合并。对于这一类决策而言，故意犯错的意义不大。在这些情况下，最好依赖于传统智慧，并且从别人的错误中吸取教训。

3. 环境在不断变化

无论什么时候，只要世界发生变化，个人和组织的错误就是不可避免的。因为环境一旦发生改变，之前适用的行为方式就很可能变得不再有效。而故意犯错可以帮助你加速学习，加速适应新环境。

例如，在变幻无常的消费品市场中，产品推新的成功率很低，而宝洁公司就处在这样的环境下。宝洁公司的策略是：经常失败、趁早失败、廉价失败。当开发产品的旧模型的效用逐渐降低时，宝洁挑战了他们长期以来坚持的准则，即“内部创新将是最成功的”。

于是，为了开发新产品，他们开始求助于外部合作伙伴。而这种“联合与发展”的新策略，成果之一就是非常成功的电动牙刷。在变化的环境中，战略优势显然会转向那些学得最快的企业，而这种时候就需要故意犯错。

4. 问题具有复杂性且解决方案具有多样性

一种环境越是复杂，你对现状的理解就越有可能不彻底。而故

意犯错有助于暴露你在思维模式上的缺陷，并揭示解决问题的其他方式。在一个复杂多变的环境里，实验和错误都是至关重要的。

比如 iPhone 7 取消耳机插孔的做法，也可以看作是一个故意犯错的举动。而 iPhone 所处的移动电子设备市场显然符合复杂多变的特点，要想引领潮流，就不能根据当前消费者的喜好来做出决策，而必须预测未来的消费者可能会喜欢什么。

5. 你对这个问题的经验是有限的

如果你对一个问题不熟悉，那么，你在解决它的时候就应该抱有更开明的态度。迪士尼乐园最初进入法国市场的时候，就没有意识到这一点。

他们直接把美国市场环境中成长起来的模型或策略运用到法国市场，这种做法显然没有奏效。迪士尼的高级管理人员花了很长的时间才意识到，美国国内的市场模式不能很好地适应新环境。在这种情况下，采用故意犯错的策略，来对美国市场中形成的诸多准则进行检测，将收到意想不到的效果。

从一开始就故意犯错，比如在欧洲迪士尼乐园里提供含酒精的饮料，这些看似错误的做法可能对促进新的学习有好处，能帮助你在一个新的市场中建立阵地。

思维导图

《沃顿管理精要：做最好的决策》的思维导图见图 1-8。

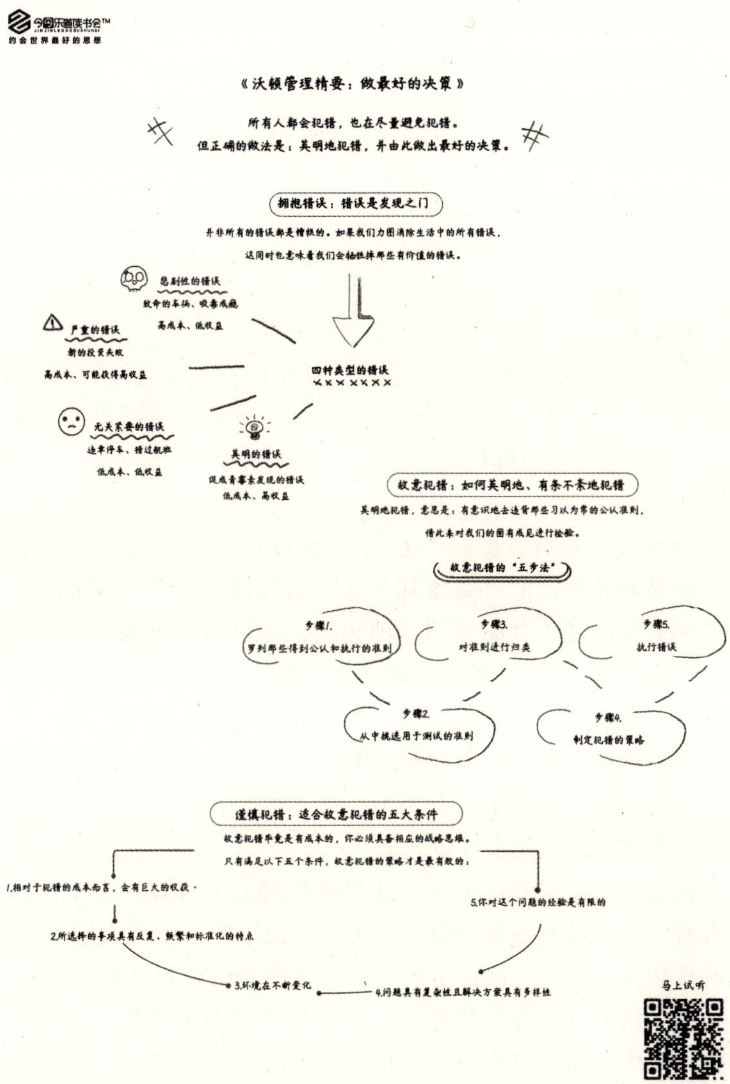
约会世界最好的思想
《沃顿管理精要：做最好的决策》
所有人都会犯错，也在尽量避免犯错。
但正确的做法是：英明地犯错，并由此做出最好的决策。
拥抱错误：错误是发现之门
并非所有的错误都是糟糕的。如果我们力图消除生活中的所有错误，
这同时也意味着我们会牺牲掉那些有价值的错误。
悲剧性的错误
致命的车祸、吸毒成瘾
高成本、低收益
严重的错误
新的投资失败
高成本、可能获得高收益
四种类型的错误
无关紧要的错误
违章停车、错过航班
低成本、低收益
英明的错误
促成青霉素发现的错误
低成本、高收益
故意犯错：如何英明地、有条不紊地犯错
英明地犯错，意思是：有意识地去违背那些习以为常的公认准则，
借此来对我们的固有成见进行检验。
故意犯错的“五步法”
步骤1.
罗列那些得到公认和执行的准则
步骤2.
从中挑选用于测试的准则
步骤3.
对准则进行归类
步骤4.
制定犯错的策略
步骤5.
执行错误
谨慎犯错：适合故意犯错的五大条件
故意犯错毕竟是有成本的，你必须具备相应的战略思维。
只有满足以下五个条件，故意犯错的策略才是最有效的：
1.相对于犯错的成本而言，会有巨大的收获
2.所选择的事项具有反复、频繁和标准化的特点
3.环境在不断变化
4.问题具有复杂性且解决方案具有多样性
5.你对这个问题的经验是有限的
马上试听

图 1-8　思维导图

第五章《非显著趋势》

控制风险：在决策中全垒打

概要

麦当劳中国公司改名为“金拱门（中国）有限公司”了。顿时朋友圈就炸开了，有人表示很绝望，说以后如果跟女朋友说“去吃金拱门”不知道会不会被打死。不过这个时候最开心的应该是“肯德基爷爷”吧。

因为你“麦当劳叔叔”已经不是你叔叔了，但你“肯德基大爷”还是你大爷！但“肯德基爷爷”也没得意多久，就被网友改名为“俏老头”了。如果按照这种套路，星巴克应该改名叫“美人鱼皇后咖啡有限公司”；奥迪改成“四个圈有限公司”；奔驰就是“三根针”有限公司。不管怎么说，麦当劳都因此火了一把。

从这件事中我们可以发现，意外和惊喜随时都会来临，突破常规，不见得就是件坏事儿，当然，改名之后的麦当劳是不是就会迎来春天，我们不做过多评价。

我们今天要读的这本书《非显著趋势》（见图 1-9），你真该好好看看。什么是非显著趋势？其实就是当下尚未引起人们重点关注、没有得到应有重视、但在不远的未来必然会出现的显著趋势。

作者认为，有价值的趋势，从来都不是对未来世界的凭空猜测和痴心妄想，而是对当下世界的细微观察和用心揣摩，以另辟蹊径的方式理解当下那些“加速发展”的现象，从而获得一种对未来的独特洞察和发现。

通过对非显著趋势的洞察，可以从外部提供一种全新的、关于如何进行创新的思路。它的核心观点是，真正的领导力、创新和改

图 1-9 《非显著趋势》

变世界的思想，来源于以非凡的视角看待周围的世界。

在商业世界里，我们被平庸的创新方法和创新观念所包围着。商业咨询家们提供的是普通的图表和让人疲倦的方法，他们试图使思维方式公式化。在这样的氛围里，创新是不可能发生的。这本书是基于作者 10 年来为世界知名大品牌提供战略咨询的结果而创作的，同时包括了对中国市场最有意义的 15 个非显著趋势，涉及文化、营销、技术、设计和经济等多个方面，它们从来都不是彼此分离的，正是这些因素的相互作用才构成了社会整体生活方式的不断变革。

如果你是一个想要激发你的团队更多的创新思维的领导者，或者是试图从内部进行创新的变革者，这本书将教给你进行创新的工具、战术以及理念来实现你的想法，并且让你用另外一种与众不同的思维方式进行思考。

问题 1

假设你是一家背包客旅馆的市场总监，但你负责推广的这家旅馆非常简陋，甚至到了破破烂烂的程度，更别提什么装修了。这种时候，一般人都会想着找个一流的摄影师，拿着广角镜头，拍出酒店的最佳效果。然后，把营销的重点放在低廉的价格和酒店位置上。

其实这些在现在这个时代里面都不对，那到底应该怎么做呢？

在荷兰阿姆斯特丹就有这么一家酒店，这家酒店的名字叫汉斯布林克经济酒店，他们的营销策略却反其道而行之：接受自身的乱糟糟，并且坦诚相告。甚至在过去超过15年的时间里，一直宣称自己是“世界上最烂的酒店”。

他们的广告主题是拒不认错，例如：“抱歉，我们很擅长弄丢你的行李”“抱歉，我们在忽略顾客抱怨方面出类拔萃”“入住酒店将提升你的免疫系统，因为酒店周围环境邋遢”。

而在葡萄牙里斯本，这家酒店的分店标语则向顾客保证“服务员同样缺乏社交能力，也没有掌握多种口音”。这家酒店居然还开了分店？你现在是不是特好奇他们到底是怎么做到的呢？

其实，任何做过景点或旅游地产宣传的人都知道，顾客的期望过高反倒会导致失败。例如，经常坐飞机的人如果总期待着免费升舱，那么一旦希望落空就会不高兴，甚至发脾气。

而奢华酒店的老顾客一般都期待完美，不管瑕疵有多小，他们都觉得有理由抱怨一番。而汉斯布林克经济酒店在首次计划营销的时候，就提出了非同寻常的方案，那就是：将期望降低到人们不可能失望的水平。于是，他们打出了“世界上最烂的酒店”这个概念。

接下来，汉斯布林克经济酒店锁定了自己的目标客户：二十几岁的年轻人。并且通过富有创意的海报和直销手段，把一种特别的“体验”推销给这些年轻人。是啊，你想想，这些二十几岁的年轻人，他们哪个不想回到家能向朋友或者家人吹嘘，说自己在阿姆斯特丹住过“世界上最烂的酒店”呢？

这种宣传，反倒将酒店最大的劣势转变成了人们入住的唯一理由，而且还奏效了，这家酒店居然经常住满了客人。看来，有时候极致的诚实加上适当的缺陷反倒能成为强大的竞争优势。这何尝不是一种另类的创新呢？而且这种巧妙的创意，真的是让营销变得事半功倍。

问题2

随着互联网的发展，获取信息越来越容易，但这些混杂的、模糊的、碎片化的甚至是自相矛盾的信息，也让人们的专注力大幅下降。每个人都沉浸在微信、微博和各种移动客户端里，看似在获取信息，但微信提示音就能将你从一个场景拉向另一个场景，在这种情况下，你还怎么能专心做一件事儿呢？

书中提到的正念情商，其实聚焦的就是“专注力”的问题。现在“专注力”已经不仅仅是小众群体的个人追求或者信仰了。

实际上，它已经催生了很多成熟的产业，为了提升专注力，人们会雇佣专家，开展企业培训，开发越来越多的软件。很多创业者甚至干起了培训，当起了培养“专注力”的导师。

那么，怎么培养我们的“正念情商”呢？书中提供了三种方法：

一是睡眠革命。

几年前，当高层领导被问到职业建议时，他们给出的陈词滥调往往是坚持梦想，努力工作。那时听得最多的一句话是：“生前何必久睡，死后自会长眠”。但慢慢地，最受欢迎的成功学口号已经不再是埋头苦干、辛苦付出。而是我们每个人都在做，但几乎都做不好的事是睡眠。

你还别说，真有人因为睡觉这事，即写了一本著作。这个人是谁呢？就是美国的媒体巨头阿里安娜·赫芬顿，即《赫芬顿邮报》的创始人。她在经历睡眠不足、熬夜加班、积劳成疾后，写了一本书《睡眠革命》，书中她大胆鼓励管理人员“睡着走向人生巅峰”。

虽然该书也受到了抨击，但却揭示了一个现象，充足的睡眠对于工作表现、专注用心以及健康本身，有着极为重要的作用。因此，睡眠是获得成功的必要条件，它甚至可以指引我们改善公司的经营状况，提升员工的参与感。

二是冥想艺术。

“正念情商”最惊人的一点就是，随着越来越多的人开始关注“专注力”，并由此带来了成人涂色书的爆炸性增长。很多人开始参与“冥想涂色”，借此从日常生活的压力中解脱出来，花些时间进行涂色，收获心灵的片刻宁静。

而各种各样的艺术和创作活动正是放松身心、理清思绪的绝佳方式。除了涂色书，人们还可以通过编织、制作剪贴簿等方式打发时间，增强自己的“正念情商”。

三是量化幸福。

很多研究表明，当人们将专注力更多地聚焦在幸福感上，痛苦、疾病和抑郁就会减少，收入会更高，人际关系会更协调，工作效率也会更高。

这一趋势的真正力量在于，将它主动融入公司和机构的思维方式时，会带来专注思维在商业和文化领域的交汇。而这需要我们不断地寻找幸福，以及寻找更有意义的方式来量化幸福。

以上就是培养“正念情商”的三种方法。随着专注力持续走入主流视野，我们的工作场所、国家甚至是文化都可以被彻底革新，这样的观念将会不断扩散，几乎可以影响到每个行业，从金融服务、生产制造到体育行业，等等。

尤其是对于创业者而言，想要构建伟大的公司文化，最有效的方法是在日常工作之外，经常提供机会，让团队成员聚在一起，让这一趋势在你所在的组织中发挥作用。

问题3

我们一面急切地拥抱技术、商业和生活方式层面带来的巨大变革，一面也感受到了复杂、快节奏的生活带来的压力，需要通过放松和舒缓的方式调节情绪。“渴望解脱”也逐渐成了人们生活的一种趋势。这种趋势在生活中是怎么体现出来的呢?

主要有两个角度：

一个角度是放慢脚步，获得解脱。

挪威有一档非常受欢迎的电视节目——“慢电视”，内容要么是记录一艘游艇沿着挪威西海岸往北航行134个小时，要么是播放一群人连续7个小时编织毛衣的视频，其中最受欢迎的一期“全国木柴之夜”，居然用了12个小时记录木柴被劈开后扔进壁炉焚烧的过程。

你可能会觉得这很荒唐，但这个独特的频道，反倒冲出国门，受到了挪威以外观众的极大赞赏。

在西班牙，人们发起了一场有趣的“安静就餐”运动，还制定了登上榜单的规则，餐厅必须保证餐桌间的最小距离，采取到位的隔音措施，同时还要提醒顾客用餐时不要高声说话，目的是号召人们抵制嘈杂的餐馆环境。这一运动的发起，引起了全国20多家餐厅的响应，它们纷纷宣布计划成为“安静就餐”的场所，其中就包括几家米其林餐厅。

其实这两个案例正说明了“渴望解脱”的本质，那就是人们希望简化生活、去除杂乱。有些人喜欢尽量压缩观看时间，有些人则更愿意花上几个小时看着电视里的木柴燃烧，获得片刻的宁静。

另一个角度是技术带来的解脱。

你可能会认为“渴望解脱”主要就是努力摆脱杂乱、充分利用时间、放慢脚步。但先别着急下结论，我们来看看这一趋势的“反面”例子：通过刻意加速来获得片刻的解脱。

2016年，《华盛顿邮报》上发表了一篇文章，震惊了世界各地的电影制作人和内容创作者。文章深入研究了作者本人为了节约时间而养成的一个古怪习惯，那就是以两倍速度观看电视和电影。

他甚至使用专门的快进软件，这样一整季的节目几个小时就能看完。你可能问：谁会喜欢这么做呢？加速播放节目，声音岂不是会像花栗鼠，而且观看体验难道不会更糟糕么？

为了让人们亲自回答这个问题，《华盛顿邮报》在发布这篇文章的同时，附上了一段样例视频。读者可以选择用常速和加速模式观看一小段人气电视剧《权力的游戏》。

结果显示，对于观看这一小段视频的大多数人来说，加速体验无疑更好，因为对话加快，停顿缩短。可是回到“常规”速度观看时，一切似乎都慢吞吞的，让人沮丧。虽然制作方表示反对，希望保证艺术的完整，但这篇文章确实让人们发现并开始使用这种节省时间的方法。

问题4

追求完美一直以来备受人们推崇，因为许多人总是觉得眼前的事物不够好，还能更好。但作者在书中却认为“反完美主义”已经成了新的趋势，并开始引导成功。这种说法有什么依据？

人们在追求更为个人化、个性化的体验，品牌和创作者也有意利用个性、古怪和刻意的不完美，让产品和体验更加人性化、更真实、更具吸引力。

“世界上最烂的酒店”就是一个很好的例证，他们正是通过一种极致的真实、适当的缺陷，从而让酒店最大的劣势变成了最强大的竞争优势。而这就刚好体现了“反完美主义”这一趋势的本质——个人或者组织在展示真实情况的同时不去隐藏缺陷，并以这种独特的方式获得了信任。

其实，我们身边有很多这样的例子，但是大家却没有发现。例如，在娱乐圈，成龙大哥就利用这种方法在过去的20多年里建立了自己忠实的观众群。他的几乎每部电影末尾都有若干花絮片段，记录了电影中尝试绝技的失败镜头。这些片段反而让他更有亲和力，展现了他的胆量和勇气，也让他更像一个普通人，更加接地气。

影片结尾的出错花絮以及前面提到的“世界上最烂的酒店”，都表明一种新的概念似乎正在逐渐流行：故意开发有缺陷的产品、服务和体验，进而彰显独特性，吸引顾客。而我们面临的挑战，就是允许不完美的瞬间存在，并以此取悦顾客，而不是拼命抹去瑕疵。

问题5

作者在书中提到了一个和技术相伴随的非显著趋势，叫“虚拟同理心”。这个我们应该怎么理解？

这两年，商业人士以谈论VR为荣，投资人士到处寻找VR初创公司，品牌营销活动也一定要带有VR元素，不然都不好意思说自己是大品牌。简直就是：无VR，不现实。

随着虚拟现实成本的下降、质量的提升，开发人员才得以创造出更具有沉浸感的体验，人们也能从新的视角看待世界，同时在这个过程中培养同理心。而这一技术最强大、最具颠覆性的影响就在于，它促使我们摆脱自身偏见和狭隘的世界观。

在斯坦福大学的人类虚拟互动实验室里，研究人员在探索虚拟现实如何影响人类行为的过程中，获得了惊人的发现。

在一次实验中，研究人员要求参与者戴上头盔，手脚并用，四处爬行，模拟器创造出的虚拟镜像会让参与者感觉自己是一头牛，而这项研究提出了一个有趣的问题："如果了解一头牛的感受，你会减少吃肉吗？"

为了找到答案，研究人员用棍子戳刺参与者，让他们在虚拟现实头盔中体验牛被赶入屠宰场时的遭遇。

实验过后，有一位参与者总结了这番体验，写道："我适应装置之后就开始感觉自己是一头牛。我的确感觉自己最后要进入屠宰场，面对死亡。作为一头牛的我，当时是真的很难过，尤其是棍子打过来的时候。"

这个实验的目的，不是为了将人们改造成素食主义者，也不是为了培养人们对牛的同情，而是想知道体验虚拟情景是否足以改变人们的现实行为。这个团队的研究结论揭示了一个现象：人们通过沉浸式虚拟现实体验可以建立对他人、动物和环境的同理心。

随着成本的下降和技术的升级，虚拟现实技术将继续为我们提供更多的途径，帮助我们摆脱自身局限，从另一个角度体验世界。但它之所以能够颠覆世界，依然在于它让我们每个人相比以往能以更强的同理心对待更多的人和事。

思维导图

《非显著趋势：如何把握即将到来的机会》的思维导图见图 1-10。

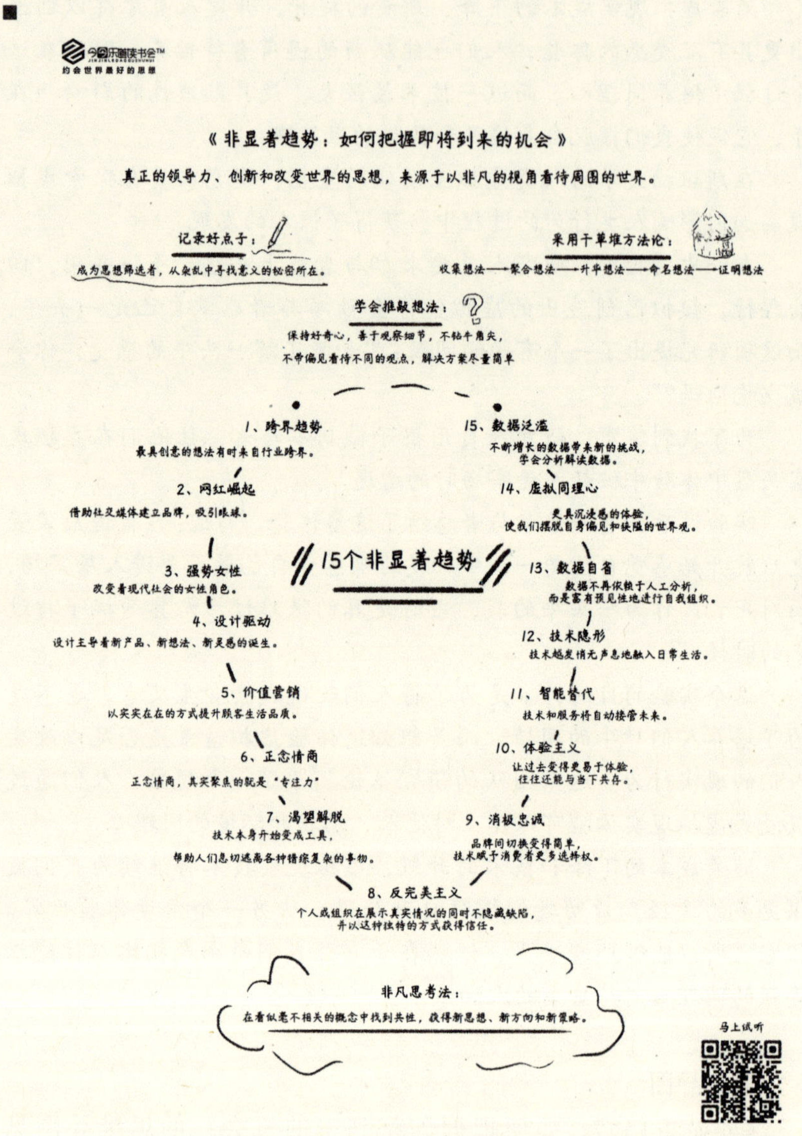

约会世界最好的思想
《非显著趋势：如何把握即将到来的机会》
真正的领导力、创新和改变世界的思想，来源于以非凡的视角看待周围的世界。
记录好点子：
成为思想筛选者，从杂乱中寻找意义的秘密所在。
采用干草堆方法论：
收集想法——聚合想法——升华想法——命名想法——证明想法
学会推敲想法：
保持好奇心，善于观察细节，不钻牛角尖，
不带偏见看待不同的观点，解决方案尽量简单
15个非显著趋势
1、跨界趋势
最具创意的想法有时来自行业跨界。
2、网红崛起
借助社交媒体建立品牌，吸引眼球。
3、强势女性
改变着现代社会的女性角色。
4、设计驱动
设计主导着新产品、新想法、新灵感的诞生。
5、价值营销
以实实在在的方式提升顾客生活品质。
6、正念情商
正念情商，其实聚焦的就是“专注力”
7、渴望解脱
技术本身开始变成工具，
帮助人们急切逃离各种错综复杂的事物。
8、反完美主义
个人或组织在展示真实情况的同时不隐藏缺陷，
并以这种独特的方式获得信任。
9、消极忠诚
品牌间切换变得简单，
技术赋予消费者更多选择权。
10、体验主义
让过去变得更易于体验，
往往还能与当下共存。
11、智能替代
技术和服务将自动接管未来。
12、技术隐形
技术越发悄无声息地融入日常生活。
13、数据自省
数据不再依赖于人工分析，
而是富有预见性地进行自我组织。
14、虚拟同理心
更具沉浸感的体验，
使我们摆脱自身偏见和狭隘的世界观。
15、数据泛滥
不断增长的数据带来新的挑战，
学会分析解读数据。
非凡思考法：
在看似毫不相关的概念中找到共性，获得新思想、新方向和新策略。
马上试听

图 1-10　思维导图

第六章《我在通用汽车的岁月：斯隆自传》

理性打磨：以投资的视角看待管理

概要

一本被管理者当作手册，并被喜爱它的人视为“管理训练”的最好著作。这是一个其他商业人士所无法讲述的故事，是对许多戏剧性事件以及创造性的企业经营深刻理解的结晶。当艾尔弗雷德·斯隆于1918年加入通用汽车之际，通用汽车正处在危难之时，人们看不到它的未来。现在，通用汽车是世界上最大的汽车集团，而且是美国经济的标志之一。本书对通用汽车诸如计划和战略、持续经营、财务成长以及领导等企业基本的管理政策和战略概念的早期创新和发展进行了详细描述。

我们都知道，对一个企业来说，财务危机往往是最致命的，稍有不慎可能就导致企业倒闭了。曾经的美国投资巨头之一雷曼兄弟，就是由于经济泡沫引发了巨大财务危机，而没能挺过来，最终倒闭了。

那么，企业如何最大程度地避免出现类似的财务危机呢？这就需要企业管理层对资金进行一个有效的管控了，也就是财务控制。不过财务控制并不是一件容易的事，尽管企业都知道它的重要性，但很少有人能够真正掌握其中的精髓。

《我在通用汽车的岁月：斯隆自传》（见图1-11）的作者艾尔弗雷德·斯隆，是美国通用汽车公司的第8任总裁，任职时间长达23年。在领导通用汽车公司的这些年中，他不仅使通用汽车公司超越美国福特汽车公司成为世界最大的汽车集团，同时也让通用汽车成为了美国的经济标志之一。

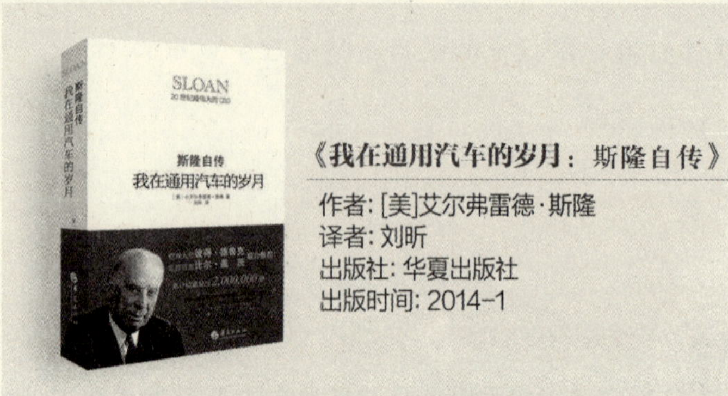

图 1-11 《我在通用汽车的岁月：斯隆自传》

另外，斯隆也是在管理和商业模式上创新的代表性人物，他 1921 年提出的“集中政策控制下的分散经营”组织结构模式，就是现在事业部制组织结构的雏形。而且其中对职业经理人概念和职能的首次提出，对现代管理理论的形成和发展产生了深远的影响。

正是由于其先进的管理理念和卓越的领导才能，斯隆与通用电气的杰克·韦尔奇也被并称为二十世纪最伟大的 CEO。《我在通用汽车的岁月：斯隆自传》一书堪称管理学的一个里程碑，世界管理大师彼得·德鲁克和微软创始人比尔·盖茨，对这本书也赞誉有加。

问题 1

管理学大师彼得·德鲁克认为：一个企业，管理是第一位。但艾尔弗雷德·斯隆却认为：职业经理人是第一位，管理是第二位，而且远远落后。那么，斯隆觉得一个职业经理人的管理是如何起作用的？

斯隆认为，对于一个企业的管理者来说，“动机”和“机遇”是其走向成功的两个非常重要的因素。前者通过在某些方面的激励性报酬得到很好的应用，后者则是通过分权管理体制。我们可以把这一理念当作斯隆“铁律”。事实上，斯隆不仅身体力行，而且不断宣扬它。他甚至批评德鲁克说，“《我在通用汽车的岁月：斯隆自传》一书不在于让人读起来充满乐趣，而是旨在建立一种职业——职业经理人”。

对于“动机”，斯隆认为激励性的报酬非常重要。自 1918 年以来，通用汽车红利计划就成了其管理理念和组织的一个组成部分。这种理念的出发点如此朴素，即使在今天仍然成为许多中国企业的痛点。

斯隆认为，激励性报酬的核心就是，要最好地服务于公司和股东的利益，就需要使关键员工成为追逐公司繁荣兴盛的同伴，每一个这样的人都应该获得与他为事业部和整个公司所做出的贡献相对应的奖励。

对于“机遇”，斯隆认为要靠分权管理体制。但是，斯隆也认为，事实并不那么简单，好的管理在于集中管理和分权管理的协调，或者说是“基于协调控制的分权管理”。

针对分权式管理的弊端，斯隆主要运用了两种管理方式。一种是建立各类执行委员会，比如技术委员会、采购委员会等，另一种则是财务管理。斯隆将政策制定和政策落实区分开来，由总部的执行委员会来负责前者，后者交由各独立的事业部自由运作。

斯隆甚至还对职业经理人的定位设定了一系列标准，这套标准被许多人称之为“斯隆铁律”，比如：

管理是一种职业，经理人是职业化的。

职业经理人也有“客户”：企业。

职业经理人做决策，靠的既不是个人观点，又不是其偏好，而是依据事实说话。

职业经理人的工作不是去讨好人，不是去改变人，而是要激发他们的能力去工作。

业绩不是“底线”，还要树立榜样。

领导力不是“魅力”，也不是“公共关系”，更不是“表演”，它是业绩。

问题2

在斯隆接手通用汽车公司之前，公司的财务方面正面临着拨款方式松散、库存飞速增长以及资金高度紧缺等许多问题。这些问题不仅对公司的财务造成很大的消极影响，同时也暴露出了公司在财务方面缺乏控制和协调的能力。公司总部很难了解到资金的流向和用途，这对公司的资金运营造成了很大的困扰。斯隆接手后是怎么解决这一问题的呢？

为了解决这个问题，斯隆认为，首先就是要防止公司各事业部的过度自由，因为这种过度自由严重威胁到了公司的生存。而建立相应的控制机制，进行适当的集权，通过集中管理的方式进行资金管控，是解决这种问题最有效的方法。

实际操作中，斯隆主要从两个方面实现了这一目的：

第一，资金支出授权。成立拨款提案委员会，实现公司集中控制的方式。对于各事业部提出的拨款申请，委员会需要从投资回报率和能否支持公司总体运营两个角度，去考虑和分析这项申请是否需要批准。

批准之后，各事业部还需要每月对在建项目的进展，向拨款委员会提供报告。这种做法，很好地帮助公司获得了关于资金准确而有序的信息。

第二，现金控制。公司采用现金控制系统，将部门营运资金的管理纳入中央会计系统，各部门提用资金需要财务委员会批准。这种方式在现在的企业看来，可能比较普遍，但在当时的企业环境中，是个相当创新的点子。

这种现金的管理方式，使公司能够利用多余的现金进行短期投资，提高获利能力。

在财务方面的集中管理，可以说已经成了许多跨国企业通用的方式。不过现在许多企业换了一种说法，叫“资金池”模式，和集中管理其实是一个意思。其中在这方面最典型的企业，就是通用电气集团（GE）。

资金管理一直是GE经营的重中之重。如何实现各成员单位资金的集中运作和集团内部资金资源的共享，减少集团对外整体融资规模和融资成本，提高集团资金整体效率，是集团面临的一个巨大挑战。

GE经过长期实践与探索，找到了解决方案，这就是司库制度，其实就是构建现金池。司库是企业集团内或者金融机构内负责资金管理职能的称号，主要具有现金管理、风险控制等职能。

GE有13个事业部，所有资金被统一控制和使用。在资金集中管理的基础上，GE建立起全球统一现金池，各级司库独立于各级业务板块，实行垂直化管理，立足司库管理平台，集中管理集团所有资金业务，统一归集、统一支付、统一筹融资。

如GE欧洲区的司库有什么资金需求须向上一级司库请示。地区公司所有资金全部归集到地区司库，最后统一归集到GE在美国的全球司库中心。

当企业需要资金时，由在美国的全球司库中心统一配置资源。当企业进行项目投资时，司库就会告知该项目的资金成本是多少，同时要求企业必须要在这个基础上实现价值增值。这样，企业在做项目投资决策时，司库模式就把价值管理运用到资金管理过程之中。

这种做法实现了集团内部成员企业资金资源的共享：集团内部成员企业的资金可以集中归拢到一个“现金池”中，同时成员企业可以根据集团内部财务管理的要求，有条件地使用池内的资金。

实行集团资金“现金池”管理，盘活了沉淀资金，提高了资金利用率；通过管理过程中的可用额度控制，还可成功降低资金风险。

问题3

在拨款、现金领域建立了相应的控制之后，并不意味着就解决了所有问题。毕竟许多细节上，总部并不能面面俱到，如果对于资金过于控制会起到适得其反的结果。斯隆碰到这种情况是怎么做的呢?

在适当集权的同时，斯隆提倡的是一种分权管理的方式。分权管理是在一定的权限范围内，给予各部门一定的自主性，不仅可以极大地提高部门员工的工作积极性，还能让他们有更大的发挥空间。

在分权管理模式下，财务控制管理体系运作的明显特点有四个：

(1) 大大提高了财务预算指标的现实性与可靠性。

(2) 大大激发了下属执行预算的自觉性。

(3) 部门与部门之间、个人与个人之间的信息得以充分交流。

(4) 个人的预算目标在企业预算目标中得以充分的显示，并且使企业内部的资源有可能得到最佳的配置。

可见，分权式管理模式是探索、寻求人的需求，激发这个控制管理体系中的每一部分，发掘人的无穷大的潜力。因此，只要找到这样一种良性机制，企业在资金运营方面就能达到良好的效果。

美的集团是国内的家电企业巨头之一，它就采取了高度分权的管理模式，这种管理模式，使得美的的业务流程相对其他企业而言，变得更加简洁、快速、高效。

比如，一个500万元实验室的招标项目，作为招标小组组长，有充分的权力来决策选择哪一家供应商。虽然招标小组组长签完字后仍需总经理签字，但总经理主要是根据招标小组组长的意见来决策。

所以招标的压力与责任充分地传递到招标小组组长那里，将招标小组组长的能量、积极性与主动性充分地激发出来。

在美的集团，员工每天都在面临挑战并期待挑战，每天都在努力奔跑并享受奔跑的过程，每天都在学习并快速地转化到工作实践中。

曾经有人问过美的集团的一位高管：一个毕业生在美的成长起来需要多久？他的回答是半年到一年。

居然敢夸口说只需要这么短的时间，那背后的原因是什么呢？这就要归功于分权为员工提供的工作机会，分权为员工带来的责任与压力，以及分权把员工团队激活了。

所以由于美的分权管理高效，决策点相对较低，而且贴近业务一线，这就让跨部门之间的沟通变得更加快捷，流程效率也高。

这反过来也使得美的的工作流程在设计上也遵循高效的原则，加上美的务实进取的企业文化，这样的流程促成了美的的快速反应与高效率。

问题4

财务控制的一个很重要的目的就是提高投资回报率，在所有的财务原则中，投资回报率也是进行业务判断最客观的工具。但这是否意味着，企业在任何时候都要追求投资回报率的最大化呢？

斯隆认为，企业的经济目标不应该是追求可能达到的最高投资回报率，而是应该追求与企业可占有的市场份额相匹配的最高投资回报率。

就是说不能盲目地追求投资回报率的最大化，而是企业在不同的发展阶段应该制定不同的指标，从而使长期平均投资回报率最大化。

这个过程被斯隆称为追求“可达经济利润”，即可以达到的，而不是可能达到的。比如一个垄断的行业，或者某种特殊环境下的某种业务，为了从有限的产量中得到非常高的投资回报率，有可能会尽力维持着高价格。但是，这是以牺牲掉行业整体的扩张为代价的。

如果选择降价的话，就会一定程度上扩大需求，尽管资本回报率会有所降低，然而总销售量增长所带来的好处却是巨大的。

因此，尽管投资回报率是影响企业发展的一个很重要的指标，但有时这种投资回报率是一个短期的表象，甚至有时候短期内你还看不出来它的投资回报率。这个时候，你就需要把眼光放得更长远一点。

说起孙正义，我们都知道他是一个十分成功的投资家，他的成功案例都堪称商界的经典。而孙正义最得意的投资，还是阿里巴巴，想想2016年软银抛售阿里巴巴5%的股份套现100亿美元就知道了。

2000年的时候，阿里巴巴仍是中国的一家小型电子商务公司。孙正义在北京与马云交谈了6分钟之后，就决定向阿里巴巴投资3 500万美元，不过最终只投入了2 000万美元，获得了阿里巴巴34. 4%的股份。当时的阿里巴巴成立还不到1年的时间，同时也才刚刚获得500万美元的投资。

这在大多数投资机构来看，都不可能一下子投资这么多钱在一家刚成立不久的小公司上。毕竟，投资是要看回报率的，谁能保证十几年之后会取得这么大的回报呢？但孙正义就是做了，他没有把目光放在一个短期的投资回报率上，他比许多人都看得远，尽管当时的马云并没有问他要钱。

结果就是，14年之后，阿里巴巴在美国纽约证券交易所上市，孙正义的软银所持有的股份市值达到580亿美元，当初投的2 000万美元简直赚大了，这一下子就让孙正义一夜暴富，成为了日本首富。

你要知道，股神巴菲特从14岁开始投资，一直到83岁，一共近70年的时间，他的个人财富才超过580亿美元。而孙正义投资阿里巴巴，14年就达到了580亿美元，这一点股神也得拜服吧。

所以，投资回报率这东西，我们不能用太直接的方式看待它。比如许多人想的都是，既然是投资，就要立马看到回报，否则没有投资价值。这显然是个不明智的做法，只有结合企业的发展，把眼光放远点，才是投资回报率的正确操作姿势。

问题 5

斯隆在企业管理上还有一个重大的贡献，就是提出了“集中政策控制下分散经营”的组织结构模式，这是现代企业“事业部制”的雏形。那么这种企业管理模式是如何诞生的？又有哪些优势呢？

通用汽车公司的巨大成功，是由方方面面的因素共同促成的，在所有因素中，适应了公司发展战略的事业部制组织结构功不可没。

第二次世界大战前后，美国企业的规模持续扩大，结构与战略的不协调成为企业进一步发展的瓶颈。在这种情况下，美国乃至西方世界兴起了以组织结构建设为重要内容的管理热潮。

斯隆设计的事业部制自然成为大企业组织结构改革的模板，事业部制扩展到企业管理领域，主要有如下优点：

事业部制能够使低层管理人员得到充足的锻炼，从而为企业培养合格的接班人。

事业部制能够使高层管理人员从具体运营事务中解放出来，集中精力考虑企业的长远发展问题。

事业部制要求各事业部真正自治，能够激发下级管理人员的积极性。

在人类发展历史上，完全垄断或寡头垄断企业，往往由于其垄断形成的优势扼杀竞争，在市场上缺乏竞争活力，事业部制能够有效克服这一难题，以事业部之间的适当竞争激活组织。

思维导图

《我在通用汽车的岁月：斯隆自传》的思维导图见图 1-12。

今日乐眺读书会™
约会世界最好的思想

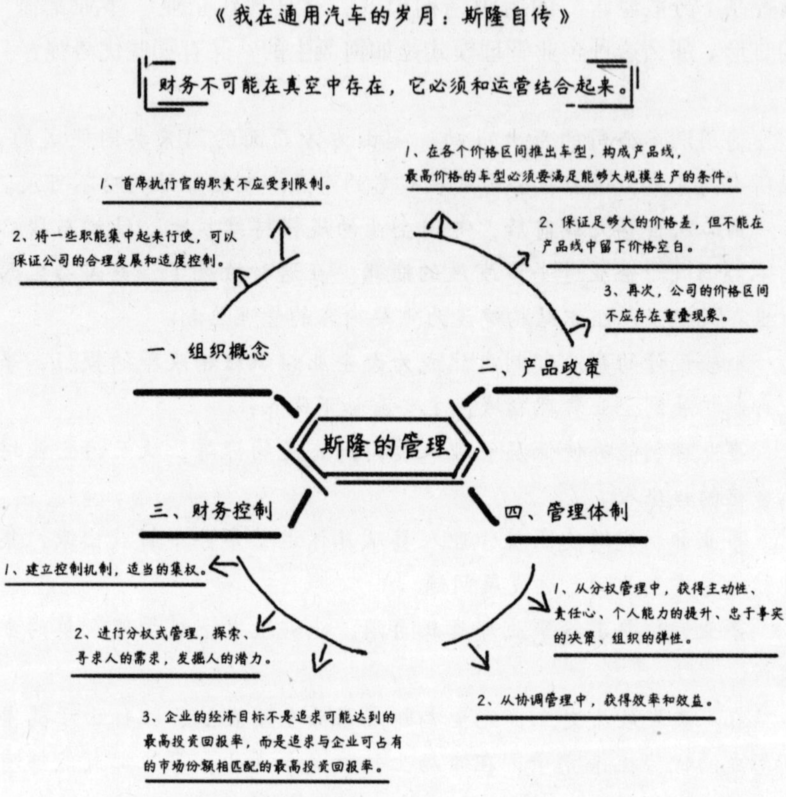

马上试听

图1–12　思维导图

第七章《商界局外人：巴菲特尤为看重的八项企业家特质》

财务控制：风雨飘摇中找到锚点

概要

在商业领域，最引人注目的角色毫无疑问是各大企业的 CEO 们，比如美国通用电气的杰克·韦尔奇、苹果公司的乔布斯、Facebook 的扎克伯格等，他们都是媒体关注、公众追捧的焦点人物，可以说自带偶像光环，在无数心怀梦想的年轻人看来，他们简直就是自己的奋斗目标和人生楷模。

那么，在过去 50 年里，谁才是最伟大的 CEO？对于这个问题，相信每个人都会有自己的选择。或许很多人都会选择杰克·韦尔奇。毕竟，作为美国通用电气公司的前任 CEO，杰克·韦尔奇在任 20 年，将一个弥漫着官僚主义气息的公司，打造成了一个充满朝气、富有生机的企业巨头。

在他的领导下，通用电气在全美上市公司的盈利能力排名第十位，发展成位列全球第一的世界级大公司，公司市值也从 130 亿美元上升到了 4 800 亿美元。也就是说，如果在韦尔奇刚刚升任 CEO 那会儿，你投资 1 美元购买了通用电气的股票，那么到他卸任的时候，你手上那张 1 美元的股票已经涨到了 36.9 美元。而他也被誉为“最受尊敬的 CEO”“全球第一 CEO”“美国当代最成功最伟大的企业家”，等等。

然而，在《商界局外人：巴菲特尤为看重的八项企业家特质》（见图 1-13）这本书里，作者却非常坚定地表达了自己的不同意见。

在书中，作者选择了 8 位“最伟大的 CEO”，并且通过描述这 8 位 CEO 在任期内所创造的惊世骇俗的业绩，总结提炼出他们在管理中所具备的共性，揭示出资本配置在管理中的重要意义。这本书也被《福布斯》杂志评为美国商界人士应该人手一本的经典读物，更是股神巴菲特极力推荐的必读书目。但这八位“最伟大的 CEO”不仅不包括杰克·韦尔奇，作者甚至还明确表示，杰克·韦尔奇和这 8 位 CEO 根本无法相提并论。一个最有力的证据是：这八位 CEO 的平均业绩超过杰克·韦尔奇 7 倍。

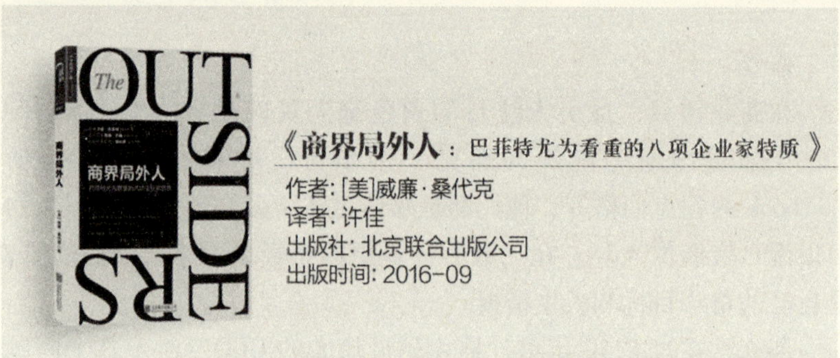

图 1-13　《商界局外人：巴菲特尤为看重的八项企业家特质》

背景、行业、方法不同，但在对商业本质的把握上，他们出奇一致。既保守又十足颠覆，既谨慎又疯狂，他们就是商界“局外人”，是比杰克·韦尔奇更“伟大”的 CEO。永远用“局外”视角发现新机会，以理性为盔甲屏蔽行业的浮躁。商界局外人视资本配置为核心任务，以现金流为所有工作的根本目标。行业选择标准、去中心化的组织体系、精明的避税措施、灵活的资本筹措手段、简洁明晰的决策方式……商界局外人坚定地固守自己的原则，而死去的同行却不断在他们脚下堆积，把他们推到前沿，成为行业的旗手。以投资的视角看待管理，使得管理和投资在商业本质层面上回归统一。狐狸一般的商界局外人在投资和管理间炉火纯青地转换手法，成为他们创造惊人业绩的根本保证。

问题 1

书中提到的八位 CEO，作者认为杰克·韦尔奇都不能与他们相提并论，并且还把他们称之为“商界局外人”。那么，到底什么是“商界局外人”？

亨利·辛格尔顿是一位世界级的数学家。但在成为数学家之前，他攻读的是电气工程博士学位，还为麻省理工学院的第一台电脑编写了程序。在第二次世界大战期间，他研究出一种消磁技术，使得盟军战舰得以躲避雷达的搜索。

20 世纪 50 年代，他还开发出一款惯性导航系统软件，直到现在，这套系统还被用于绝大多数军用和民用飞机上。他还有一个爱好，那就是蒙上眼睛玩国际象棋。

而以上这些成就都发生在他出任 CEO 之前。20 世纪 60 年代，辛格尔顿创建了特利丹公司，这是一家国际知名的分析仪表公司，总部位于美国加利福尼亚。

早在特利丹公司成名之前，辛格尔顿就非常积极地回购自己的股票，最终买回了 90% 以上的特利丹公司股票。此外，他回避分红，与报告期盈余相比更加重视现金流；并且积极推行整个组织的去中心化，从不分拆公司股票。

以上种种举措，保证了特利丹公司在 20 世纪七八十年代的大部分时间里都是纽约证券交易所股票价格最高的企业。如果你在 1963 年投资 1 美元给辛格尔顿，那么到 1990 年，当他在一波严重熊市的当口卸任时，这 1 美元将增值到 180 美元。

光从这一点看，他的业绩就是韦尔奇的 4.87 倍。还有一个值得注意的因素是，在辛格尔顿任职的 28 年里，股票市场经历了几次漫长的熊市；相比之下，韦尔奇的任期却差不多正好和一波史诗般的牛市相重合。

但辛格尔顿为人低调，不愿意与分析师或者记者交谈，也从来没有登上过《财富》杂志的封面。所以，他和韦尔奇完全不是一类人。

相对于辛格尔顿的低调稳健，韦尔奇显得个性活泼、好胜心强，而且热衷于和华尔街以及商业媒体打交道，在任职通用电气CEO期间，他是《财富》杂志封面上的常客。甚至在退休之后，他也会偶尔发表非常有争议的言论，并因此出现在头版头条上。

和杰克·韦尔奇不同，书中所选择的这八位CEO通常很节俭，他们的节俭甚至常常成为人们调侃的话题。另外，他们擅长分析，并且为人谦和低调。实际上，他们的境况最能代表典型的美国企业CEO。

而除了作为世界级数学家的辛格尔顿，书中的其余7位CEO也都有着五花八门的背景，有曾经绕月飞行的宇航员，有毫无业务能力的寡妇，有接管生意毫无投资经验的富二代，等等。

可以说，他们当中的大部分人在当上CEO之前只有非常有限的管理经验，几乎都是本行业和公司的新手。

因此，“商界局外人”其实有两层含义：

(1) 他们入行时都是新手，对行业以及公司都不够熟悉。

(2) 他们冷静低调，与媒体保持距离，保持着客观理智的旁观者态度，有时候就像是一个“局外人”。

可是，正是由于他们的“局外人”身份以及“局外人”视角，却为企业带来了意想不到的业绩。作者认为，一个企业的管理需要从全新的“局外人”角度出发，比如从投资的视角去看待并管理企业，才能创造出惊世骇俗的业绩来。

不是只有在创业领域，你才需要像扎克伯格、乔布斯那样独辟蹊径；在成熟的企业管理领域，真正出类拔萃的CEO也同样是“局外人”。

问题2

精简、去中心化，是商界局外人的一条经营准则。比如巴菲特执掌的美国第五大公司伯克希尔·哈撒韦，经营范围横跨多个行业，共有超过27万名的员工，但奥马哈的总部却只有23名员工。这么庞大的公司，他们是如何靠这么少的人掌控的呢？

在美国大都会广播公司每份年报的内封上，都印有这么一段话："去中心化是我们经营哲学的基石。我们的目标是尽己所能聘请最佳人选，并赋予他们完成其工作所需要的责任和权威。"

定下这条准则的，是美国大都会广播公司的CEO汤姆·墨菲，而他也是一个典型的"局外人"。

在出任大都会广播公司CEO之前，汤姆·墨菲在纽约的快消行业巨头公司工作，生活光鲜，前程似锦。

但有一天，他突然接到一个猎头职位，邀请他到广播公司做管理，而此前他从来没有接触过媒体行业，除了听广播、看电视以外，和广播电视行业的接触几乎为零。但他犹豫过后还是接受了这个挑战。

令人意想不到的是，年仅29岁、作为外行空降到广播公司的汤姆·墨菲最终为公司创造了204倍的收益！这到底是怎么做到的呢？

他的答案是：第一，作为CEO，盯住公司的盈利率就行了；第二，对于业务的事，找一个专注于运营管理的副手，以及一批聪明有活力的业务经理，充分放权让他们自主去干。

他一扫传统媒体行业的规矩和制度，首先在业务上培养了一批聪明能干的业务经理，给这些经理充分的自由和权力，让他们自己找事情干，也不用隔三岔五汇报，只要能完成指标就行。

运营团队的60人，一度被他裁员至只剩下8人。至于汤姆·墨菲自己，他只做一件事情，那就是紧紧盯住公司的盈利情况，入不敷出了就控制成本，挣到钱了就收购同行，总之，他的原则就是用最少的人干最有价值的事，不顾一切提高效率。这就是"精简"和"去中心化"。

就是凭借这两个简单而独特的方法，汤姆·墨菲创造了现代商业管理领域前所未有的佳绩。巴菲特也因此把汤姆·墨菲看作自己的管理学导师，还表示：“汤姆·墨菲是我曾遇到过的最好的企业经理人。”

而这种去中心化、追求效率的办法，在巴菲特那里被发挥地淋漓尽致。巴菲特的伯克希尔公司是美国的第5大公司，经营范围横跨多个行业，在世界各地拥有超过27万名员工。

但是，你猜猜看，要管理27万人，这家公司的总部需要多少人？答案是，只有23名！也就是说，这家疯狂的公司要让总部的23人，对全世界的27万人发号施令！这么看来，巴菲特的钱不仅仅是靠投资赚来的，光是这管理人员的工资也能省下好大一笔。

巴菲特把这种管理原则总结为“雇得好，管得少”，并且深信这种去中心化的极端形式能够削减管理成本，释放企业活力，从而提高组织的整体效率。

问题3

做企业的人，一般都希望能把公司做大做强。所以，绝大多数的公司都不愿意主动削减自己的规模。但“商界局外人”却反其道而行之，其中有什么深意？

绝大多数的“商界局外人”都主动削减过他们初始的经营业务。通用动力公司的CEO比尔·安德斯，曾经是阿波罗8号飞船的登月舱驾驶员，那张非常经典的、从月球上遥望地球的照片就是他亲手拍下的，所以，他也是全球唯一一位曾经漫步月球表面的CEO。

但是，在比尔·安德斯入职通用动力担任CEO时，他的企业管理经验几乎为零。在入职的第一年，他就替换掉了公司全部25位高管中的21名。在两年内，他替换了85%的高管，裁掉了60%的员工，卖掉了公司旗下一半的企业和业务部门。

看上去，情况似乎很不妙。但是，在第3个年头，通用动力不仅还清了6亿美元的负债，而且还拥有了50亿美元现金！

从表面上看，削减一半业务、裁减一大半员工，这对公司非常不利。但实际上，像比尔·安德斯这样的“商界局外人”，他们考虑的是公司的长期价值，而不是眼下公司的规模扩大了没有、是否多开拓了两个市场等。

这本书里列举的八位CEO，他们绝大多数都削减过公司的业务。低效工厂，砍！无前景部门，卖！而不是藏着掖着任其损耗公司的资源。这就要求CEO们独立思考、当断则断，注重公司本身的价值，这才是真正地对股东负责。

不约而同地，这些“商界局外人”都放弃了对短期盈余这类指标的盲目追寻。他们天性讲究实用，持不可知论，关注长期而非短期价值。只要符合公司的长远利益，而且价格合适，他们随时乐意把主营业务卖掉，给企业做减法。

他们坚守业务的本质，屏蔽来自很多同行和媒体的干扰。“商界局外人”们信奉的是绝对理性和独立思考，关注股票每股的账面价值而非规模增长，重视最优化自由现金流而不是市场规模和占有率，正是这种独特的经营哲学让他们在商界取得了一个个不可思议的成功。

问题4

投资、并购是许多企业在经营过程中，经常会遇到的商业行为。这个时候，企业CEO要考虑的首要问题就是投资回报率，投资就有风险，谁也不能保证能够每次都能赚得盆满钵满。但“商业局外人”却大大提高了投资效率，他们是怎么做到的呢?

“商界局外人”认为，一家公司核心业务的成熟需要时间，而将现金都投资到现有核心业务中，未必总是一个好的选择。从本质上看，这些“商界局外人”在思考问题时更像投资人，而不是经理人。

作者把这种做法称为“高效利用杠杆”，说白了就是买其他公司的股票和买自己公司的股票。比如TCI有线电视公司的CEO约翰·马龙，他的商业嗅觉举世无双，而且是个收购狂人。

由于电视行业的现金流比较固定，再加上税收优惠，约翰·马龙所在的TCI有线电视公司还算有钱，这支撑了他的野心。在5年时间里，他进行了482次疯狂收购，平均下来，差不多相当于一个星期两次收购！

这样看来，除了收购，约翰·马龙似乎也没时间干别的。不过，在20多年时间里，TCI有线电视公司的股价增长了900倍。

优秀的“商界局外人”，都有这种投资意识，他们都有过大规模的收购行为。这中间的逻辑是，当市场环境不好的时候，很多优质公司的股价被市场低估，比如2008年爆发的金融危机，当时很多股票跌得惨不忍睹，而低调的“商界局外人”瞬间活跃起来，积极收购那些被低估的公司，给自己的公司添砖加瓦。

同时，当这些CEO发现自己公司的股票长期低迷时，也会大胆出手，回购公司的股票。比如亨利·辛格尔顿，他在12年内从公开市场买回了自己公司90%的流通股；另外，华盛顿邮报公司仅在2009年到2011年的两年时间里，就通过回购把股票总数缩减了20%；而思科、苹果、IBM和甲骨文这四家公司曾经在一年时间里就回购了总计900亿美元的股票。

这样做的理由，是他们认为如果公司的股价长期低于公司的实际价值，就会伤害到公司，所以他们宁愿把股票买回来。

另外还有一个值得注意的现象，书中讨论的八家公司，几十年下来，要么股票的总数大大减少，要么不变，不到万不得已的时候，他们不愿意发行新的股票。大众影院公司的CEO迪克·史密斯就说，增发新股票让他非常痛苦，这感觉就像挖他家祖坟一样！

至于为什么他们不愿意发行新股票？大概是因为他们害怕股票数量一多，每股的价值就会下降，进而伤害到公司，闹到最后，他们可能还得回购公司的股票。

总而言之，作为“商界局外人”，他们看重的是每张股票的长期价值。

问题5

书中对于刺猬和狐狸有一个很形象的比喻：刺猬只知道一件事，却了解得非常透彻。狐狸知道非常多的事，它们以跨界的视角看问题，能在不同的领域之间创造连接，找到全新的方法。“商界局外人”是刺猬还是狐狸呢？为什么？

书中提到的大部分CEO此前只有非常有限的管理经验，而且他们几乎都是本行业和公司的新手。

但在这种情况下，他们对CEO这项差事，也没有受到固有成见的束缚。在商业领域存在着很多的迷局。不管是故步自封，还是随波逐流，管理者一旦陷进去，就很难再走出来。

真正有潜力获取巨额回报的管理者，一定是那些能始终使自己处于“局外”的人。他们不墨守成规、循规蹈矩，永远从全新的“局外人”角度，从长远的投资视角去看待管理。

在书中，作者借用了狐狸和刺猬的寓言来解读这些CEO们的特质：狐狸知道非常多的事情，而刺猬只知道一件事，却了解得非常透彻。而作者认为：绝大多数的CEO都是刺猬。

他们在某个特定的行业当中成长起来，等到担任最高的职务时，已经非常了解公司和行业。他们技能纯熟、行动专业，毫无疑问是优秀人才。

但是，狐狸也有很多吸引人的特征，包括能在不同领域之间创造、创新。而我们讲的“商界局外人”，都是不折不扣的狐狸。他们凭借广度形成了全新的视角，在投资和管理之间熟练而随意地进行切换，最终产生了杰出的成果。

思维导图

《商界局外人：巴菲特尤为看重的八项企业家特质》的思维导图见图1–14。

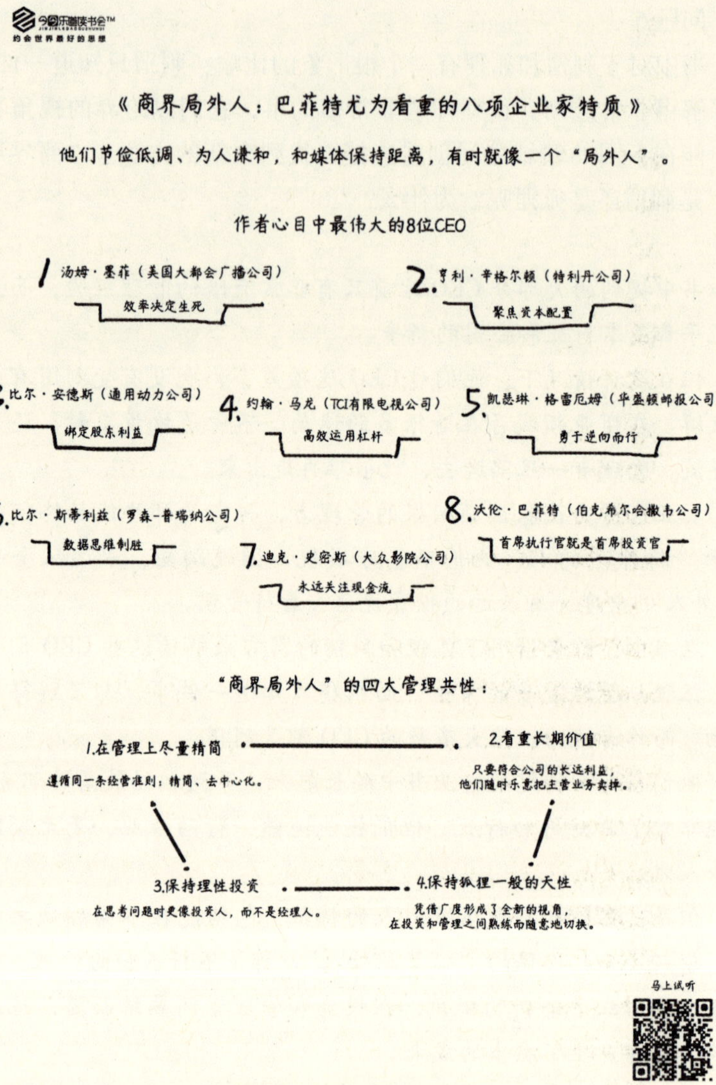

约会世界最好的思想
《商界局外人：巴菲特尤为看重的八项企业家特质》
他们节俭低调、为人谦和，和媒体保持距离，有时就像一个“局外人”。
作者心目中最伟大的8位CEO
1 汤姆·墨菲（美国大都会广播公司）
效率决定生死
2. 亨利·辛格尔顿（特利丹公司）
聚焦资本配置
3. 比尔·安德斯（通用动力公司）
绑定股东利益
4. 约翰·马龙（TCI有限电视公司）
高效运用杠杆
5. 凯瑟琳·格雷厄姆（华盛顿邮报公司）
勇于逆向而行
6. 比尔·斯蒂利兹（罗森-普瑞纳公司）
数据思维制胜
7. 迪克·史密斯（大众影院公司）
永远关注现金流
8. 沃伦·巴菲特（伯克希尔哈撒韦公司）
首席执行官就是首席投资官
“商界局外人”的四大管理共性：
1.在管理上尽量精简
遵循同一条经营准则：精简、去中心化。
2.看重长期价值
只要符合公司的长远利益，
他们随时乐意把主营业务卖掉。
3.保持理性投资
在思考问题时更像投资人，而不是经理人。
4.保持狐狸一般的天性
凭借广度形成了全新的视角，
在投资和管理之间熟练而随意地切换。
马上试听

图 1-14　思维导图

第二篇

向战争学战略

第一章《轻足迹管理：变革时代的领导力》

单元结构："简单"的杀伤力

概要

过去20年间，世界变得更加复杂动荡与不可预测。在这种情况下，领袖需要采取不同的领导方式，而管理者同样需要改变。在本书中，作者提出了适应复杂动荡世界的管理模式——轻足迹管理。轻足迹管理的核心是领导力模块化、合作灵活化，主张缩减企业结构的规模和重量，用越来越少的资源做越来越多的事情，用"轻型管理"对传统管理的主体、客体和手段进行"突破性"变革。此外，轻足迹管理有机地融入了中国式管理的独特之道，为中国的企业发展管理提供了非常好的借鉴作用。

《轻足迹管理：变革时代的领导力》（见图2-1）的作者常博逸虽然取了个中国名，却是个地道的法国人，他是哈佛商学院理工学硕士以及巴黎大学的法学硕士，担任罗兰·贝格国际管理咨询公司的CEO，拥有近20年的专业咨询经验。

2006年，常博逸来到中国，走访了大量企业，发现中国企业大多数依旧处在"青春期"，他们还在依赖高度集权的封闭式管理，同时过度依赖人力，与终端市场对接过程缓慢，这就造成了经营成本高、与市场脱节、组织机构臃肿等问题。要改变这种状况，不能完全照搬西方成熟的管理经验，而是必须结合本土实际，顺应时代变化，进行创新组织、领导变革，最终搭建出成熟的框架。这是一个舍弃旧经验、建立新的模式、摸索前行的过程，正如"轻足迹"的本义一样，步履轻快，但又小心谨慎。

图 2-1 《轻足迹管理：变革时代的领导力》

问题 1

所谓“轻足迹”公司，意味着组织结构模块化，就像军队中的小型精英突击队，每一单独版块都跨领域且高度自治，按需建立并适时变化调整，但又由中央部门统一协调，并将突袭作为竞争手段。对照这些特点，有哪些实际案例能说明“轻足迹”管理的优越性？

2000 年，日本兴起了一股“断舍离”的风潮，在四五年前，这种风潮传入了中国，直接得到许多中国当代青年的追捧。“断舍离”提倡的是一种简单生活。创始人山下英子本是一个家庭主妇，她将家庭收纳整理术发展到了极致，延伸成一种生活美学，从整理自己的房间到整理自己的人生。

断舍离在中国、日本大行其道，也是因为中、日有许多共通的地方。以审美意向举例，在中、日的古典画作中，简单、留白就是一种极致的美。生活也应该如此，我们无需通过“繁杂”的东西加强安全感，秩序应该建立在精简的基础上，才能于不断变化的社会环境中洞悉本质，轻身上阵，获得幸福。

《轻足迹管理：变革时代的领导力》这本书，告诉我们，企业管理和生活的“断舍离”一样，“简单”也可以有超强杀伤力。

我国的宋朝是一个很有趣的朝代，它被后世称为“富宋”，也称为“弱宋”。从开国之初，它的经济实力就相当惊人，开国后由于不排斥工商业，百姓也很富裕，“GDP”非常高，有学者计算过，当时的宋朝占全世界经济总量的一半以上，绝对是“富甲天下”。

但是，宋朝有一个高度集权的朝廷。宋朝皇帝为了集权，对每个机构负责人分割权重，一官多职，职务与职位分开，不断稀释权力。这就造成了科考制度注水，政府机构不断膨胀，官员冗杂，不少人领着惊人的俸禄却无事可做，一件事上陈下达，流程非常繁琐，效率极低。

在外族不断来犯的中国古代，每一个帝国的军事机构都是“核心部门”，但宋朝偏偏没有这样的意识。本该属于“核心部门”的宋朝军队，却受文官节制，军人地位极低，有能力的将帅常常无法忍受，流动率极高，长留军队的只有混饭吃的兵痞，所以宋朝军队人数不少，战斗力却极低。

到了宋朝后期，重赋繁役让百姓苦不堪言，本来为了养活宋朝政府和军队的压力已经非常大，为了支撑腐朽的帝国，仍只能不断地向老百姓索取。同时，高高在上的皇族们不听、不管、不问，任由贪腐官吏对老百姓巧取豪夺，造成社会动荡，国力衰败。

结果，我们已经知晓，宋朝以极其屈辱的方式结束了政权。但宋朝也有一个相反的例子，那就是岳飞的岳家军。岳家军鼎盛期有十万之众，精锐中的精锐则是八千背嵬精兵，这就相当于我们现在的特种部队，他们不仅自身实力超群，还掌握着当时最尖端的武器。我们听评书《岳飞传》中有朱仙镇岳家军八百破十万的精彩故事，这在历史上实有其事，说的就是背嵬精兵的战例。也是在那一战之后，完颜宗弼也就是金兀术才发出了“撼山易，撼岳家军难”的感叹。

同样的朝代，因为核心领导人的思维不同，造成了两种不同的结果。

从宋朝的“经营”我们可以分析出很多企业的问题：层级不能大过于效率；要有自己的核心部门；先进性武器可以提升战斗力；高度集权不如灵活授权；要听到最基层的声音。

问题2

作者认为，轻足迹公司在动荡的全球经济发展中适应力最强，可以更加快速、灵活地对变化做出反应，降低了被突发情况打得措手不及的风险；相反，具有高度层级化管理结构的企业与机构将失去其竞争优势，尤其是跨国企业机构。请结合个人的创业经历与见闻，谈谈你是否同意这一观点。

传统的企业组织架构，是模仿军队的等级制度，权力向下递减，甚至高度集权，常常导致灵活度不高、冗员增加、效率缺失。所以作为《轻足迹管理：变革时代的领导力》的核心思维，就是打破这种学院派的原理，因为这种模式已经遭遇了“时空瓶颈”。

要减少企业的经营成本、提升效率、迎合市场，必须改变金字塔的体系，而建设好自己的模块化团队，打造核心生产力，甚至可以依据项目建立自己的“特种部门”，快速对各种局势做出反应，最高领导者可以直接接触这些“特种部门”，缩短项目周期。

在工作效率的问题上，模块并不代表无法协同，企业可以给予这些模块高度的自治权，没有了僵化的制度，每一个模块都可以灵活作为，如同“将在外，君命有所不受”的古训一般，反而可以鼓舞士气，每一个员工都能认识到自身的价值，不断挖掘自身潜能，为共同目标努力。正如爵士乐队一样，没有指挥，没有领唱，甚至没有乐谱，但有模糊的音乐目标，随着现场气氛不断改变演奏方式，每一个乐队成员都能自我管理，无间配合。

在迎合市场的问题上，将管控严密的企业拆分为一个个小型创业团队，这也会激发创造意识，实现个性化，同时降低风险，提高企业在特定问题上的高度机密性，针对更新越来越快的产品市场，快速解决用户的问题。

在我们此前反复拆解过的稻盛和夫的“阿米巴经营”、海尔集团的“事业部制”以及杰克·韦尔奇在通用实行的“Work out 群策群力”制度等都是组织模块化的成功典范。

问题 3

零基预算（ZBB）主张在制定战略时把习以为常的东西推倒重来，从零开始，排除已有先例和固有思路的干扰，从而找出最优方案。请问，在做出决策时，你是否曾经陷入过“囚徒困境”？应如何避免？

零基预算法又称零底预算，其全称为以零为基础编制计划和预算的方法，简称零基预算，是指对任何一个预算期，任何一种费用项目的开支，都不是从原有的基础出发，即根本不考虑基期的费用开支水平，而是一切以零为起点，从零开始考虑各费用项目的必要性，确定预算收支，编制预算。

零基预算法最初是由德州仪器公司开发的是指在编制预算时对于所有的预算支出，均以零为基底，不考虑以往情况如何，从根本上研究分析每项预算有否支出的必要和支出数额的大小。这种预算不以历史为基础做修修补补，在年初重新审查每项活动对实现组织目标的意义和效果，并在成本和效益分析的基础上，重新排出各项管理活动的优先次序，并据此决定资金和其他资源的分配。

问题 4

VUCA 的内涵是什么？这一军事用语为何会被广泛运用于商业领域，并指导企业战略的制定？

“轻足迹管理”这一概念的灵感，来源于美国宾夕法尼亚的陆军军事学院。作者认为，当今世界正变得更加复杂动荡与不可预测。

美国军队把这个情况称之为VUCA（Volatile/Uncertain/Complex/Ambiguous）世界：动荡、无常、复杂、模糊。这种情况下，领袖需要采取不同的领导方式，而管理者同样需要改变。而解决的最好办法就是“轻足迹管理”。

轻足迹管理的核心是领导力模块化、合作灵活化。公司组织结构应该呈模块化，就像军队中的小型精英突击队。公司每一单独版块都跨领域且高度自治，但又由中央部门统一协调。

问题5

从传统组织逐渐向轻足迹组织转型的10个操作步骤是什么？

轻足迹管理理念的核心是技术、组织、文化，传统组织向轻足迹转型的十大步骤为：

（1）引导性的愿景。

（2）现场力，就是在管理一线通过总指挥进行有效的调度和管理。

（3）平衡，找到技术、组织、企业文化和人之间的一种平衡。

（4）团队合作，合作的基础是信任。

（5）无人操作。

（6）数据丰富，要有大数据和小数据。

（7）同步，好的资源、好的组织、先进的技术、充足的人选等的最优整合。

（8）要警惕思维定势。

（9）精确与战术。

（10）开明。

延展阅读

读了《轻足迹管理：变革时代的领导力》一书，你还有哪些收获？

《轻足迹管理：变革时代的领导力》将军队思维引入企业管理，书中提出的七大原则可以归纳为三个维度，即：从层级到模块；从封闭到接触；从人力到数据。

第一个维度从层级到模块已经在前文中分析过，接下来我想就另外两个维度做一下分析：

一、从封闭到接触

海尔集团首先提出了“外去中间商，内去隔热层”的概念。概念的核心就是减少企业和用户之间因为层层传递造成的信息衰减，直面用户的需求，以最快的速度满足终端用户需求。

1996 年，海尔洗衣机已经在市场上拥有了较高的占有率和知名度。一次，海尔洗衣机的售后人员接到用户排水管堵塞的投诉，售后把问题直接反馈到了技术人员那里。技术人员经过了解，发现是用户操作不当，用洗衣机洗地瓜，地瓜上的泥沙太多导致水管堵塞，并不是洗衣机本身的质量问题。这在一般的生产企业里，可能技术人员就会把问题反馈给售后，告诉用户问题在他们自己，跟生产厂家无关。而在海尔，技术人员却将此事直接汇报给了张瑞敏。张瑞敏听闻此事，当即决定开发一款新的双桶洗衣机，加大滚筒容量、加粗排水管，首批产品直接投放到农村市场，结果是立即销售一空，许多农民用它来洗地瓜、洗水果。

旧时代的企业链条是串联式的，从企划、设计、生产、营销，最后才到用户，每一个环节，都让企业离终端用户更远。互联网时代，产品的大规模制造已经无法保证用户需求，必须要与用户零距离，杜绝信息失真，缩短效率延迟，开启“定制”模式。这种行为，不仅是为了用户考虑，也是为了让企业决策者更正确，因为快速地收集了有效信息，会把预期风险降到最低。

无独有偶，大洋彼岸一家法国电信公司叫做“Free”。这不是一家垄断型的电信企业，它最初只是一家互联网服务公司。在与法国电信垄断巨头的竞争中它唯一的优势就是技术，它的 CEO 泽维尔·尼尔，就非常善于利用自身的网络技术优势。在获得法国电信运营资格之后，他强调服务的重要性，充分利用技术优势，保持与媒体和用户的近距离接触和沟通，并尽可能减少与终端市场之间的层级，以确保第一时间获得用户的真实需求。

在这个过程中，Free的技术优势使它们收集用户信息的成本十分低廉，自然而然的，它获得用户的成本也远低于竞争对手。针对当时用户普遍反馈资费太贵的问题，他推出了这样一种手机套餐：不限通话时间；不限短信和彩信数；可以共享上网；与世界100来个国家和地区的国际长途随意打（包括中国）；更重要的是，不限数据流量，4G流量套餐50G，流量使用超过50G后，流量限速降为3G但仍然无限。要知道，与此类似的套餐在美国每月要花100美元，而且不仅会限制流量，还要签订两年合约。而在法国，Free提供的套餐每月含税价仅为19.99欧元（约合25美元），而且没有合约限制。而在法国的另外三家最初的巨头（法国电信、布衣格、SFR），却因为始终高高在上，对用户的反馈几乎不理不睬，用户和市场份额迅速被Free抢走。一组数据最能说明问题：Free从开始进入电信市场到2015年，短短4年多的时间，用户数从0开始，直接飙升到1 200万，市场份额也从零增长到17%；与Free在市场上的高歌猛进相对应的是，法国电信Orange为降低成本不再招聘新员工，布衣格Bouygues裁员17%并推出低价产品与Free竞争，SFR也相继裁员15%。可是，即使这样，它们也止不住业绩下滑的颓势。

二、从人力到数据

人类历史上，每一次颠覆式的技术革命都会极大地改变人类的进程。如果说冷兵器时代战争打的是人类的体能和数量，常规热武器时代则打的是资源和人力，互联网时代，竞争的领域已经从现实扩展到数据和网络空间，也就是在传统的陆地、海洋、空中和太空之后的第五维战场，数据已经成为新时代最先进、最重要的武器。这些没有血肉之躯的战士——数据，对于未来可能发生的人类战争的影响已经远远超过人海战术和先进的兵器。

面对信息社会各行各业不断的迭代升级，如果一个企业没有技术创新，利用互联网的精神、数据的意识，它的商业模式也将很快被淘汰。企业竞争也是一场军备竞赛，十年之前我们可能无法想象，一台移动设备就可以实现全球任意地点的办公，近年来大力提倡的绿色办公、无纸化办公、SOHO 办公等依托信息技术的新的工作形式，大大降低了办公成本和能源消耗。

在未来，越来越多的人力岗位将被机器代替，而 3D 打印等新技术也在颠覆着传统的制造业，虚拟现实技术、增强现实技术也将很快改变传统的谈判、会议甚至就医方式，2017 年初谷歌阿尔法狗在与中韩顶级围棋国手的人机大战，最终完胜的结果，预示了真正的智能机器人的诞生并不太遥远。这一切的改变都将基于数据而非人力。

在企业经营中，收集数据、分析数据一直是非常重要的环节，而现代的数据经济是未来经济发展的重要模块，大数据挖掘和数字化技术将会节省企业成本，结论也更准确。企业如果掌握了这个“武器”，在种种决策上都会更为“有的放矢”。

说到数据就不得不说腾讯，作为中国最大的在线社交平台，毫无疑问，腾讯把数据的开发和研究做到了极致。腾讯互娱是腾讯的游戏频道，它对用户数据的精确分析使腾讯上线的几乎每一款游戏都成为爆款的“印钱机器”，大家都熟悉的《王者荣耀》就不说了，我们通过它的另一款游戏《穿越火线》，就可以看到腾讯互娱是如何利用数据实现精准营销的：首先，通过玩家上线后的动作，把《穿越火线》用户的行为构建成标签库，然后在腾讯互娱可以掌握的渠道里对该用户进行精准营销，比如不同的用户看到的官网是不一样的，重度活跃用户和轻度活跃用户所看到的道具的推介是不一样的，而对于已经长时间没有上线的玩家，腾讯互娱方面又会将游戏的改动以及新玩法推介给玩家，让其继续尝鲜。

思维导图

《轻足迹管理：变革时代的领导力》的思维导图见图 2-2。

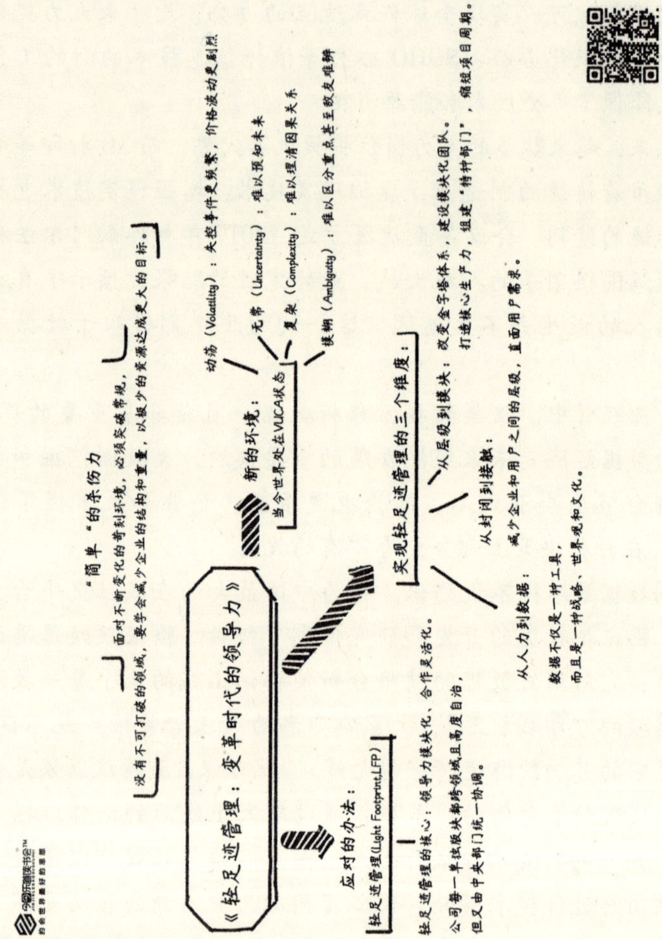

图2-2 思维导图

第二章《西点军校的领导力》

激活团队：如何创造紧迫感

概要

作为全球顶尖的军事院校，西点军校为美国培养了大量的领导人，其中包括两位美国总统：第一位是美国第 18 任总统尤利西斯·格兰特，他在美国南北战争中屡建奇功，有着“常胜将军”的称号；第二位则是德怀特·艾森豪威尔，美国第 34 任总统、第二次世界大战中欧洲盟军的最高统帅、诺曼底登陆的总指挥。除此之外，在 200 多年里，西点军校还培养出了 1 名特级上将（第一次世界大战，美国远征军总司令潘兴）、4 名五星上将（麦克阿瑟、艾森豪威尔、布莱德雷、阿诺德）。至于其他的四星上将、三星上将、中将、少将，那就更多了。

许多人不知道的是，西点军校不只出军事人才，它更是商界领袖的摇篮。美国现代管理学之父彼得·德鲁克以及通用电气前任 CEO 杰克·韦尔奇曾经被问及同一个问题：在培养领导者方面，谁做得最好？他们的答案既不是哈佛商学院，也不是通用电气，而是美国军队。

他们所指的美国军队，在很大程度上其实就是西点军校。第二次世界大战后，在世界 500 强企业当中，西点军校培养出来的董事长就有1 000多名，副董事长有 2 000 多名，总经理、董事级别的高级管理人才超过5 000名。照这样看来，西点军校堪称美国最优秀的“商学院”。

《西点军校的领导力》（见图 2-3）的作者道格·克兰德尔少校，

是西点军校教务委员会的行政主任，他围绕领导力的培养，选取西点军校的 21 位职业军人兼教官根据自己多年在军事领域的实践经验及对领导力的深刻领悟，对领导力的概念，领导力的形成、模式、特征及领导力培养等进行了准确生动的阐述，如有效地关心成员、组织学习、引领变革等。

图 2-3　《西点军校的领导力》

领导力不仅关乎一场战斗的胜败，更深刻影响着组织的未来发展。作为领导者，你必须要做的是，带领你的团队，保持真正意义上的紧迫感，不断自我革新，不断前进，确保团队拥有随时抵御危机的能力。但是，怎么做才能保持团队的紧迫感，让团队更有方向感和行动力呢？这几乎是所有领导者都关心的问题。通过阅读本书，你将从另一个视角更深入地理解领导力，更有效地提升领导力。

问题 1

书中第一章以“做一个领导者的培养者”为题，写道：“当你与你部下的眼神接触的时候，敢于直视，并且能够问心无愧，那么你就是一个成功的领导者。”作为企业中的领导者，你是如何理解“领导力”概念的？

领导力并不等于强制力，领导者要做的也不仅仅是发号施令。军队有明确的指挥系统，但和商业领导者相比较，军队领导者面临着一个更严峻的事实：“在商业中，如果你做错了决定，人们会失去金钱或者工作；但是在部队，如果你做错了决定，国家会沦丧，人民会丧生。”当你把领导力和军人的视角联系起来，和保护民族利益等更大的使命联系起来，你会得到一个在商务课程中极少听到的对领导力的诠释，那就是：领导力的关键并不是让其他人简单地服从命令，而在于引导、激励部下，让他们跟你的思维、理念同步，跟随你为事业一起奋斗。

正所谓“商场如战场”，一个在军队和战场中能展现充分领导力的人，在商场上将能更加自如地应对各种动荡环境和突如其来的危机。比如，沃顿商学院（创立于1881年，美国第一所大学商学院，世界最著名的商学院之一）就有一门特别的课程，课程名称叫“不确定与复杂处境下的领导与决策”。这门课程的特别之处在于，它是由现役军官开设的，在课上，学员们被置于模拟的战场环境中，通过各种训练提升自己的领导力，学会如何解决团队合作中的各种问题。

问题2

作为领导者，你的主要责任是什么？如何实现？

在迅速变革的世界里，没有人可以一劳永逸、高枕无忧。

泰坦尼克号是在一片欢呼声中出海的，诺基亚手机也是在高峰中坠落的。在商业世界里，并购、颠覆、跨界、创新已经成为常态。最可怕的是，你的对手很可能藏在你看不见的地方，就像一个潜藏在暗处的野兽，你甚至根本不知道他会来自哪个行业、哪家公司，可他一旦出击，造成的损伤却可能是致命的。

作为领导者，必须要做的是，带领你的团队，保持真正意义上的紧迫感，不断自我革新，不断前进，确保团队拥有随时抵御危机的能力。

要实现这一目标，必须做到下面四点：

1. 明确方向和目标

这一点的重要性不言而喻，就像在真人秀综艺节目中的任务驱动一样，有了明确的、公认的目标才能有前行的动力。而当这个目标意义重大又时间紧迫时，一种积极的紧迫感也会自然而然地出现，并发挥巨大的作用。

《支付战争》这本书中提到，每个成功的企业，都需要某种共同的目标来指导决策的制定。其中讲到Paypal的创始人彼得·蒂尔提出公司的愿景是“统治世界”，并且这个愿景在Paypal内部获得了一致的认同。不仅公司的设计师设计了一件T恤，上面的图案是上帝和亚当通过掌上电脑交换现金；而且，他们的注册用户统计数据也称为“统治世界指数”。这种明确的方向和目标显然对于Paypal的成功非常重要。

2. 通过建立亲密的关系感染他人

在大多数现代领导力模型中，一个最重要的理念就是：一个领导者必须和他的下属建立起一定的关系。如果领导者希望影响下属，促使他们完成组织目标进而提升整个团队，那么领导者必须建立足够强大的人际关系网，以此来激励他的下属，确保团队勇于面对挑战和无法预知的状况。尽管领导者和下属关系的紧密性并不能保证任务完成，但是这种紧密关系常常会影响到下属对组织的责任感。

此外，领导者还必须随着环境的变化来适应自己的组织，这也需要人际关系技巧。实际上，并不是每个领导者都能独立地理解环境并且预测变化的组织需求。伟大的领导者，甚至比领导者更优秀的下属所拥有的这种能力和勇气通常会引导组织更高效地运作。也正因为这样，人际关系技能是所有领导者的一个关键能力。

讲到“通过建立亲密的关系感染他人”，首先让人想到的就是刘备了。刘备和关羽、张飞桃园三结义，以兄弟相称，出生入死，肝胆相照。刘备和诸葛亮之间更不用说了，三顾茅庐，促膝长谈，简直就是“通过建立亲密关系感染他人”的最好例子。

3. 建立你的激励团队

需要注意的是，每个团队中每个人的关注层面是不一致的。所以，对个体的激励方式要因人而异，这种差异性要建立在价值观、个体成长需要和个体情况的基础上，这就需要团队的管理者正确地评价和确定下属的激励需求。仅仅完成某个定期的目标是远远不够的，你还需要建立一种氛围，使团队长期稳健地发展并且适应变化多端的环境。为了变革或提升组织，团队中的每个人都应该理解和认同团队的价值观和组织的长期目标，只有这样，未来他们才可能对战略失策感到焦虑，并且能提出使团队走向正途的解决战略。

4. 权力下放，培养继任者

权力下放能起到两种明显的推动作用：一是为团队的长期发展提供了可能性；二是培养继任领导者。建立起这样一种氛围，以团队合作为核心价值，才能够促进组织的发展。为了确保下级领导者能做出有效的决策，就必须让他们能够统揽全局，在考虑组织整体目标的基础上采取行动。在西点军校中，通常的做法是给前线指挥官更多的控制权和较少的指挥，这样做的目的显然是通过放权激活前线指挥官的自主性。

而在公司经营当中，假设你希望公司本季度的利润能提高2%，或者你希望年底能设立一个新的办事处，那么你就应该为团队设立中级目标，并且引导下属管理者实施团队战略，使他们产生一种成功执行计划的主人翁意识。同时，你成功的关键在于你的沟通能力。你的计划必须支持团队整体目标，并且应该和你的个性、价值观相符合。

随着时间的流逝，如果你坚持用这种方法管理团队，你的队员将非常理解你并且可以在没有任何指导的前提下了解组织目标。此外，通过了解自己任务的总体目标，下属也能提出更好的建议或者提早发现可能出现的问题。在制订任何计划时，你应该指导他们以更加灵活的方式做事，这样，他们就可以在遇到突发事件时做出更好的决策。

问题3

在团队管理中，常常会存在两大隐藏的陷阱。是哪两个陷阱，都有什么危害？

在团队日常管理和激励中常见的两个陷阱：

1. 盲目恐慌，明确任务的紧急性并有步骤地完成它们

领导者的关键是要设定任务的紧急性以及团队的整体进度。如果你将所有事情都当作紧急事件来处理，那么你的下属将会被弄得精疲力竭，最终你的团队将会遭受到诸如自满、倦怠以及毁灭的威胁。有时候，团队需要紧迫感来吸引新客户、完成一项交易或者实现一个计划。但是注意，这里有个重要的词是“有时候”，制造紧迫感并不意味着所有的工作和任务都要处于强压和快节奏之下。

2. 照顾好自己的组员，但不要忽视任务本身

我们经常听到一些领导者的哲学理念，即一定要以任务为重。当然，领导者的注意力确实要集中在实现组织目标上。比如有时，领导者需要牺牲自我来完成任务。不管是被调到很远的地方工作、加班，抑或是降低工资和削减福利。与此同时，领导者也常常会要求下属为了提高组织绩效牺牲自己的休息时间。但是，作为领导者，你必须定期审查组织目标。如果你在某段时间给团队施以很大的压力，也许在不久的将来，你就应该下意识地采取更多的人际关系导向行为。比如，给员工一天的假期，给员工福利，或者请大家出去吃饭。不管你做什么，要考虑两个方面的均衡，记住要尽可能地平衡你的领导行为。

问题4

领导力是可以学习的。书中提及培养领导者的四个阶段，分别是哪四个阶段？

西点的领导力培养要经过四个阶段：新生只需对自己负责，服从命令；第二年，他们中的一些将变成一些小组的领导者；第三年，他们有可能会去领导那些组长；到了大四，表现优秀的人将领导更大的团体。

实际上，这样的四个阶段，适用于任何一个组织，如政府、公司、大学等。最初，你只是一个个人贡献者，也叫跟随者（Follower），做最基础性的工作，如生产产品等。要想成为好的领导者先要成为一个好的追随者，先学会管理和领导自己。如果做得好，你将有机会成为一个基层领导者，你需要和那些最底层的跟随者们进行面对面的沟通，这是领导力发展的第二阶段——面对面的领导者。接着，你将被提升为间接领导者，你不再直接管理那些个人贡献者，而是管理面对面的领导者。最后，如果表现足够出色，你将被提拔为高级领导者。

问题 5

通过阅读《西点军校的领导力》这本书，你认为在日常管理中，领导者的关键着眼点在哪里？

日常管理的关键在于激活60%的人。

在着手梳理企业亟待解决的问题时，很多新上任的领导者经常会发出这样的感慨："这些员工做事根本没有紧迫感可言。"然后就马上摆出一副盛气凌人的态度，对员工进行训诫，强调马上行动的重要性，希望员工能有所改变。有些领导者甚至还想通过单方面的一味施压，通过开会，喋喋不休地向员工灌输自己的意志，希望以此来提升整个团队的紧迫感。除此之外，有些领导者也会去找咨询师，让咨询师们做各种调查，制定各种令人踌躇满志的行动计划和培训方案，钱是花了不少，但实际效果却非常有限。

在这本书里，连队战术指导员罗伯特·莫里斯就曾经面临类似的困境。当时，他和杰夫中尉在凌乱的大厅里试图清点设备账目，虽然这个任务已经持续了大概5周，但还是有很多设备缺失，而原本负责这项任务的长官又临时外出。更让人沮丧的是，在军队内部并没有形成真正意义上的紧迫感，似乎根本就没有人在意这些缺失的设备。

现在，再过12个小时就要正式交接这些设备了，这根本就是一个无法完成的任务。该怎么处理士兵们对任务漠不关心的态度呢？

事情越来越严重，他们不得不三次推迟交接仪式，而那位临时外出的长官也因为疏忽被罚款4 000美元；更严重的是，在一次又一次的推迟之后，仍然没有人站出来解决这个问题。罗伯特·莫里斯发现，自己面对的是一个意志消沉的长官和组织涣散的团体，他必须思考如何领导这个团队。

通过观察，罗伯特·莫里斯发现，这个团队中的每一个领导都有丰富的经验，而且他们在训练中都能出色地完成任务，因此，问题的关键在于激励。于是，他决定把精力集中于激励团队领导者，使他们发挥全部潜力。他想起美国海军学院培养的第81任海军司令（布鲁斯·E. 格鲁姆斯上尉）曾经讲过的一段话：在任何一个由10个人组成的队伍里，通常都是由其中的2个人完成80%的任务，另外的6个人完成20%的任务，而余下的2个人则在拖整个团队的后腿，所以，领导者的职责是：想方设法激励团队中60%的人，让他们以高效执行者的水准完成任务，这样就可以提高低效执行者的水平，进而提高整个团队的工作效率。

于是，罗伯特·莫里斯开始调整策略。他发现，这60%的人所需要的其实仅仅是方向和目标，换句话说，只要他们清楚自己该做什么以及该怎么去做，并且产生必要的紧迫感后，就能出色地完成任务。至于那效率最低的20%的人，最终都被转移，或者干脆迫使他们退役了。

事实上，我们可以这么理解。在一个团队当中，持有强烈责任心、并能保持自我激励的人只有20%，而60%的多数人会更明显地倾向于留在自己的“舒适区”内。尤其是在一些相对成功的企业内部，由于过去的成功和辉煌太过耀眼，使人们很难看到光环下面的阴影，而这些阴影里很可能就有很多隐藏的问题和潜伏的危机。当变革的要求被提出来时，人们会焦虑、会反对，但焦虑和反对的主要原因往往不是觉得变革不能成功，而是人们对于当下在某种程度上有一种满足感，不愿意走出已经习惯的舒适区，也不愿意对现状做出改变。

在这种情况下，创造紧迫感、制定新的富有挑战性的目标，就要求团队成员必须突破原有的舒适区。心理学研究表明，走出舒适区进入新的目标领域会加深人的焦虑程度，从而产生应激反应，结果是提升人们对工作的专注程度。在努力适应新目标领域的过程中，人们其实是在构建新的舒适区。而这个区域被称作“最佳表现区”。在这个区域中，人的工作表现将会得到改善，并且他们的工作技巧也会被优化。虽然离开了舒适区会感到不舒服，但若是达到了新的目标，就会有一个非常关键的变化——人们的舒适区被扩大了。而这，也是身为领导者应该努力帮助团队成长的方向。

在剧烈变革的商业世界中，产品迭代的周期越来越短，攻城略地的速度也越来越快，没有紧迫感的团队只能愈发被动受困。如何充分发挥领导力，激活团队的紧迫感，成为了取胜的关键。

思维导图

《西点军校的领导力》的思维导图见图 2-4。

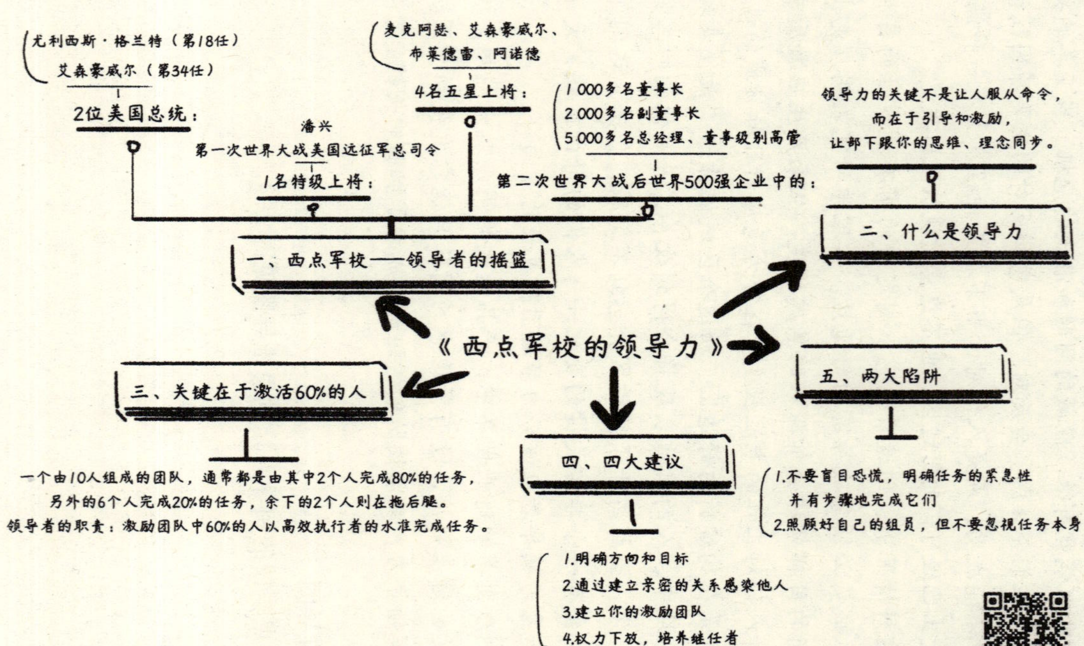
《西点军校的领导力》
一、西点军校——领导者的摇篮
2位美国总统：
艾森豪威尔（第34任）
尤利西斯·格兰特（第18任）
1名特级上将：
第一次世界大战美国远征军总司令
潘兴
4名五星上将：
麦克阿瑟、艾森豪威尔、
布莱德雷、阿诺德
第二次世界大战后世界500强企业中的：
1 000多名董事长
2 000多名副董事长
5 000多名总经理、董事级别高管
二、什么是领导力
领导力的关键不是让人服从命令，
而在于引导和激励，
让部下跟你的思维、理念同步。
三、关键在于激活60%的人
一个由10人组成的团队，通常都是由其中2个人完成80%的任务，
另外的6个人完成20%的任务，余下的2个人则在拖后腿。
领导者的职责：激励团队中60%的人以高效执行者的水准完成任务。
四、四大建议
1.明确方向和目标
2.通过建立亲密的关系感染他人
3.建立你的激励团队
4.权力下放，培养继任者
五、两大陷阱
1.不要盲目恐慌，明确任务的紧急性
并有步骤地完成它们
2.照顾好自己的组员，但不要忽视任务本身

图2–4 思维导图

第三章《最强兵法：军事史上最不可思议的战术详解》

扭转乾坤：考彭斯战役教给管理者的三件事

概要

《最强兵法：军事上最不可思议的战术详解》（见图 2-5）详细剖析了 15 个军事史上最令人拍案叫绝的战术安排，扣人心弦又鼓舞人心，从围攻古巴比伦的战役开始，一直延伸到美国内战，并从这些战役中抓住了历史中的那些重大时刻——伟大将领利用巧妙的战略、卓越的远见以及非凡的勇气在战场上力挽狂澜、扭转局面、起死回生的事件，为我们展示了这些历史英雄的无限风采。这些案例告诉我们：打赢战争的决定因素不是坚固的堡垒，也不是庞大的军队或精良的装备，只有统帅们出神入化的指挥艺术才真正坚不可摧。

图 2-5　《最强兵法：军事史上最不可思议的战术详解》

问题1

书中指出，战争是人类的一项发明，是一件需要想象、策划和反复构思的事情。为什么说战争需要“想象力”？结合你的创业经历，在制定商业竞争策略时，是否也需要借助“想象力”？

“兵无常势，水无常形”，要打赢一场战争，需要把握天时、地利、人和，还要了解民心、人性，同时综合这一切信息，制定出最有效的作战方案，所以想象力、胆气、魄力等缺一不可。

商场如战场，商战的残酷一点也不比战场弱，而且商场上还常常会有意料不到的场外敌人突然杀出，就如当初移动、联通、电信等几大通讯巨头战斗得如火如荼之时，QQ和微信突然杀出，成为最后的赢家。

问题2

本书详细剖析了15个军事史上最令人拍案叫绝的战术安排，其中哪一个案例令你印象最为深刻、最能为你的创业带来启发？为什么？

坎尼会战。这场战役发生于公元前216年，当时的迦太基军队主帅汉尼拔，为了截断罗马的粮食补给，进一步打击其士气，于是进兵至意大利南方的罗马粮仓坎尼城。在行军的过程中，迦太基军刚好与罗马军相遇了，随即大战爆发。汉尼拔运筹帷幄，成功地以少胜多，击溃了罗马大军。此战虽然并没有令迦太基彻底击溃罗马，但汉尼拔战术运用之高妙，使之时至今天，仍被誉为军事史上最伟大的战役之一。

硅谷钢铁侠马斯克，这个涉足电动汽车、火箭、电影等众多领域的CEO，他的发家史就是一个典型的隐藏实力、一鸣惊人的案例。

今天的“特斯拉”虽然已经成为了新能源汽车的代名词，但仔细回味和感悟特斯拉过去的那些“九死一生”，才能明白造新能源车有多么的不易，绝非拥有毅力和信心就能完事儿，更不可能靠PPT

实现造车的梦想。

2004年，马斯克向特斯拉投资了630万美元，出任公司的董事长。在随后的一段时间里，特斯拉迎来了一个高速增长期，公司人数由最初的20人一路飙升到150人。随后由于变速箱出现了问题，公司创始人兼CEO艾伯哈德和马斯克之间出现了嫌隙。德罗里接替艾伯哈德出任特斯拉CEO，但他一上任就对公司进行大刀阔斧的改革，并宣布裁掉10%的员工，这让他们之间的积怨终于爆发。

仅仅4年，特斯拉的两位创始人就离开了公司，部分高管也随之离开。这让公司一度陷入了停滞的状态。但是，马斯克非常坚持，随即个人投入了数千万美元，直接扛起了特斯拉的所有重担。所有人都不看好这个市场，认为电动汽车没有未来。但马斯克却始终带领团队默默地积蓄力量，终于在2010年，特斯拉在纳斯达克上市，成功完成IPO，迅速占领了全球的高端电动汽车市场。同时，特斯拉也成为了自1956年福特汽车完成IPO以来第一家上市的美国汽车制造商、唯一一家在美国上市的纯电动汽车独立制造商。

问题3

作为希波战争的转折点，萨拉米斯海战开启了雅典的黄金时代，而强大无比的波斯帝国却从此走向衰落。与此同时，萨拉米斯海战还是世界海战史上以少胜多、以弱胜强的典型战例。请问在面对比自己强大的对手时，你会怎么做？是否有信心取胜？

避开敌人的主力部队，利用自己的优势，或者变道超车，或者到敌人力量薄弱的地方去，先积蓄力量，当力量足以引起质变时再一鼓作气，取得最终的胜利。这种战术在企业竞争中，同样可以达到意想不到的效果。

近两年，国内的手机市场主要是华为、小米和苹果的天下，前两家保持着销量的领先，而苹果一直赚取最大的利润份额。但最近市场研究机构Counterpoint Research的最新数据显示，2017年第二季度，vivo表现出众，增长率超越华为排在第一位，成为这一年来国内市场的最大赢家。当然，其兄弟OPPO也不甘示弱，紧随其后。

两个传统渠道的国产品牌占据国内智能手机市场一大份额，这在互联网+的时代的背景下，显得有些不太正常。我们常说国产手机厂商缺乏核心竞争力，特别是技术、品牌知名度落后于国外厂商。如果能借助渠道上的优势，或许也能创造不错的业绩。相较于华为、小米，OPPO和vivo将主要战场放在了线下渠道，而不是线上渠道。

品牌、资金、背景，没有明显优势。OV兄弟当然要在线下渠道做足功夫，这也形成了它们农村包围城市的独特发展路线。一二线城市的消费者，买手机很多时候带有价值观层面的考虑。而小城市、城镇、农村的人买手机，会考虑更多的实用性，也很容易跟风。

如果你现在去三四线城市去看一圈，你会发现到处都是OPPO、vivo的门店，在那里，OV兄弟享有与iPhone和华为同样的品牌美誉度。

它们利用自己的渠道优势，在销量上追赶上了苹果和华为，但从长期来看，这仍然不能保证能够一直占有这种优势。于是OV兄弟又把目光聚焦到了消费者对手机品牌的认知程度上，而广告和营销无疑是最好的途径。

OPPO和vivo将用户群体定位为年轻用户，从音乐、拍照手机出发，抓住年轻人喜欢“追星”的心理。邀请杨幂、李易峰、鹿晗、TFBoys、杨洋等大咖当品牌代言人。同时，频频赞助受到年轻用户追捧的“快乐大本营”“我是歌手”“奇葩说”等电视综艺节目。以传统媒体的广告攻势，强行入侵潜在用户群体的眼球，让消费者形成先入为主的品牌印象，从而在三四线城市攻城略地，最终完成了大反超。

问题4

条顿堡森林战役是古罗马在最强盛时期所遭遇的最惨痛失败，参加战役的是罗马军中最强悍的百战精英，他们战争技艺超群，却败在“野蛮人”手下，古罗马从此停止大规模扩张。请问，罗马为何会在此次战役中落败？

一是轻敌。在公元9年的春天，瓦卢斯率领他麾下五个军团中最精锐的三个：第17、18、19军团，越过莱茵河向东进军，沿途没有遭到任何有力的抵抗，滋长了统帅的轻敌思想。

二是地形不熟。条顿堡丘陵附近虽然地势并不险峻，但是丘陵、森林、河谷众多，不利于大军行动，而瓦卢斯的大军包含了重骑兵大队、轻步兵大队、弓箭手、重步兵军团以及随军家属、后勤人员、医生、厨师、奴隶等。全军共30 000人，战斗人员25 000人。如此大规模行军，阵型一乱，根本无从指挥。

三是气候不利。当时雷雨交加，而且雷越来越响，雨也越来越大。响亮的雷声、雨声、风声汇聚在一起，犹如两军人马在激烈地厮杀，长时间的雨中行军，敌人没有能够找到，将士们却全都被淋成了落汤鸡，士气大受影响。

四是指挥官好大喜功，不了解敌情，听说有敌人就盲目出兵，对可能存在的埋伏毫无防备。

五是敌军统帅知己知彼，预先进行战术布置。日耳曼军队统帅阿米尼乌斯在罗马留学多年，熟悉双方军队的优缺点。罗马军队身着坚固的铠甲，手拿沉重的盾牌，列成紧密的方阵，所以需要较为宽阔的战场，纪律严明，行动迟缓，守强攻弱。日耳曼军队没有铠甲，盾牌又小又轻，在战斗中不习惯排阵形，所以也不需要宽阔的战场，喜欢各自为战，行动迅速，强时攻弱时守。对于日耳曼军队来说，最佳战斗方案就是在地形狭窄的密林中伏击罗马人。巨大的罗马盾牌在此很容易被灌木卡住，长矛和弓箭在近距离格斗中派不上用场，沉重的铠甲更使他们成了日耳曼标枪的活靶子。

问题5

在考彭斯战役中，美国革命军是如何扭转乾坤、重新获得失去的南方土地的？

考彭斯战役发生于1781年1月17日。这场发生在南卡罗来纳乡村，仅仅持续了40分钟，而且规模很小，双方参加作战的人数不到3 000人。但就是在这样的40分钟内，却直接导致了英军康沃利斯勋爵的最终失败，而且美国独立战争的进程彻底发生了改变。战争结束10个月后，康沃利斯就在弗吉尼亚州的约克镇，率领部下举行了具有划时代意义的投降仪式，自此也开启了美利坚民族的时代。

指挥考彭斯战役的是一名美国本土指挥官——丹尼尔·摩根准将。他在战场上审时度势以及调兵遣将的能力十分出众，他的指挥挑战了传统的军事思维，他在战场上成功化解了敌人的力量，把自己的劣势转变成优势。他被历史学家称为“美国革命中的唯一上将”，利用民兵开展“游击战”是他创立的具有原创性的战术思想。

这一战，摩根准将主要采用了三个策略：

1. 避敌主力，诱敌深入

1780年，美国独立战争进入关键时期。康沃利斯统率的英国部队在南部殖民地各州取得了一连串的胜利。8月份，又重创了美军的盖茨少将，使得美军的革命者损失殆尽。这时，纳撒内尔·格林临危受命，重组了南方革命军。格林所率领的军队七拼八凑不过2 400人，缺乏补给，训练不足，士气低落。而对他穷追不舍的却是4 000名英国正规军。面对如此悬殊的力量对比，格林决定兵分两路，乘胜追击的康沃利斯也决定分兵。

摩根刚刚抵达考彭斯，塔尔顿的部队就尾随而来。摩根的手下大多都是当地的民兵，在美国独立战争期间，这些民兵以擅长逃跑而“闻名”，他们一见到敌人精锐的正规军，总是撒腿就跑，尤其是当对方的正规军手上拿着刺刀出现时，他们逃跑的速度就更快了。

摩根则充分利用了这些民兵爱逃跑的特点来麻痹英军，摩根将民兵安排在防御工事的最前方，并且告诉他们，只要听到敌人的三声枪响之后，他们就可以往回跑了，而且还不会受处罚。

英军统领塔尔顿果然上当，他看到摩根以民兵打头阵，欣喜若狂。还没等到步兵就位，就下令向摩根进军。

2. 隐藏实力，一鸣惊人

战争往往是一场孤注一掷的冒险，所以，当可扭转战争局势的机会在关键时刻出现时，孤注一掷的战术灵感也就应运而生了。

摩根精妙战术的第二步就是把他的正规军，也就是真正的主力部队，部署在了斜坡顶部的一个洼地里。等英国人来到了洼地的顶部之后，美国革命军就开始用火攻击，英军军队死伤惨重，英军军队也大量伤亡，使得指挥系统变得更加混乱。

塔尔顿发现战事不利，就又派出了后备队——来自苏格兰高地的第71军团，他们伴随着刺耳的风笛声加入了战斗。

摩根也在这时候命令开始时佯装逃跑的民兵调头向英军狠狠杀去。打过三枪，民兵们又开始“逃跑”，塔尔顿不知是计，继续追击。

3. 精准研究对手，方得用兵之要

在战场上，一名真正的战术大师不仅重视军队部署和武器装备的优劣，而且还要重视敌人心里在想些什么。古语有言：用兵之要，必先察敌情；常胜之家，必先悉敌情。诸葛亮敢唱“空城计”，就在于他熟悉司马懿多疑的性格特点；毛泽东能演“空城计”，吓退国民党20万兵，也是因为他了解对手的心理和性格。

摩根面临的对手是塔尔顿，而塔尔顿是个非常好斗的人，摩根就很好地利用了他这一性格特征，所以在开战前他就预料到塔尔顿势必会主动出击，于是就在战斗打响的前一夜，已经预先建立起了防御工事，就等着瓮中捉鳖了。

果然，自负的塔尔顿命令英军继续前进，因为透过烟雾，他看得很清楚，放完三枪的民兵正往后撤退。但求胜心切的塔尔顿没有注意到一个细节，这些民兵其实并没有四散逃走，而是有组织、有计划地撤离到了第二道防线。他派去追击的骑兵也被美军骑兵阻击。塔尔顿也没有注意到，占据山包的美军容易透过烟雾看清英军，而英军仰攻却不易瞄准。

已经进入美军阵地的英国部队，面对突然而来的刺刀冲锋和四周响起的排枪声、喊杀声大感意外。原来，刚刚撤出战场的民兵在摩根的率领下又杀了回来，另外还有趁乱冲出来的美军主力部队。面对这突如其来的包围，英军顿时丧失了战斗意志，纷纷举枪投降。这一战局的变化令塔尔顿大惊失色，这位英军指挥官决定孤注一掷，他命令残余的士兵冲锋解救战友，但大部分的士兵见大势已去，竟然拒绝执行命令。塔尔顿只得率领微弱的兵力做了最后一次努力，但这一攻击毫无意义，而且差一点儿要了他的小命。

结果就是，英军全军覆灭，塔尔顿仅率领数十名部下逃走，美军完胜。

整场考彭斯之战，双方投入的兵力不过3 000人，历时不过40分钟，但此战的影响却非同小可。历史学家称这一战堪称美军史上的经典“坎尼之战”，而摩根则是“美国独立战争中，英美双方将领中唯一一位具有原创战术思想的人物”。

考彭斯之战带来的不仅仅是摩根的个人荣誉，也让美军有了一套能够与英国正规军对阵的合理战术，美军将领格林在此之后用相同的战术在吉尔福德科豪斯、尤陶泉两处重创英军，迫使康沃利斯退入纽克敦固守待援，而随后发生的纽克敦大捷则是为世人所熟知的历史。

事实上，美国独立战争就相当于是一场人民战争，因为按照兵力部署来看，民兵的数量远远多于正规军的数量。但在这场战争中，摩根却将这种战术用到了炉火纯青的地步，以至于引起后来人的无数效仿。再回到中国的历史格局中来看，毛泽东同志使用的游击战术，参与其中的大部分兵力也是农民。人民战争可能在战场上并不壮观，但潜伏在人民中的军事力量是无穷的。

考彭斯战役的经验告诉我们，不论是军队还是企业，都要有挑战传统的勇气和决心，要善于、敢于打破常规。同时，也要对自己的对手有一个全面的认识，这样才能在竞争中扭转乾坤，取得最终的胜利。

思维导图

《最强兵法：军事史上最不可思议的战术详解》的思维导图见图2-6。

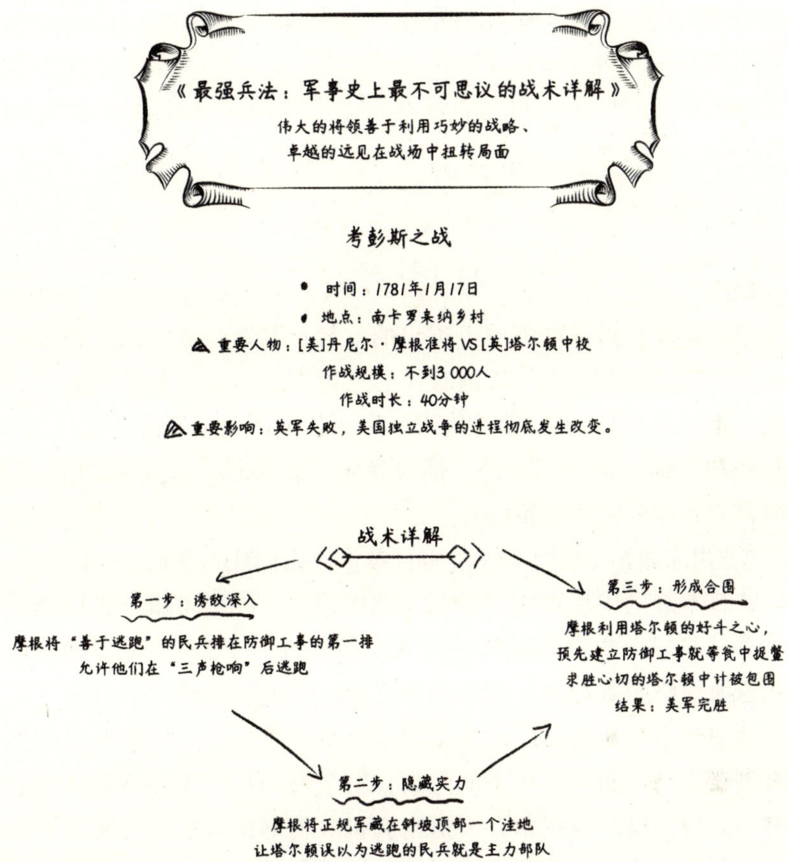

马上试听

图 2-6　思维导图

第四章《德川家康》

冷静沉思：每当遇到麻烦你都应想起这个人

概要

德川家康，是日本历史上杰出的政治家和军事家，江户幕府的第一代征夷大将军，日本战国时代的三英杰之一（另外两位是织田信长、丰臣秀吉）。他开创的德川幕府在日本历史上维持了长达260多年的和平统一局面；另外，他在晚年推行儒佛合一的统治思想，影响甚至延续到明治维新以后。

《德川家康》（见图2-7）由日本作家山冈庄八历时18年完成，书中将日本战国中后期织田信长、武田信玄、德川家康、丰臣秀吉等群雄并起的历史完整地铺展开来。在这样一个英雄辈出的时代，德川家康最终脱颖而出，结束战国烽烟，一统日本天下，开始了幕府长达200多年的统治。作品展现了德川家康作为乱世终结者和盛世开创者丰满、曲折、传奇的一生，书中每一行、每一页都充满着智慧与杀伐、谋略与权术、天道与玄机。图书出版后，一时洛阳纸贵，引起极大反响，不仅成为商战兵法、政治宝典、兵家必备，更是不朽的励志传奇。

问题1

注重内治是德川家康取得成功的重要因素之一。在取得全国政权之前，德川家康每占领一地，总要对新领地的统治加以整顿，而不是一味追求用武力扩大版图。在企业经营中，盲目扩张同样容易导致管理者判断不力、管理不善、资金链断裂等严重后果。请问各

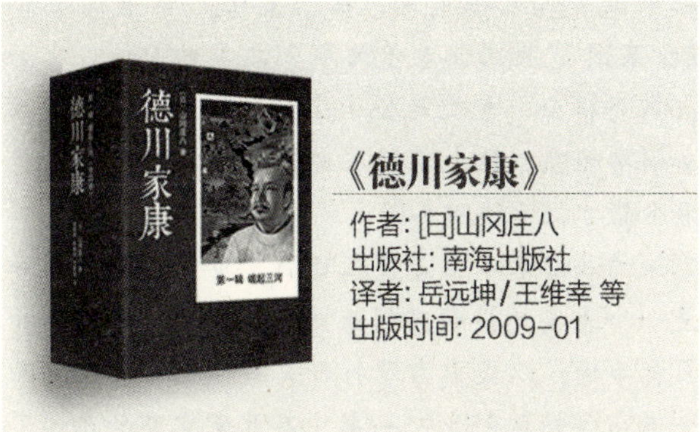

图 2-7 《德川家康》

位，你们在考虑扩大企业规模时，需要注意哪些问题?

德川家康的性格中始终是“忍”字当头，他从不急功冒进，他每占领一块新的领地，总会非常有耐心地先对新领地的统治进行整顿，而不是急着继续扩大版图。

在德川家康的各种内治措施当中，最重要的无疑是幕藩体制。由他开创的德川幕府，在日本历史上维持了长达 260 多年的和平统一局面。

在幕藩体制下，国家的最高政权机关是“幕府”，最高统治者是将军。全国的土地被划分为一个个“藩国”，各个藩国的统治者是“大名”。大名效忠于幕府，幕府则对他们实行“交替参觐制度”。所谓的“交替参觐制度”，意思是各个藩国的藩主必须在江户有一套房子，把妻子、儿子留在那里当人质，另外，藩主还必须定期到将军府报到。很显然，这么做的目的是为了削弱各藩大名的实力，防止叛乱，巩固中央集权统治。

这一手段应该与德川少年时的经历有关。他小时候当过 13 年人质，深知其中疾苦，也了解这一手段对藩国统治者的牵制力量，所以在掌权后，也用人质这一招来牵制底下的大名。其实不光在日本，这种做法在中国古代也很常见，在《史记》当中就经常可以看到“某太子质于某国”“某国使太子为质”之类的句子。比如说春秋时期的五霸之首齐桓公，也就是公子小白，他就曾经当过人质；更有名的，比如说秦始皇，他也曾经在赵国当人质，最后吕不韦花费了大量精力和金钱才把他接回秦国。

德川家康的做法基本上是稳扎稳打、步步为营，这一点对于很多创业者是一个重要的提醒，创业初期，资金、人才、资源相对短缺，对于目标市场，以集中力量打歼灭战为经营首选，而不能贪大求全，这一点在《精益创业》一书中有非常完整的论述，我们不妨拿来加以借鉴。

问题2

德川家康曾经对年轻的家臣说：“我有两句令你们安身立命的要诀，分别是三字和六字，三字是‘向上看’，六字是‘不忘自己限度’。”请问各位，你们如何理解这句话？在创业过程中，各位“向上看”时看的是什么？又如何用“不忘自己限度”来警醒自己？

“向上看”是让人要有上进之心，目光眼界要高远；“不忘自己限度”则是告诫自己，不能好高骛远，向上看的同时，要不忘初心，要脚踏实地，超出自己能力限度的不切实际的“向上看”则贻害无穷。

“向上看”与“不忘自己限度”，这九个字看似简单，可其中的道理却不是人人都能真正做到。这是对立统一的两种境界，首先，不论顺境逆境，始终做到不怨天尤人，永远向上看。而“不忘自己的限度”，则要求我们无论面对多么大的利益和荣誉，都不能自我膨胀。像李斯那样辅佐秦始皇吞并天下的人，应该说是有大才学了，可就是他也只是在自己临腰斩之时才知道哭着对儿子说自己其实想和儿子过一种骑着马、带着黄狗、追逐野兔的平淡、自由的生活，但是他明白的不是太晚些了吗？伟大如拿破仑，是一个始终“向上看”的人，但是他也忘记了“自己的限度”，妄图吞并全欧洲，远征俄罗斯，遭遇惨败，最终被流放孤岛，凄惨死去。类似这样的例子实在太多了。在我们感慨于这些曾风光无限的人最后却落得寂寥惨淡的结局时，也真是不得不佩服德川家康的这两句话了。

问题3

德川家康的性格中很重要的一点是“忍”，请结合他的经历，说说他这一性格的成因。

纵观德川家康的一生，可以说真的是“忍字当头”。而他时常教导家臣的也是要“不断忍耐，忍耐，再忍耐”。

德川家康这一性格的养成要从他的父亲说起。德川家康的家系是三河国（今日本爱知县）的松平氏。当时的松平氏是三河国一个相对弱小的豪族，刚好夹在织田氏和今川氏之间。而德川的父亲松平广忠又是一个性格比较懦弱的人，面对松平氏衰微的情势，为了对抗织田氏的侵犯，他不得不向今川氏妥协。于是，他答应今川氏，要把年仅六岁的嫡子竹千代——也就是后来的德川家康——送到今川氏府上作为人质，以此来换取今川氏的支援。

可是，天有不测风云。就在德川家康被送往今川氏的途中，织田氏居然派人把他劫走了。这可是出大事了，这边厢，护送幼主的家臣难辞其咎，只好切腹谢罪。而那边厢，松平广忠又没能力解救儿子，于是德川家康作为人质，在织田氏府上一住就是两年。而在这两年间，松平广忠被家臣杀害，今川氏派人接管了松平氏所在的冈崎城。

终于在两年后，今川氏抓到了织田家的人质，才把德川换了出来。可是事情到这还没完，今川氏把德川换是换回来了，不过德川依然是人质，只不过这次软禁他的是今川氏。这一次，他在今川氏府上当人质，一当就是11年。

而让人万万没想到的是，最终解救德川家康的，竟然是织田氏。

1560年，织田氏与今川氏之间爆发了日本史上有名的“桶狭间”之战。“桶狭间”之战被称为日本战国三大夜战之一，其余两个分别为：河越合战、严岛合战。与德川加康齐名的另外一个枭雄织田信长在这一战中迅速崛起，成为一方霸主，并开始谋划统一日本。在“桶狭间”之战中，今川氏战败，从此一蹶不振，德川家康才趁机摆脱了今川氏的控制，回到了冈崎城。

13年的人质生涯，极大地磨砺了德川家康的隐忍功夫。前面我们讲到日本战国有三英杰，分别是织田信长、丰臣秀吉和德川家康，这三个人的性格各不相同。织田霸气、秀吉有谋而家康则隐忍。有这么一个段子，说是把一只杜鹃拿到这三个人面前，问：怎么才能让这只杜鹃啼叫呢？织田信长说：“使之啼。”丰臣秀吉说：“诱之啼。”而德川家康则说：“我等。”

你看，这德川家康的策略就很有意思，他选择“等待”，而这种“在等待与忍耐中创造实力”的经营哲学，不仅对政治人物，而且对所有人都能有所启发。实际上，德川家康所有的等待和付出都是有意义的。他积极谋划，做好各种准备，等时机成熟，就一跃而起，锁定胜利。

在历史上，这种忍辱负重等待时机的例子比比皆是，比如说越王勾践战败后卧薪尝胆，甚至甘当敌人的奴隶，韬光养晦，最终消灭吴国，成为春秋时期最后一位霸主。再比如忍受胯下之辱的汉朝名将韩信，这种缩回拳头的忍耐，一般人还真的做不到。

1562年，20岁的德川家康和28岁的织田信长结盟，发誓要相互帮助，永不背弃，这就是日本史上有名的“清州同盟”。说起德川家康和织田信长之间的关系，还要从德川在织田府上充当人质的那两年说起。当时德川不过六七岁光景，而织田信长也不过十四五岁，所以两人之间应该是有一定情谊的。在缔结“清州同盟”前，织田信长就曾经派遣老臣前往三河拜见德川，表示：“信长非常想念三河的弟弟竹千代（德川家康），希望阁下抽空前往清州一叙旧情。”

但德川最终决定和织田结盟，除了情谊方面的因素，更多是出于对现实的考虑，毕竟织田的才能与势力增长有目共睹，而今川氏的衰败已经成为定局。但这一做法在当时并不被认可。因为在当时的日本人看来，虽然德川家康在今川氏府上充当人质长达 11 年，但今川毕竟是德川家康的盟主。在盟主战败后，德川不但不为盟主复仇，反而跟盟主的敌人缔结同盟，这是会被人唾弃的。而且，虽说是“清州同盟”，但德川家康在其中显然处于从属地位，实际上是臣服于织田信长。

到后来，当盟主织田要求德川家康杀妻、杀子的时候，德川竟然也选择忍耐。当时传言德川家康的妻子筑山殿和儿子德川信康想要倒向敌方，并且对待德川信康的妻子（织田信长次女）态度恶劣，但根本原因据说是织田信长忌惮德川信康的才能，所以下令德川家康处决筑山殿和德川信康。最后，筑山殿在流放途中被家臣刺杀，德川信康则是切腹谢罪。发生了这样的事情，德川家康竟然选择继续维持和织田信长的同盟，忍耐的功夫简直到了令人恐惧的地步。但这也再一次表明，德川家康的确能忍常人所不能忍，所以他最终才能艰苦地达到自己的既定目标。

问题 4

德川家康一生的最大功绩在于他建立起了日本幕藩体制的封建统治制度。他把全国的大名分成三类：亲藩大名、谱代大名、外样大名。请问这三类大名的划分标准是什么？德川家康又是如何在这一等级制度的基础上推行统治的？

“交替参觐制度”是幕藩体制的一部分内容。除此之外，德川家康还根据关系的亲疏远近，把全国的大名分成三类：第一类是他的儿子和德川氏的近支宗族，这一类叫做“亲藩大名”；第二类是忠于自己和自己祖先的功臣，叫做“谱代大名”；第三类是关原合战之前和德川家康同为大名的人，或者是战时曾经忠于丰臣秀吉但在战后降服的大名，叫做“外样大名”。在这三类大名当中，“亲藩大名”

和“谱代大名”是幕府政权的支柱，“外样大名”一般被封在边疆地区，而且还要受到“亲藩大名”和“谱代大名”的监视。

问题5

德川家康说过一句话：“只知胜而不知败，必害其身！”怎么理解这句话?

据说，德川家康铁血60年，一生当中大小战斗一百多次，但他给世人留下的印象却远远不是战无不胜的大将军，反而是经常处于下风。而他最宝贵的精神恰恰就在于，不论胜利或失败、不论崛起或没落，都贯穿着一种让世人慑服的坚韧，在长期的忍耐和蛰伏当中继续等待时机。德川家康最著名的失败之一，应该要算“三方原合战”了。

我们前面说到，20岁的德川家康和28岁的织田信长最终结成了“清州同盟”。之后，很快又过了几年，织田信长开始进军京都，迈出了统一全国的第一步。为了配合织田信长的行动，德川家康自然也加入了战斗。

可是，在那个群雄并起的时代，想要统一日本的可不止他们二位。很快，他们就遇到了一个强劲的对手，这个强劲的对手就是武田信玄，日本战国时期有名的政治家、军事家，号称日本“战国第一名将”。

1573年，武田信玄集结了三万多兵力，准备进军京都，途经德川的地盘三河国。德川带着自己的五千人以及织田信长的三千多援兵，迎战武田的三万大军。由于双方兵力悬殊，而且武田信玄在用兵上确实要更胜一筹，结果，德川和织田的联军毫无悬念地彻底溃败。这一战德川损失了一千六百多人，狼狈逃脱。相传，德川因为这次战败一度想要切腹，更有传言说，德川被吓得失禁。真实的历史是，他事后下令让画师画下了自己愁眉苦脸的画像，称为“颦像”，提醒自己不要出现更难堪的情况，现在日本名古屋的德川美术馆里可以看到这幅“颦像”，那种愁苦之态确实让人过目难忘。

这一点很有意思，一般英雄人物都是要把自己最英武的一面保留下来，而德川家康偏偏专门画下自己最愁苦、最狼狈的样子，这种事情发生在日本人身上，尤其是发生在德川家康身上，你可能觉得好像还挺自然的，不怎么违和。但换个角度想想，咱们来对比一下拿破仑的画像。我们见得最多的，是那幅《跨越阿尔卑斯山圣伯纳隘道的拿破仑》，在画面当中，拿破仑骑在高头大马上，右手指向天空，红色的战袍在风中飞扬，威风凛凛，英雄气概扑面而来。但你能想象拿破仑让人画下自己滑铁卢战败时的狼狈样子吗？

前面说过，我们今天读的这部山冈庄八的长篇历史小说《德川家康》发表在第二次世界大战之后。当时日本战败，日本人也开始反省。或许正是因为德川家康这种直面失败的惊人魄力，引起了日本民众的共鸣，也让日本人重新看到了希望。所以，第二次世界大战后日本人对美国人过度的恭敬卑屈，也令人警觉，因为这显然不是一个好兆头。

德川家康不仅仅是在战场上经常遭遇失败，就是在政治斗争当中，他也经常处于下风。十三年人质生涯，当然是受制于人；好不容易不用再当人质了，又必须臣服于织田信长，就连织田信长让他杀妻杀子也无可奈何；好不容易等到织田信长出事了，这下机会应该来了吧？但事情根本没那么简单。

1582 年，如日中天的织田信长遭遇家臣作乱，最终在本能寺切腹自尽（史称“本能寺之变”）。收到消息后，德川家康匆忙返回领地，本想打着替织田信长复仇的名义讨伐叛乱者，一举夺权。没想到的是，日本战国时期另外一位枭雄，当时也是织田信长家臣的丰臣秀吉抢先出手，夺取了大权。之后，虽然德川家康也和丰臣秀吉之间有过正面战争，但最终他还是选择臣服于丰臣秀吉，继续等待机会。

终于，又过了 7 年，丰臣秀吉病逝，德川家康作为五大老（丰臣政权下五个最有实力的大名）之首，逐渐掌握大权，并着手谋取天下。实际上，早在丰臣秀吉病逝前，德川就在通过联姻等各种手段来巩固自己的势力；在丰臣秀吉死后，他又私自分封领地，这也引起了很多同僚的不满。

五大老当中的其他人开始密谋在关西组建“西军”，并且很快就起兵占领了大阪。1600 年，德川军和西军在关原交战。关原就是现在日本本州岛中部的岐阜县，从地图上看，这里几乎是日本的正中心，是当时日本最重要的战略要害。战争最初的形势对德川军不利，不过战斗打了大半天，到中午的时候，西军中的将领小早川秀秋叛变了，掉转枪口转而支持德川军，这一下形势立即大逆转。结果战争在一天之内就分出了胜负，德川家康取得了统治权。

从狭义上看，这场发生在关原的战斗，主要是德川军和西军之间的战争，称为“关原合战”；但从广义上看，这场战争的胜负决定了谁可以拥有日本天下，所以又被称为“决定天下的战争”。自此，德川家康消灭了敌对诸侯，为称霸天下奠定了重要的基础。

“关原合战”这一年，德川家康已经 57 岁。又过了 15 年，德川家康才发动了人生中最后一场决定性的战争——大阪之役。在这次战争中，丰臣秀吉的妻子和儿子被逼自尽，就连丰臣秀吉 8 岁的小孙子也被杀，大阪城内一片焦土。而德川家康也终于实现了真正的天下大一统。

有人评论说，德川家康就像是刘备和司马懿的合体。和刘备相似的地方，当然是因为这俩人都很能忍，而且是忍常人所不能忍。刘备心怀汉室，志在天下，但在自己实力不足的情况下，他只能忍辱负重，先后投靠过刘焉、卢植、曹操、袁绍、刘表，到处寄人篱下。至于司马懿，其实更是个“忍者之王”。早年，他被曹操看作是“不安于人臣”的隐患，但他最终辅佐了曹魏四代君主，“隐忍”了 50 年，充分证明了自己是一个忠臣，最后却在 70 多岁时执掌大权，重演了曹家篡汉的一幕。在这一点上，德川家康和司马懿确实相像。不同的是，司马懿在生前只是架空了魏室，最终灭曹篡位的是他的后人；德川家康则是亲自动手，主动扫荡了所有的潜在敌人。

延展阅读

在日本，对德川家康的评价体现为褒贬不一、两极分化。读完这本书，谈谈你对产生这一现象的理解。

德川家康作为日本历史上的重要人物，在日本民众心目当中，却仁者见仁、智者见智，口碑并不是很好，甚至还以差评居多。日本大阪现在还有一个“家康咒骂会”，专门定期开会诅咒和戏骂家康。造成这一结果的原因主要有两点：

一是因为德川家康在攻陷大阪城以后，进行了血腥屠杀，仅仅是割下的首级就有14 000多个；而且还残忍地断了丰臣秀吉的后代，就连其8岁的小孙子也被杀。

另外，在江户时代，也就是德川家族掌权的时代，当然是官方吹捧占主流；但到了明治维新时代，由于日本国内外矛盾日益激化，一边是欧美国家的入侵，另一边是幕府的高压统治，日本民众纷纷要求“富国强兵”，于是拿起武器，开展了轰轰烈烈的“倒幕”运动，对德川家康的评价自然也就一落千丈。这种心态就像中国在辛亥革命时人人厌恶清王朝一样。

到了第二次世界大战，情况又不一样了。在第二次世界大战中战败后，日本尊严扫地，所有的光荣和骄傲都土崩瓦解。日本人突然发现，自己所处的时代，竟然和三百年前德川家康所处的时代没啥分别，一样充满了诡诈、斗争、生死，这也迫使日本人开始重新反省，认真研究德川家康。而被称为日本文坛最优秀的作家之一的山冈庄八就在这时开始写作《德川家康》这部长篇巨著，在报纸上连载发表。这一写，就写了一千多万字。这一部恢弘巨著，也获得了巨大的成功，有评价认为，它甚至重建了战后日本人的信心。

德川家康是一个极为复杂的历史人物，人们对他的评价褒贬不一，也难以在这么短的时间内把他的功过是非评述清楚。山冈庄八写的这部《德川家康》多达一千多万字，它不仅仅是一部引人入胜的超级长篇小说，更是一部日本式的权力游戏教科书。

思维导图

《德川家康》的思维导图见图 2-8。

图 2-8　思维导图

第五章《诺曼底登陆》

欺敌行动：盟军如何让德军蒙圈

概要

1944 年 6 月 6 日，盟军发动诺曼底登陆战役。这场迄今为止最大规模的空军和海军舰队协同进攻，彻底扭转了第二次世界大战的发展态势，并奠定了战后世界的整体格局。《诺曼底登陆》（见图 2-9）对诺曼底战役策划内幕和激战过程进行了详细的记录，震撼人心地再现了计划缜密、天衣无缝的欺敌行动，包括盟军如何破译德军密码系统，准确掌握德军在诺曼底地区的防御配系和兵力部署情况、法国抵抗组织的敌后活动、盟国之间的复杂关系、密谋推翻希特勒的七月阴谋等。本书以战争中的真实人性打动了无数读者，曾荣登美国、英国、法国、西班牙、意大利等国家畅销书排行榜。

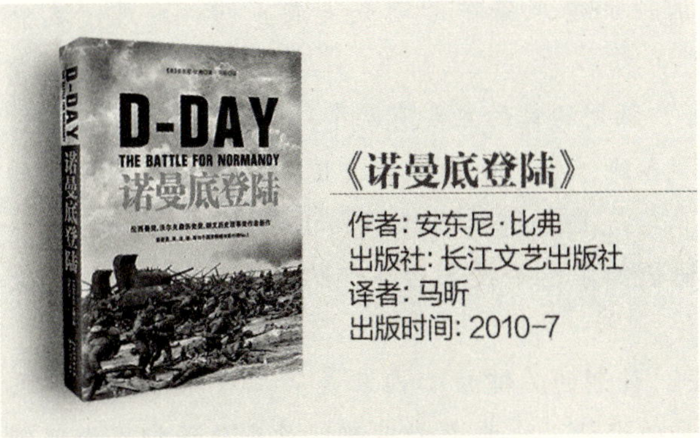

图 2-9　《诺曼底登陆》

问题1

有人说诺曼底登陆是一场最大的骗局，因为其战略欺骗范围之大、构思之妙、难度之高，超乎人们的想象。其目的主要有二：一是诱使德军分散在欧洲各地，把德军在诺曼底地区的守军降至最少；二是要使德军统帅相信，诺曼底登陆只是一场佯攻。诺曼底登陆的成功与这些“障眼法”密不可分。这种欺骗战术是战争中最常运用的谋略之一，试以中国古代一个著名战役作对比分析。

诺曼底登陆胜利很大的一部分因素，是盟军战略上的成功。尤其在战役开始之前实行的一系列欺敌计划，被称为“史上最伟大的战略欺骗”。

在诺曼底登陆之前，盟军就做了大量的准备工作，其中一个就是制定相关的欺骗和保密措施，以分散德军的注意力，并确保登陆的成功。

1943年11月，盟军最高司令部批准了这项计划，并取代号为“杰伊”，在1944年1月，又改称为“卫士”计划。计划的负责人是当时的英国陆军中校约翰·比万，绰号“诈骗总管”，据说在这个计划中，他拥有的权限很大，有时连英国首相丘吉尔、美国总统罗斯福都要遵照他的要求安排活动或发表声明。可见，这个计划十分重要！

“卫士”计划的目的主要有两个：一是通过各种途径，诱使德军分散到欧洲各地，从而使德军在法国尤其是诺曼底地区的守军数量减到最少。二是要使德军统帅部相信，诺曼底登陆只是一场佯攻，目的就是诱使德军过早投入后备部队，从而为下一次更大规模的主攻创造条件。

“卫士”计划的关键核心内容是第二点，为此“诈骗总管”比万做了精妙的设计，他要求情报部门首先要保证这个假情报不能直接落入德军之手，要以虚虚实实、真真假假的间接方式让德军费尽心机之后才能获得那么一星半点线索，然后让德军自己根据这些线索，去分析、推理、归纳，得出符合盟军希望的错误结论，也就是要让德军自己判定诺曼底登陆只不过是一场为了过早消耗其后备部队而发动的佯攻。

但是这么大的军事行动要想瞒天过海简直难如登天，稍有差错，德军就可能识破其中的真实意图，从而满盘皆输。而比万就是要在这看似不可能中创造出奇迹来，为此，比万设计了多达几十项的附属计划，我们从中选取两个稍微讲讲。

第一个，“水银计划”，就是在英格兰东南部地区，虚构了番号为美国第一集团军群的部队。通过设立假司令部，布置假飞机、假坦克等，使德军统帅部相信在英格兰东南部，盟军集结了几十个师组成的第一集团军群，那么德军就会认定登陆的主攻方向必然是加莱。

第二个，“微光计划”，就是由盟国空军实施的电子干扰和电子欺骗。通过摧毁德军设立的大型无线电侦听破译基地，消除对盟军无线电通信的威胁。同时有选择地保留德军的部分雷达站，以便利用这些雷达站向德军传递虚假信息。

这一切围绕诺曼底登陆的战略欺骗和保密计划，成为保障登陆成功的护身符。正如丘吉尔所言：“战争中真理是如此宝贵，要用谎言来保卫。”

虚虚实实的战略忽悠，其实说白了，就是声东击西的套路。盟军通过各种方法，让德军相信他们将会在距离英国本土最近的加莱登陆，而实际却是在诺曼底登陆。

这种战略早在“楚汉之争”的时候，就被刘邦完美地诠释了，那就是“明修栈道，暗度陈仓”的故事。

秦朝被推翻之后，项羽违背了和刘邦定下的“谁先攻下咸阳，谁就在关中为王”的约定，而是自封为西楚霸王，仗着势力大，故意把巴蜀和汉中这些偏僻的郡分给了刘邦，想把刘邦关进偏僻的山里去。

刘邦当然很不服气，因为他也是有野心的一个人。但不服气归不服气，人家项羽势大，你讲理吧，人家跟你讲拳头，讲拳头吧，你的拳头又没有人家硬。所以刘邦只能忍气吞声，领兵前往巴蜀。

不过在前往巴蜀的过程中，刘邦为了打消项羽对自己的猜忌，接受了谋士张良的计策，把一路上走过的几百里栈道全部烧毁了。这些栈道是在险峻的悬崖上用木头架设的通道。烧毁栈道就是为了向项羽表明，他刘邦要待在山里面不出来了。

到了封地之后，刘邦就开始一边设计迷惑项羽，消除项羽对自己的戒备，一边谋划夺取天下的大计。

刘邦手下大将韩信建议先夺取关中，建立兴汉灭楚的根据地。在得到同意之后，韩信先是派出几百名士兵，去修复之前烧毁的栈道。当时项羽这边负责守着关中西部地区的章邯，听到了这个消息之后，不禁大笑："谁叫你们把栈道烧毁的，你们自己断绝了出路，现在又来修复，这么大的工程，只派几百个士兵，看你们哪年哪月才能完成？"因此，章邯对于刘邦和韩信的这一行动，根本没有重视。

可是不久，章邯便接到紧急报告。说刘邦的大军，已经攻入关中了，陈仓被占，守将被杀。章邯起初不信，以为是谣言，等到证实的时候，做什么都来不及了。最终，章邯被逼自杀，刘邦一举夺下号称三秦的关中地区。

这就是"明修栈道，暗度陈仓"的故事：表面上，韩信派兵修复栈道，装出要从栈道出击的姿态，实际上呢，却和刘邦统率主力部队，暗中抄小路袭击陈仓，趁章邯不备，一举拿下。

在商业竞争中，有时候企业同样需要声东击西，让竞争对手摸不清自己的底牌，然后以出其不意的方式从竞争中脱颖而出。

问题2

诺曼底登陆计划盟军参战总人数达到史无前例的300万，陆海空三军协同作战，对天气条件的要求十分苛刻，在原计划的登陆时间、天气条件都不理想的情况下，登陆总指挥艾森豪威尔在一个只有60%可能性的天气里下达了作战命令，并最终取得了成功。关于艾帅的决断和对时机的把握，你有哪些感想？

三军联合登陆，各自都有对天气条件的不同要求，当时的空军和陆军要求在一个能见度较好的气象条件下登陆，以便于发动火力打击，而海军则相反，认为最好是在月黑之夜登陆，能见度低才能使德军不便于发挥岸炮火力。这就让所有人为难了，如何满足不同军种对不同天气条件的要求，真的是一个大学问。好在海陆空三军有一个共同的要求，就是在低潮时登陆最合适。

但直到6月4日，盟军得到的气象分析仍旧是“云层低、风大、波涛汹涌”。怎么办呢？局势不等人啊，要是等到德军反应过来，之前的努力就都白费了。因此艾森豪威尔命令负责气象的军官斯塔格，必须迅速找出一个适宜作战的时间来。经过仔细分析，斯塔格终于推算出了一个时间，就是在一场大雨后的6月6日，坏天气将会有一段短暂的改善，尽管并不理想，但可以实施登陆。艾森豪威尔以及一众军官在听完报告时，已经是6月5日凌晨了，而要想在6月6日按计划出发，就必须尽快做出决定，因为盟军的空降兵需要提前到达对岸夺取重要据点。

艾森豪威尔经过短暂的犹豫之后，拍板下达了“出发”的命令。就这样，历史在这里、在这个时间定了格：1944年6月6日6点30分，庞大的盟军海陆空三军共288万人，如潮水一样向希特勒吹嘘的“大西洋壁垒”奔去，一举奠定了胜局。

战场上，战机总是稍纵即逝，微一犹豫，它就会从指间溜走。因此，就算有时仅仅是抓住了一丝的有利信息，决策者也必须在最短的时间内做出决定。正所谓“难得者，时也；易失者，机也”。难以得到的是时间，容易失去的是机会。把握战机就是为了出敌不意，先机制敌，从而赢得主动、占得先机，达到以快制慢的目的。

同样，商机对于企业来说，重要性同样不言而喻。企业的成败关键，往往就体现在对商机的把握上，而商机又是一个稍纵即逝的东西，不是所有人都能看到并准确把握住。许多新创企业能够在短时间内，取得一定的成功，往往就是即时抓住了商机。所以，当我们看到了商机的时候，一定不能让它随便溜走。

2001年7月的时候，国内外媒体开始报道欧元将于2002年元旦正式流通的消息。这个消息尽管看着似乎很重大，但对中国大多数人来说，也仅仅当个新闻看看就行了。

但是，海宁的一位企业家却迅速从中嗅到了一丝商机。什么商机呢？原来，他通过调研发现，新版的欧元比欧洲传统的旧币要长两厘米，而长了两厘米，就意味着原来的钱包装不下新版欧元了。这种商机一般人还真发现不了，不过发现归发现，最重要的是得立马抓住这个商机。

随即，这个企业家就马上和欧洲的经销商联系、下订单，因为时机不等人。然后立刻按照新的尺寸做了1万个钱包。不出所料，新规格钱包上市不到一天时间就卖光了。接着，他就开始加班加点生产，产品覆盖欧盟所有市场，最后，当然就是赚得很多了。

其实，商机犹如盛半杯水的杯子，处于一个“半空”的状态，一般人都会等这杯水满了，才会感到踏实，才会去使用这个商机。但这往往就错过了抓住商机的最佳时间。所以睿智的商人都会在“杯子半空”的状态下，就开始采取行动了，这样才能先人一步。

问题3

在诺曼底登陆中，由于不是在最理想的天气条件下实施的登陆作战，加上德国虽然被盟军欺骗，调走了部分精锐部队，但岸上防守还是拥有一定的天然优势，所以盟军先头部队登陆时遭到了顽强抵抗，伤亡巨大，个别登陆点甚至一度难以按预定时间进入阵地，但最终盟军还是取得了胜利。结合战争的过程，你觉得执行力在重大事件中有什么重要性？

登陆战斗打响后，尽管战争准备前期，部队各方面的物资、装备很齐全，前期计划也取得了很大的效果。但这仍然很难消除大部分士兵对战场的恐惧，前方未知的困难和死亡，随时都有可能让人崩溃。因此，战场上再好的战术，都需要士兵们坚定不移地去执行，如果临场退缩，将会对战局造成不可估量的影响。

在英美盟军向诺曼底 5 处海滩发起强攻登陆战的过程中，奥马哈海滩登陆战无疑是最惨烈的。

奥马哈是一处向内陆凹进的海滩，周围有 30 多米高的悬崖。为了阻挡盟军的进攻，德军在退潮线到涨潮线之间用水泥、障碍物和地雷修筑了防线，海岸线上设立有大量坚固的火力支撑点，易守难攻的严密防御使这里成为诺曼底登陆中最难攻克的地方。

当潮水般的士兵涌向这片海滩时，死亡阴影也随之笼罩，沿岸的德军机枪手疯狂地向冲出登陆艇的黑影扫射，几分钟内就有数百名盟军士兵中弹身亡。加上接连不断的炮弹袭击，整个海滩瞬间就成了一个修罗场，不少士兵都因恐惧变得精神崩溃了。密集的火力让许多人都丧失了战斗的勇气，畏缩不前，甚至开始往回跑。这样的情况下去，奥马哈登陆就很可能失败。

为了尽快扭转这种情况，各部队的军官们开始激励这些士兵重新燃起斗志，继续执行接下来的战术。毕竟再好的战略战术，只有在坚定不移的执行下，才能产生作用。如果因为任何原因临场退缩，显然都不可能达到最终目的。

盟军第一师 16 团团长泰勒上校就这样激励登陆的士兵：往前冲吧！海滩上只有两种人，一种是已经死了的，一种是将死的。一息尚存的人，唯有往前冲，才有存活的机会与可能。终于，在大家不断的相互激励下，以及在战术的配合下，盟军逐渐开始掌握了主动权，并最终实现了逆转。

许多企业在发展的过程中，经常会制定这样那样的战术，但往往在执行的过程中并没有落实。这就相当于“空口说白话”，啥也没干。因此战术执行力，才是最终能不能完成既定目标的一个关键因素。没有执行，或者执行过程中半途而废，这些都不能给企业带来真正意义上的改变。

喜欢足球的朋友都知道，德国国家足球队向来以作风顽强著称，因而在世界赛场上成就斐然。

德国足球成功的因素有很多，但有一点很重要，那就是德国队队员在贯彻教练的意图、完成自己位置所担负的任务方面执行得非常得力，即使在比分落后或全队困难时也一如既往，没有任何借口。

你可以说他们死板、机械，也可以说他们没有创造力，不懂足球艺术。但成绩说明一切，至少在这一点上，作为足球运动员，他们是优秀的，因为他们身上流淌着执行力文化的特质。

其实无论是足球队还是企业，一个团队、一名队员或员工，如果没有完美的执行力，就算有再多的创造力也难有什么好的业绩。可以说，商场上的执行力就是战场上的战斗力，看一个企业各层级的执行力，基本上就可以看到这个企业的现状和未来。

联想有一种企业文化叫作“斯巴达方阵文化”。“斯巴达方阵”号称古代最强军阵，它强调的就是集体的力量和刚性的执行力。

以开会迟到为例，联想规定：开会不准迟到。如果迟到的时间大于等于5分钟，该参会者就不用参加会议了；如果小于5分钟，那么迟到几分钟就在门外站几分钟然后再进来开会。据说有一天，联想总裁柳传志迟到了，他迟到的时间有三四分钟，于是，柳传志就按照规定站在门口，直到站够了规定的时间才走进会议室。联想之所以能有今天的成就，与他们这种自上而下融入骨髓的执行力有着密不可分的关系。

问题4

早在1941年9月，斯大林就向丘吉尔提出在欧洲开辟第第二次世界大战场对德国实施战略夹击的要求，为什么直到1944年6月才实施诺曼底登陆？

虽然早在1941年9月，斯大林就向丘吉尔提出在欧洲开辟第第二次世界大战场对德国实施战略夹击的要求，但当时美国尚未参战，英国根本无力组织这样大规模的战略登陆作战。因此，对于苏联的建议，英国的回应只是派出小股部队对欧洲大陆的德军实施偷袭和骚扰。

随着美国的加入，盟军的力量开始大增，但由于各种原因，这个计划也未能马上实行。直到1943年5月，名为“霸王行动”的作战计划才被最终确定，这就是后来横跨英吉利海峡的诺曼底登陆。这场战役的具体发起时间是1944年6月6日，历史上最著名的D日。D日，在军事术语中，经常用作表示一次作战或行动发起的那天。

问题5

登陆作战最初有三个候选地点：康斯坦丁半岛、加莱和诺曼底。为何最终选择在诺曼底实施登陆计划？

在选择登陆地点时要具备以下三个条件：

一是要在从英国机场起飞的战斗机半径内，二是航渡距离要尽可能短，三是附近要有大港口。康斯坦丁半岛、加莱和诺曼底都满足上述条件。

盟军统帅部经过对这三个备选登陆点的比较，发现康斯坦丁半岛地形狭窄，不便于大部队展开，最先被否决。加莱和诺曼底各有利弊，加莱的优点是距英国最近，仅33千米，而且靠近德国本土；缺点是德军在此防御力量最强，守军是精锐部队，工事完备坚固，并且附近无大港口，也缺乏内陆交通线，不利于登陆后向纵深发展，所以也被否决。

而诺曼底虽然距离英国较远，但优点也非常明显：首先，这里的德军防御较弱，而且地形开阔，可同时展开30个师，其次，这里距法国北部最大港口瑟堡仅80千米，大部队调动方便。几经权衡比较，盟军统帅部最终选择了在诺曼底实施登陆计划。

思维导图

《诺曼底登陆》的思维导图见图 2-10。

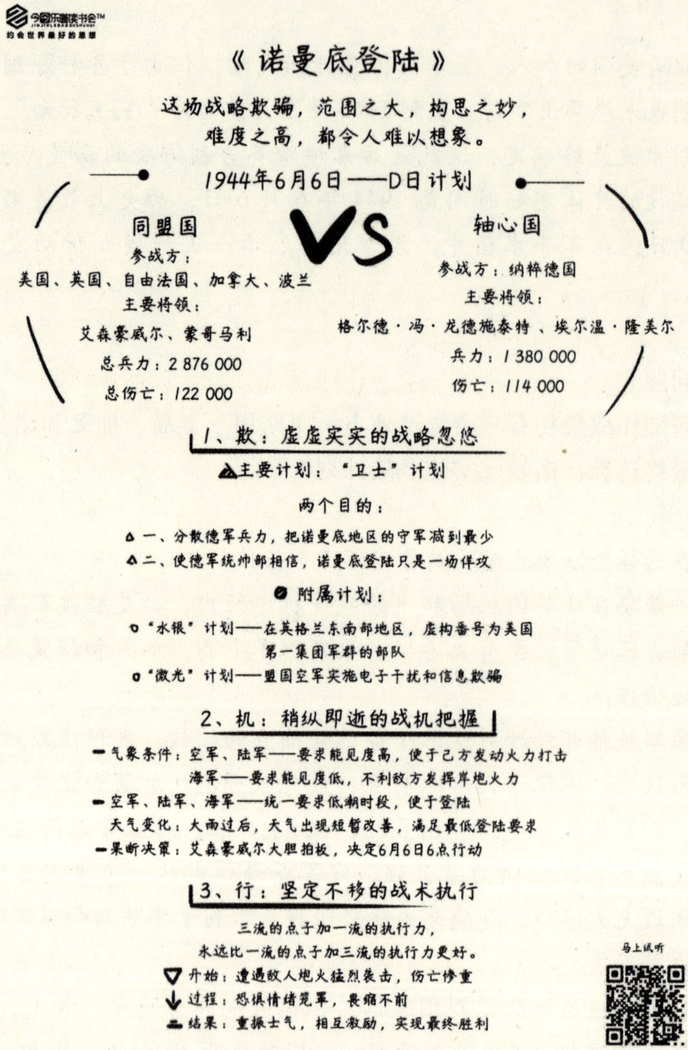

图 2-10　思维导图

第六章《战争论》

精神要素：打破实力的绝对平衡

概要

《战争论》（见图 2-11）运用德国古典哲学的辩证法考察战争问题，揭示了战争从属于政治的本质，指出了人的因素尤其是精神力量的作用，阐述了战争性质向民众战争转变的历史趋势，探讨了战略和战术、进攻和防御、战争的目的和手段之间的辩证关系，提出了集中优势兵力歼敌等理论，并阐发了一系列在战争理论中引发革命的主要思想。本书被誉为西方近代军事理论的经典之作，对近代西方军事思想的形成和发展起到了重大作用，被誉为影响历史进程的 100 本书之一。作者克劳塞维茨本人也因此被视为西方近代军事理论的鼻祖。

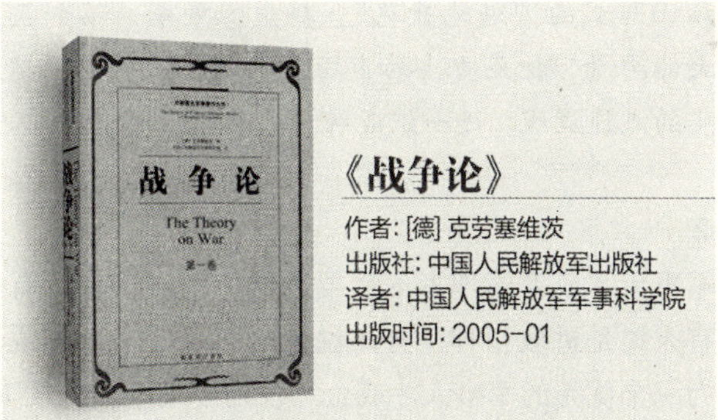

图 2-11 《战争论》

问题1

战略上最重要而又最简单的准则是集中优势兵力，用于某一战略目的的现有兵力应同时使用，越是把一切兵力集中用于一次行动和一个时刻越好。在企业经营管理中，这一作战原则能给你带来什么启发？

克劳塞维茨认为，数量上的优势在战略战术上都是最普遍的制胜因素。虽然在实际作战时，通常不可能处处都占优势，但必须在关键点上通过巧妙调遣部队，造成相对优势。一切军事行动或多或少地以出其不意为基础，才能取得优势地位，使敌人陷入混乱且丧失勇气，从而成倍地扩大胜利的影响。所以说，战略上最重要而又最简单的准则是集中优势兵力。会战是战争的真正重心，由几个战斗所形成的大规模会战能有效地消灭敌军，所取得的成果最大，故高级将领应当重视这种双方主力之间的战争，视其为挫败敌国交战意志的重要手段。

这一点从我国解放战争三大战役，即辽沈战役、平津战役、淮海战役中可以得到最好的印证。通过三大战役，国共两党的军事力量发生了根本性转变，也为进一步“打过长江去，解放全中国”打下了坚实的物质（硬实力）基础。

企业的行业也是同样的道理。伤其十指不如断其一指，与其到处撒“胡椒面”式的“遍地开花”，搞虚假繁荣，不如集中能够拿出来的最大的力量，把最重要的市场或产品痛点拿下，然后再把这一个个坚实的点连成线，进而织成网。

问题2

对于军事天才或者管理者最重要的素质的讨论中，有人说是创造精神，有人说是进取精神，有人说是全面发展，有人说是头脑冷静。你认为一个优秀的军事人才或企业管理者最重要的素质是什么？

在战争中，往往指挥官的职位越高，胆识越差，决策越受到深思熟虑思想的束缚，因为地位越高，涉及个人牺牲的问题越少，涉及其他人生存和全体安危的问题越多，客观事物、各种情况和各种考虑会给指挥官施加强大的压力。这是不是意味着指挥官就不需要过人的胆识呢？其实不是的。作者说，在战争中，因胆小怕事而坏事比因胆大妄为而坏事要多千百次。

法国有句俗语："在第二位上大放光芒，升到第一位时黯然失色。"意思就是说，往往一人之下、万人之上的二号人物，在处理事情上更加大胆和果敢，而成为统帅之后却会变得平庸甚至优柔寡断了。

的确，人在老二的位置上时，办错了事上面始终有个老大在顶着，所以可以放手干，这样反而还发挥得不错；而老大就不同了，什么事都得自己担着，所以可能经常就会考虑太多东西，变得有点畏手畏脚。但是作为一名统帅，要想杰出就必须要学会克服这点。怎么克服呢？就是要有足够的胆识，支撑他在种种压力下，能够有勇气承担决定带来的种种后果，大胆决策。

这一点对于创业者也是一样，当一无所有时，往往能够大胆决策，当取得一定成功时，会更加爱惜羽毛，不敢大胆对企业做出改变，会担心失败后亲戚朋友如何看待他。但是真正有大将之风的人，即使功成名就，也敢于承担改变带来的后果。

我们都知道孙正义是一位极其成功的投资家，甚至连股神巴菲特有时候都只能甘拜下风。而孙正义之所以能够不断地取得成功，很重要的一点就是他过人的胆识。只有过人的胆识，才能比别人抢先一步进入回报率最高的商业领域。

1996 年的时候，当时的互联网还没有完全兴起，孙正义就先后把 3.6 亿美元投给了一家还没有一分钱利润的互联网公司。几乎所有的人都认为他疯了，说他这胆子也太大了，又不是自己的创业公司，啥都没有就投这么多钱。但结果呢，几个月后，这家互联网公司在纽约纳斯达克挂牌上市了，股价一路走高，孙正义卖了手中股票的一小部分就换回了 4.5 亿美元。这家公司，就是著名的门户网站雅虎。

而且即便是 2001 年全球互联网面临最低潮的时候，孙正义仍然不惧，在互联网领域披荆斩棘，因为他认为宽带应用将给互联网带来最有价值的商机，别人不敢干，他就敢干。果然，仅仅1年之后，第二次互联网高潮很快就到来了，孙正义从中获利颇丰。短短的数年时间，孙正义就将自己的互联网帝国触角延伸到了全球600多家公司，而且还成了其中一些主流IT公司的主要股东，这显然都和他过人的胆识息息相关。

企业家其实好多方面和部队统帅是相通的，足够的胆识对于二者来说，都必不可少，而且意义重大。书中这样描述过统帅的精神和胆识："统帅必须用自己内心之火和精神之光，重新点燃全体部下的信念之火和希望之光，要在茫茫的黑暗中，发出内心之火，点燃精神之光，在茫茫的黑暗中，带领队伍走向胜利的曙光。"

问题3

中国自古以来就有"精气神"的说法，很多人认为气势虚无缥缈，不足信。你如何理解气势在战争或工作中的作用？

气就是要凝聚队伍的士气，提高队伍必胜的气势！

克劳塞维茨在敌我双方的士气角逐方面讲到要注重以下几点：

第一，善于运用敌对情感。敌我双方交战可能由于敌对情感而起，这种带有复仇色彩的敌对情感对于激发己方士气远强于"功名心""统治欲"等要素。

第二，精神比物质更有影响力。一场大规模战斗的结局对于失败者和胜利者带来的精神影响，相对物质影响来说要更大，所以要争取阶段性胜利，形成胜利和高涨士气之间的良性循环，纵使有谋略上的撤退，也应该缓慢地进行，且战且退，避免打击军队的信心。

第三，打破敌方"重心"。击中要害往往是打击敌人士气的最好方法，就好比我们常说的"擒贼先擒王"，干掉核心人物，其他人很容易成为一盘散沙。

我们先讲一个很有意思的例子，来看看企业在实际运用中是怎么操作的。2017 年的“双十一”到了，大家都准备好“剁手”了吧？但选择天猫还是京东呢，这就让人犯难了。因为每年的“双十一”都是京东和天猫竞争最激烈的时刻，他们两家可是为了在这场大战中取得胜利绞尽脑汁啊。大家都知道，京东的图标是只狗，而天猫的标志是猫，所以许多人经常笑称为“猫狗大战”。

在之前的“双十一”大战中，网上就曾流传出京东办公室内部条幅标语是“奋战‘双十一’，干掉大脸猫”，而天猫也不示弱，他们的办公室内部条幅标语是“狂拽酷炫吊炸天，誓把京东干翻天”。尽管这种方式具有很大的幽默调侃意味，但是这种具化竞争对手的方法，确实更容易激发双方员工的竞争热情，有利于团队目标的实现。

上面这个是企业竞争的例子。我们再讲一个球队中激励士气的例子。

1994 年年底，金志扬接手北京国安队时，国安队在联赛中的名次只是第 8。为了改变这种情况，金志扬开始从各方面来激励团队获胜的信心。

首先，金志扬鼓励国安“永远争第一”。当时有人嘲笑他们不知天高地厚，金志扬却说，你没有争第一的想法，怎么会有争第一的行动？永远争第一不是一项具体的任务，代表的是一种积极向上、拼搏进取的精神。他告诉队员们，这就是国安的精神，任何一次比赛、任何一项工作，都要奔着这个方向努力。拼搏的文化很快取得了效果，第二年的联赛，国安就拿到了第二名的好成绩。

其次，金志扬还很善于在赛前激发大家的士气。国际大赛前，金志扬喜欢给队员上爱国课，比如在与日本队比赛前他就讲南京大屠杀，在打英超劲旅阿森纳时，他就讲鸦片战争和《南京条约》，讲三元里抗英……他说，在外国人面前，我们代表的是中国人，绝不能给中国人丢脸，宁可被踢死，也绝不能被吓死！我们的技术水平可能不如人家，但是士气一定要超过他们。

金志扬有一种把队员讲得热血沸腾的能力，他的很多队员说，在场下听完金指导讲话，上场都有精神。这并不是说金志扬只会阵前磨枪，平时的教练中，他也有自己的一套方法。自身业务功力深厚和对队员的支持是拼搏文化的基础。

金志扬所体现出来的领导方法就像他自己强调的那样："精神、士气是关键，球员必须要有拼搏精神，有想赢的决心，最后才是制定相应的战术策略。"

凝聚士气不仅在战争中，在赛场上可以起到关键作用，其实在创业过程中同样是决定成功必不可少的因素。如果能够拥有比竞争对手更高涨的士气，将会有利于增强团队的凝聚力，也更容易击败对手。

问题4

克劳塞维茨认为，战略包括五大要素。请问这五大要素的内涵分别是什么？其中哪个要素占据首要地位？

战略包括精神、物质、数学、地理、统计五大要素。

精神要素指精神力量及其在军事行动中的作用。物质要素指军队的数量、编成、各兵种的比例等。数学要素指战线构成的角度、向心运动和离心运动等。地理要素指制高点、山脉、江河、森林、道路等地形的影响。统计要素指一切补给手段等。

克劳塞维茨认为："这些要素在军事行动中大多数是错综复杂并紧密结合在一起的。"其中精神要素占据首位，影响战争的各个方面，贯穿于战争始终。"物质的原因和结果不过是刀柄，精神的原因和结果才是贵重的金属，才是真正锋利的刀刃。"

问题5

为什么克劳塞维茨认为战略五要素中，精神要素占据首位？

神，就是激发誓死的精神。克劳塞维茨强调，一旦战争打响，就要把所有的力量尽可能的集中到一次殊死的战斗中去。他强调在绝境中的人的精神力量是伟大的。"一个陷入绝境中的人，当他几乎不可能获得任何援助时，就会把他全部的和最后的希望寄托在精神力量的优势上，因为精神力量的优势可以使每个勇敢的人奋不顾身。”

而且这种在绝境中迸发出来的誓死精神，即使不能扭转战争的局面，它的后继心理效果也是积极的和富有深意的。克劳塞维茨在书中就说：“即使最后的这些顽强努力都没有取得成效，那么也可以在光荣的毁灭中寻求将来复兴的权利。”

在中国的兵法圣典《孙子兵法》中，也有这样的论述，被称为“死地”，就是“无所往者，死地也”。走投无路的境地就是“死地”，陷于死地就是陷入了即将灭亡的境地，但如果利用得当，“死地”又可以彻底消除士兵的迷茫和侥幸心理，取得事半功倍的战绩，也就是我们常说的“置之死地而后生”。

关于绝境激发潜力的故事，最有名的当属项羽破釜沉舟的“巨鹿之战”。

秦朝末年，秦二世派大将章邯攻打赵国。赵军不敌，退守巨鹿，被秦军团团围住。楚怀王封宋义为上将军，项羽为副将，派他们率军去救援赵国。

不料，宋义把兵带到安阳后，接连46天停滞不前。项羽忍不住，一再要求他赶紧渡江北上，赶到巨鹿，与被围的赵军来个里应外合。但宋义另有图谋，想等秦、赵两军打得精疲力竭时再进兵，这样便于轻松取胜。他严令军中，不听调遣的人，不管是谁都要杀。与此同时，宋义又邀请宾客，大吃大喝，而士兵和百姓却忍饥挨饿。

项羽忍无可忍，进营帐杀了宋义，并声称他勾结齐国反楚，楚王有密令杀他。将士们马上拥戴项羽代理上将军。项羽把杀宋义的事及原因报告了楚怀王，楚怀王只好正式任命他为上将军。项羽杀宋义的事，震惊了楚国，并在各国都威名远播。

杀了宋义之后，项羽随即派出两名将军，率2万军队渡河去救巨鹿。在获悉取得小胜并接到增援的请求后，他下令全军渡河救援赵军。项羽在全军渡河之后，采取了一系列果断的行动：把所有的船只凿沉，击破烧饭用的锅，烧掉宿营的帐篷，只携带三天干粮，以此表示决心死战，没有一点后退的打算。楚军士兵见主帅的决心这么大，就谁也不敢打算再活着回去。在项羽亲自指挥下，他们抱着必死的决心，以一当十、以十当百，疯狂地向秦军冲杀过去，结果大败秦军。

很多现代企业的管理方法其实都来自军队，因为军队中的战略思维往往是总揽全局的，而且带有认识论、方法论的思考，所以军队的作战思维很符合企业的一些管理理念。

正如克劳塞维茨所说："物质的原因和结果不过是刀柄，精神的原因和结果才是真正锋利的刀刃，才是能够无往不胜的决定性因素。"既然了解了精神要素的重要性，也就应该学会如何去掌控。创业如同战争一样，是一条充满荆棘的路，不仅比拼物质要素，更重要的是精神的无往不利。因此，我们不妨从军事理论中，找到同样适合企业发展的方法论和相关理念。

思维导图

《战争论》的思维导图见图2-12。

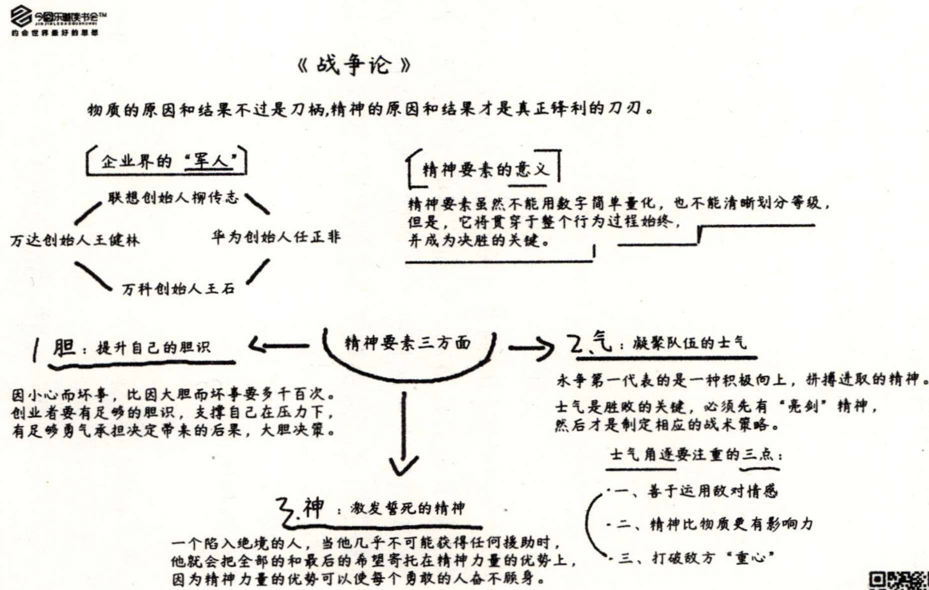

《战争论》
物质的原因和结果不过是刀柄,精神的原因和结果才是真正锋利的刀刃。
企业界的"军人"
联想创始人柳传志
万达创始人王健林
华为创始人任正非
万科创始人王石
精神要素的意义
精神要素虽然不能用数字简单量化，也不能清晰划分等级，
但是，它将贯穿于整个行为过程始终，
并成为决胜的关键。
精神要素三方面
1 胆：提升自己的胆识
因小心而坏事，比因大胆而坏事要多千百次。
创业者要有足够的胆识，支撑自己在压力下，
有足够勇气承担决定带来的后果，大胆决策。
2.气：凝聚队伍的士气
永争第一代表的是一种积极向上，拼搏进取的精神。
士气是胜败的关键，必须先有"亮剑"精神，
然后才是制定相应的战术策略。
士气角逐要注重的三点：
一、善于运用敌对情感
二、精神比物质更有影响力
三、打破敌方"重心"
3.神：激发誓死的精神
一个陷入绝境的人，当他几乎不可能获得任何援助时，
他就会把全部的和最后的希望寄托在精神力量的优势上，
因为精神力量的优势可以使每个勇敢的人奋不顾身。

图2-12　思维导图

第七章《胜利的法则：从孙子兵法到麦肯锡的商业战争智慧》

虚虚实实：相信三十六计你就败了

概要

《胜利的法则：从孙子兵法到麦肯锡的商业战争智慧》(见图2-13)精选了古今中外30个突破窠臼的商业战略布局和引领潮流的商业模式，浓缩了历史上最著名的战略家、管理学家的经典名著，汇集成极简的战略智慧，让普通人也能从孙子学逆转，跟拿破仑学最大化自己的优势，向科学管理之父泰勒学效率最大化，又或是像现代管理学之父德鲁克那样卓越地管理自我，看麦肯锡公司如何游刃有余地解决世界名企的困扰，让读者能够了解管理学大师们的胜利法则，观察著名管理案例的细节。

图2-13 《胜利的法则：从孙子兵法到麦肯锡的商业战争智慧》

问题 1

“兵者，诡道也。故能而示之不能，用而示之不用，近而示之远，远而示之近。利而诱之，乱而取之……攻其无备，出其不意。此兵家之胜，不可先传也”。正是通过运用这一战术，孙武以 3 万军力大败楚国 20 万强兵。请问，在商业竞争中可以如何运用这一兵法？

要想做到“攻其不备，以少胜多”，先让我们来了解孙武本人是怎么以少胜多的。

春秋末期，吴楚争战。当时吴、楚两国兵力悬殊。有多悬殊？楚国 20 万大军，吴国却只有 3 万兵力。孙武当然是在吴国这一方了，如此悬殊的兵力对比，他居然指挥吴军 5 战 5 胜，仅仅用了 10 天，就攻陷了楚国的首都，令周边诸国无不胆寒。

他究竟是怎么做到的？原来，为了削弱楚军的兵力，孙武多次在边境假装要进攻。可是等楚军赶到的时候，吴军早就已经撤退了。这样反反复复，折腾了好几年，害得楚军是苦不堪言。

不仅平时这么折腾，到了决战的时候，吴军还用这一招，他们假装要攻击固若金汤的楚军阵地，并且对外散播谣言，说吴军正在朝楚国的国都赶去，但实际上却只是路过。楚军一听，敌人要攻打楚国国都了，这还了得，顿时慌乱不已，急急忙忙地就要去阻拦吴军。可是，等楚军赶到的时候早就已经疲惫不堪了。结果，20 万的楚国强兵，居然惨败于军力薄弱的吴军。

故事讲完了，我们能从中学到什么呢？两个要点：

（1）难以一决雌雄时，攻击敌方疲弱之处：在楚军疲惫不堪的时候，半路攻击敌方的疲弱之处。

（2）避免在对手已做好万全准备的战场战斗：以具有欺骗性的信息误导楚军，诱使楚军离开自己准备万全的战场，转而进入吴军已做好万全准备的战场。

这两个要点联系起来同时发挥作用，就会让敌人招架不住、丢盔弃甲。

日本有一家法国餐厅“我的法国大餐”，就成功地运用了《孙子兵法》中的战略，在餐饮界红极一时。

讲到法国餐厅，我们通常的印象当然是“一流的厨师，一流的食材，一流的环境”，优哉游哉地品着红酒，细嚼慢咽地吃着盘子里精致到不能再精致的美食，要保持优雅，关键是要吃得慢。吃得慢，翻台率（餐桌重复使用率）自然就低，翻台率一低，餐厅的运营成本就只能分摊到更少的客人头上，人均消费也自然要往上涨。

“我的法国大餐”这家餐厅，就瞄准了其他法国餐厅“吃得慢、吃得贵”的弱点（攻击敌方疲弱之处），提出：我们要让客人站着用餐！这样一来，在相同面积的餐厅里，不仅可以容纳更多的客人，而且一天内的翻台率也几乎可以达到其他同行餐厅的三倍，因为站着吃显然会吃得更快。所以，即使在食材成本翻倍的情况下，这家餐厅还是能够实现盈利。

另外，在保证食物美味可口的前提下，这家餐厅还靠更快的上菜速度和更低的价格取胜。凭借这些优势，它完全有能力和传统的高级法式餐厅一决高下。在竞争激烈的餐饮行业，他们没有和同行比拼餐厅装潢、用餐氛围、服务档次等，其实就是“避免在对手已做好万全准备的战场战斗”。正是借助这种战略，这家餐厅一跃成为业界典范。

问题2

烹饪时多余的食材是一种看得见的浪费，而对于肉眼无法看见的，譬如工作效率这种无形的东西，如果不发挥记忆力和想象力你就无法发现浪费。被誉为“科学管理之父”的弗雷德里克·泰勒致力于挑战这种“看不见的浪费”，实现成果最大化。在创业过程中，各位是否也容易忽略了一些“看不见的浪费”？又该如何杜绝工作时间浪费？

什么叫“看不见的浪费”？我们都知道，有些浪费是看得见的，比如说煮饭的时候米放多了，或者车子停在路边，发动机却一直开着，这种浪费用肉眼就能发现。但是还有一种浪费是肉眼看不见的，比如工作效率这种无形的东西，你必须动用自己的记忆力、分析能力、思辨能力，才能捕捉到这种浪费。

很多企业的生产效率低下，随之而来的问题包括成本高、成果少，不能及时面对新的挑战和机遇。如果企业管理者不能及时发现那些“看不见的浪费”，那么再大的企业也有可能会被效率拖垮。

这种“看不见的浪费”可不是什么新发现，事实上，早在100多年前，被誉为“科学管理之父”的弗雷德里克·泰勒就提出，要挑战这种“看不见的浪费”。

他具体是怎么做的呢？我们还是来看一个案例。

当时，车间的工人有一项工作是检验自行车上的硬化钢制小球。具体的操作方法是：一边用左手指尖旋转小球，一边在灯光下进行检查，并且用磁铁把残次品吸走，再把通过检验的小球放入纸箱。这项工作费时费力，女工们一般一天要工作10.5小时。泰勒认为，这其中必然存在生产效率的浪费，于是他采取了以下几种做法：

（1）引入休息制度（每工作75分钟，休息10分钟）。

（2）为了防止工作期间闲聊，把工作台隔离开。

（3）进行反应测试，只留下优秀的人（解雇不合格的员工）。

（4）提拔高产量高质量的员工（每小时测评一次）。

结果，工人们的效率大为提升，不仅工资比之前提升了20%，劳动时间也从10.5小时缩短到了8.5小时。

这样的结果看起来很神奇，而且你可能会觉得，这样的方法大概只适用于提升车间工人的生产效率吧，如果是非生产型企业，又该怎么办呢？其实这当中有一个非常关键的要点，那就是：管理者必须深刻了解工作内容，并且进行仔细的观察和分析。而这一点，无论是生产型企业还是非生产型企业，都同样适用。

比如微软曾经通过深入观察员工的工作，认为“调动五幢大楼中的工程组织到另外四幢大楼”有助于提升工作效率。初看起来，这个结论有点莫名其妙，但实际上，这次调动不仅节省了员工的时间，也降低了公司的开支成本。因为，调动工作场所之后，每位员工到会议室的时间都缩短了几分钟，累加之后，1 200 名员工每周可以节省100小时的步行时间；另外，会议本身也更有效率，平均时间缩短了5分钟。并且，因为各部门办公室之间的距离和路线更合理，员工之间的协作效率也得到显著提升。而这些微小的变化加起来，就产生了惊人的效果，算下来，每年竟然能为公司节省52万美元的开支。这一切，都得益于对员工工作的深入观察。

正如“科学管理之父”泰勒所说：“劳动者生产效率不高的原因多半在于管理者没有细致了解员工的工作。”了解员工的工作，这是所有改进策略的起点。总结起来，要消除“看不见的浪费”，管理者必须把握三个要点：

（1）仔细观察并分析，深刻了解作业内容。

（2）为杜绝工作时间浪费而改善工作环境。

（3）明确此项作业最需要的“资质”是什么，从而进行人才取舍。

泰勒的这种思想被称为“作业管理”。理解这一思想的关键在于，面对同样的工作，要用不同的哲学思想去分析。正是由于管理者采用完全不同于以往的视角，认真地观察了劳动者的工作，产量才实现了质的飞跃。那些不会运用多向思维的人，就没有办法从现实中得到新的发现。

问题3

美国军事史研究家威廉森·默里通过研究战争史分析了战略的形成过程。他认为：过去的教训虽然能够解决一些战术上的问题，但是如果忽略更重要的战略问题，只会出现不同形式的新失败。请问如何理解这一观点？在创业中回顾前期得失、确定下一步行动计划时，如何避免此类失败？

企业战略的突出特征是对全局的把握。以战略的全局性为出发点，企业战略必须根据企业总体发展的需要而制定，其所追求的是企业的整体效果，因而是一种总体决策。局部决策和行动是企业总体决策的有机组成部分，企业应谋求短期效率和长期效能的结合。因此，如果仅仅关注于以往的成功或失败经验，而不能把目光放在企业长期战略上来，那么也许短期的胜利会引起企业战略上的失败。

就如同第二次世界大战期间，日本进攻美国珍珠港，虽然在单次战役上他们胜利了，但是从长期战略的角度看，他们这一个小的胜利却为自己的战略失败埋下了隐患。

问题 4

麦肯锡 7S 模型指的是什么？为什么说优秀企业实际上由麦肯锡 7S 模型中的第 7 个维度“Shared Values”所支配？

7S 模型指出了企业在发展过程中必须全面地考虑各方面的情况，包括结构（Structure）、制度（System）、风格（Style）、员工（Staff）、技能（Skill）、战略（Strategy）、共同价值观（Shared Values）。也就是说，企业仅具有明确的战略和深思熟虑的行动计划是远远不够的，因为企业还可能会在战略执行过程中失误。因此，战略只是其中的一个要素。

在模型中，战略、结构和制度被认为是企业成功的“硬件”，风格、人员、技能和共同价值观被认为是企业成功经营的“软件”。共同价值观（Shared Values）是指企业组织成员或群体成员分享着同一价值观念。共同价值观是组织文化的核心和基石，是组织的灵魂，也是维系组织生存发展的精神支柱，它能决定管理活动的成效和方向，是组织文化理论的核心概念。大部分公司之所以能够成功，是因为员工能够分辨、接受和执行组织的价值观。

问题5

每个人都有自己认知的舒适区，如何才能“跳出画面看画”，在更高的维度和时空中回看当下？

我们经常说，一个人如果开始习惯当下的生活，并且满足于当下的生活，就相当于是躲进了“舒适区”，长此以往，他的应变能力将会大大下降。对于企业来说，更应该避免长期处在“舒适区”内。

说起来，企业所面临的挑战无非就是三种：萧条中求生、竞争中求胜、平稳中求新。但这三种挑战是循环往复、间隔出现的。根据时局不断改变原有的模式，这其实是一种战略创新思维。要实现这种创新，我们需要获得“组织外的知识”，用“组织外的知识”来突破发展瓶颈。松下电器在20世纪80年代取得的巨大成功，就得益于这种“组织外的知识”。

在今天看来，松下电器在当时的成功可能已经算不得什么创新了，但我们必须设身处地地回望当时的家用电器市场，你会发现他们确实实现了非常了不起的突破。

1987年2月，松下电器推出了一款自动面包机，在当时卖到了36 000日元。松下电器的这款面包机，居然在上市的第一年就卖出了53.6万台，成为当年母亲节最佳礼品排行榜的冠军。

紧接着，这款自动面包机出口海外，在世界各地同样好评如潮，美国《财富》杂志大篇幅报道，它在美国市场的销量也达到了将近100万台。同一年的秋天，松下电器又推出了一款咖啡机，既能自动研磨咖啡豆，又能自动煮咖啡，再一次成为热卖商品。这还没完，第二年，松下又研发出一款电磁加热电饭锅，采用和传统炉灶相同的原理，尽管价格是以往电饭锅的两倍，松下电饭锅的整体销售额却提升了大概50%，市场份额也扩大了7%，成为热门品牌。

曾经低迷的松下电器为什么会突然冒出这么多的热卖产品呢？原因就在于，他们发现了“组织外的知识”所具有的力量。

1984年，为了找到新的发展方向，松下公司向美国派遣了策划小组，专门考察美国人的日常生活。他们发现，由于很多家庭主妇都外出工作，美国家庭的饮食也因此变得简单、缺乏营养。松下的策划小组觉得，这就是一个新的商机。

首先，他们提出了一个创意概念——“Easy & Rich”，Easy 是轻松，Rich 是营养丰富，合到一起，意思是要让那些工作繁忙的女性既能轻松地准备饭菜，又能保证丰富的营养。

策划小组回到日本后，立即着手根据“Easy & Rich”的创意概念开发面包机。但是一开始，机器做出来的面包总让人觉得不满意，没有预期的那么美味。松下公司意识到，为了解决这个问题，他们需要借助“组织外的知识”。于是，担任软件设计的女工程师被派到了大阪的国际宾馆。去国际宾馆干什么呢？去学习怎么制作糕点。

于是，这位女工程师开始“不务正业”，天天琢磨怎么做面包、做糕点。不仅如此，她学会了之后回到公司，还跟其他工程师讲解怎么做面包、做糕点。整个技术研发部门，简直就成了面包房。女工程师告诉大家，做面包的关键是和面的时候一定要让面团有韧劲。工程师们恍然大悟，开始对面包机的容器形状进行专门研究，反复试验，终于制造出了任何人都能够做出美味面包的全自动面包机。

考察松下电器的成功，我们可以从中梳理出松下战略的两个要点：

1. 借助“新创意”定位新的飞跃方向

企业的大多数创新都和“开发新产品”密切相关。一旦现有的产品开始逐渐过时，就需要从零开始构思新想法。这就要求组织中的成员脱离陈旧的模式和路线，创造出“飞跃的创新概念”。其中最重要的是，要给予成员方向性的提示。比如松下电器策划小组提出的“Easy & Rich”，就是一个创新概念。

2. 先“体验”，再讨论

创新需要了解“组织外的知识”，需要接触企业外部的其他组织，企业应该在体验之后再展开讨论，通过积攒有关的创意概念体验，形成一些必要的隐性知识。比如，面包师傅也许精通做面包的技术，但他们很难抓住松下工程师们真正需要了解的知识，而让工程师亲自去体验，掌握其中的隐性知识，显然更加高效，也更有针对性。

企业能取得阶段性的成功，往往是因为遵循了某种“成功方程式”。但随着局势的变化，旧的成功方程式不再通用的时候，就需要从组织之外的“现实”和“体验”中创造出新的成功方程式。这种时候，善用“组织外的知识”就显得尤为重要了。

“商场如战场”，真真假假、虚虚实实，希望每个人都能从《胜利的法则：从孙子兵法到麦肯锡的商业战争智慧》中找到克敌制胜的法则，在商战当中做到百战百胜。

思维导图

《胜利的法则：从孙子兵法到麦肯锡的商业战争智慧》的思维导图见图2-14。

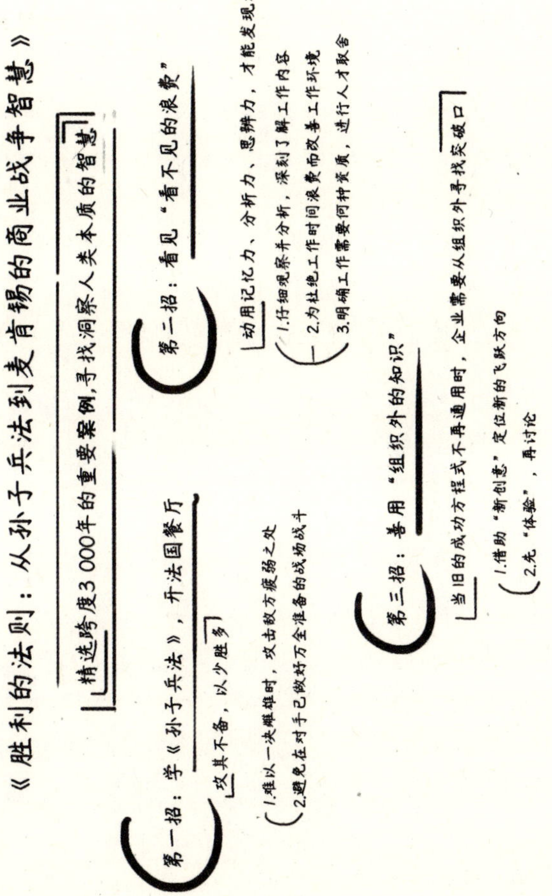
《胜利的法则：从孙子兵法到麦肯锡的商业战争智慧》
精选跨度3 000年的重要案例，寻找洞察人类本质的智慧
第一招：学《孙子兵法》，开法国餐厅
攻其不备，以少胜多
1.难以一决雌雄时，攻击敌方薄弱之处
2.避免在对手已做好万全准备的战场战斗
第二招：看见“看不见的浪费”
动用记忆力、分析力、思辨力，才能发现看不见的浪费
1.仔细观察并分析，深刻了解工作内容
2.为杜绝工作时间浪费而改善工作环境
3.明确工作需要何种资质，进行人才取舍
第三招：善用“组织外的知识”
当旧的成功方程式不再通用时，企业需要从组织外寻找突破口
1.借助“新创意”定位新的飞跃方向
2.先“体验”，再讨论

图2-14 思维导图

第三篇 节奏意识

第一章《高效能人士的七个习惯》

补充效能：高手喜欢化繁为简

概要

在生活中，你是否经常会有这样的困惑和苦恼：

“要做的事太多了，总是感到时间不够用，觉得压力沉重，一周7天，天天如此。”

“上过无数个关于有效管理的课程，对员工的期望值很高，也想尽了各种办法善待他们，但就是感觉不到他们的忠心。”

“看到别人有所成就，表面上会挤出微笑，可是内心却难受得不得了。”

“我又开始节食了，这已经是今年的第五次了。我知道自己体重超标，也确实想有所改变，但就是做不到。我真是一个无法信守诺言的人。”

那么为什么会出现这样的现象？出现了又该如何解决？

今天我们读的这本书《高效能人士的七个习惯》（见图3-1），无论是对于个人，还是团队，都能很好地解决现在面临的这些问题。这本书被译成38种语言在全世界销售过亿册，在美国的影响力仅次于《圣经》，是美国公司员工、公务员、军队官兵的必备书。不仅如此，普京建议每一位俄罗斯公民都应该阅读。

作者是史蒂芬·柯维，在领导理论、家庭与人际关系、个人管理等领域负有盛名。他被美国《时代周刊》誉为“思想巨匠”“人类潜能的导师”。

这本书中提到的“高效能人士”的7个习惯，可以分为3个

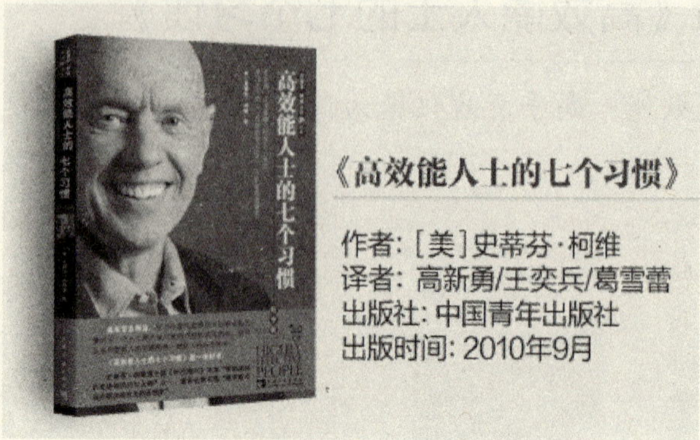

图 3-1 《高效能人士的七个习惯》

层次。

第一个层次是关于个人领域成功的习惯，可以大幅度提高你的自信心，更清晰地认清自己的本质、内心深处的价值观以及个人独特的才干和能力。第二个层次是追求公众领域成功的习惯，不仅能够使你原本就很好的社交圈更加稳固，而且还能帮助你建立新的人际关系网络甚至接续已经断裂的社交网络。第三个层次是自我提升与完善的习惯。3个层次、7个习惯将帮助我们实现从依赖期到独立期再到互赖期的良性转变。

问题1

常言道：人生不如意十之八九。在日常的工作中，我们也一定会遇到不顺心或压力大的时候，通常我们会因此而抱怨周遭的事物。但抱怨并不能帮助我们解决眼前的问题，反而会使我们变得更加消极和悲观。你遇到这种情况时，是如何处理的？

我们先来看看作者柯维亲身经历的一件事。

几年前，柯维和妻子为自己的儿子学习成绩差、与同学交往不成熟等问题伤透了脑筋。于是他们尝试着给予儿子鼓励、肯定和帮助，希望这种积极的态度能激发孩子的自信心。但结果是，不但所有的努力都付之东流，而且还伤害了孩子的自尊心。经过了几次失败之后，柯维发现可能是自己帮助孩子的方式和角度出了问题。

后来，柯维在讲授“沟通与认知”课程时，通过对“思维定式”的理解找到了原因，他发现用固有的“思维定式”看待孩子的种种“不成功”进而形成的对孩子的教育方法，是教育不成功的根源。

那么什么是“思维定式”呢？

广义上讲就是指我们“看”世界的方法，这种“看”和视觉无关，主要是指我们的感知、理解和诠释。它是每个人看待世界的方式，与个人的成长背景、教育和经验息息相关。

柯维夫妇分析他们的教育困境时发现：他们对儿子往往言不由衷，而且内心深处就是觉得儿子在某些方面“不如常人”，所以无论如何注意自己的态度和行为，都难以掩饰背后真正想要传达的信息，即“你不行，你需要父母的保护”。

在柯维和妻子心中，这个孩子是让他们有失颜面的，因此他们更加重视模范父母良好形象的维持，从而忽略了对孩子的关心，这种心态严重影响了他们对孩子的看法，因此在处理这个问题的时候，往往容易忽略孩子的幸福与快乐。

这时他们才真正意识到：要想改变现状，首先就要转换自己固有的思维定式。于是，柯维夫妇一方面不再设法改变儿子，转而从客观的角度去发现和了解孩子的特色、个性与价值；另一方面，改变自己的动机，不再用孩子的表现来判断自己的价值。

摆脱了过去对孩子的看法之后，他们不再拿孩子与旁人比较，也不把固定的社会模式强加在孩子的身上，这样反而让他们发现了孩子身上许多以前看不到的优点。

几个月之后，孩子渐渐有了信心，也开始肯定自我的价值，终于以自己的速度与步调发挥出了潜能。不论是在学业、运动场上还是社交场合，儿子都表现得非常好。

其实7个习惯中的许多原则，我们在生活中已经在实践了。但是如果想要更深入地理解这些原则，加以利用，就必须改变观念，转换“思维定式”，并且将其提升到“由内而外”的新境界，更好地融入生活。

问题2

理想与现实之间总会有一定差距，就像我们所从事的工作通常不是自己最喜欢的，而处于这种状态的我们就像迷失了方向的帆船，对工作失去了兴趣和动力。那么在实际工作中，应该怎样平衡现实与理想之间的差距？

习惯一：积极主动——个人愿景

高效能人士在任何环境都应具备的、首要的，也是最基本的习惯，就是“积极主动”。积极主动不仅指做事的态度，还要对自己的人生负责。积极主动的人不会把自己的行为归咎于环境和他人的影响。他们会有意识地选择待人接物的方式，不会因外界因素或者情绪激动而冲动行事。

当下盛行的社会观点认为，环境与条件对我们起着决定性的作用。我们不否认条件作用的影响巨大，但并不等于承认它凌驾于一切之上，甚至可以决定我们的命运。因为在外界的刺激与我们的回应之间，人拥有选择的自由，这也是人与动物之间最大的不同。

美国神经与精神病学教授维克多·弗兰克尔是一名犹太人，曾在第二次世界大战期间被关进纳粹德国的死亡集中营。一次，他被赤身关在一间狭小的囚室里，饱受各种酷刑的折磨，人也进入了一种恍惚的状态。这时候他发现，纳粹虽然能控制他的生存环境，摧残他的肉体，但他的自我意识却是独立的。他可以决定外界刺激对自己的影响程度，也就是说，在遭遇刺激与对遭遇的回应之间，他有选择回应方式的自由或能力。

对于物质环境，纳粹享有决定权和一定的自由，但是弗兰克尔享有更伟大的自由——他强大的内心力量可以帮助他实践自己的选择，超越纳粹的禁锢。这种力量感动了其他的囚犯甚至狱卒，并帮助狱友们在日复一日的折磨中找到生命的意义，寻回自尊。

在最恶劣的环境中，弗兰克尔运用人类独有的自我意识，发掘了人性最根本的原则，即在刺激与回应之间，人有选择的自由。所以积极主动不仅能针对特定环境选择回应方式，更能主动创造有利的环境。

企业可以采取积极的态度，将其与创造力相结合，在内部营造积极主动的企业文化氛围，通过集思广益、主动培育团体的共同价值观和目标。例如，我们“今今乐道读书会”，不但在践行着“每天读一本书，为一亿进取者赋能”的理念，更致力于打造一个学习型组织，所以每周四下午，公司都会举行全员参与的内部读书会，通过“梵音入耳”“机锋禅辩”“知行合一”等不同的读书拆书办法，把一本书中的知识精华融会贯通，调动所有人的参与热情，把一本书中的知识点进行诵读分享、正反辩论、情景演练，很大程度上激发了员工的读书学习热情和参与活动的积极主动性。

习惯二：以终为始——自我领导

以终为始，就是在做事之前，认清方向。特别是人生目标，别被名利蒙蔽。盖棺定论时，你希望获得的评价，才是你心中真正渴望的目标。很多人成功之后，反而感到空虚；得到名利之后，却发现牺牲了更可贵的事物。

以终为始的一个原则基础是“任何事物都是两次创造而成”。我们做任何事都是先在头脑中构思，即在智力上的第一次创造，然后付诸实践，即体力上的第二次创造。也就是说：“思考是正确地做事，行动则是做正确的事。”高效能人士，在行动前就能清晰地看到自己在前进路上各个方面所期望的结果。

这与我们在“今今乐道读书会”中读过的《知行合一：王阳明》的“心学”理念有异曲同工之妙。王阳明认为“知是行之始，行是知之成”，有什么样的“知”，就有什么样的“行”，只有“知善知恶”，才能“为善去恶”，最终实现“吾心光明”的终极理想。

对企业来讲，市场瞬息万变，积极的领导者必须紧盯商业环境的变化，以便合理整合企业资源，及时调整企业的发展方向。如果缺乏有效的领导，即使是高效率的管理，也只不过是徒劳无功，再成功的管理也无法弥补领导的失败。

这就意味着，我们要带着清晰的方向和价值观来扮演自己的角色，也就是我们常说的“以结果为导向”，做正确的事。

问题3

如果想要达到有效的自我管理，需要养成什么样的习惯？

习惯三：要事第一

在建立了“积极主动”和“以终为始”的习惯之后，要达到有效的自我管理，还需要养成“要事第一”的习惯，简单说就是先做最重要的事情。所谓最重要的事情就是指，你的人生中最有价值，会使你的生命更丰富、更有意义的事。

高效能人士的脑子里装的不是问题，而是机会，因为他们的思维定式是预防型的。要在“急迫”与“重要”之间进行取舍，从重要性而不是紧迫性来观察一切事务。

可能很多人听过这样一个故事，说从前有座山，山上有座庙，庙里有个老和尚，带着一个小和尚。一天，小和尚对老和尚说，自己每天打水、扫地、做饭、洗衣服太忙了，都没有时间学习佛法了，于是老和尚给了小和尚一个碗，要他去装满一碗大石头，小和尚挑大石头装了满满一碗交给老和尚。老和尚问：“装满了吗?”小和尚点点头。老和尚则抓起一把小石头，撒到碗里，小石头顺着大石头的缝隙进入了碗里。老和尚又问小和尚：“现在满了吗”？小和尚看见大石头的缝隙都给填满了，就说：“满了！”老和尚又不慌不忙地抓了一大把沙子撒到碗里，沙子又填进了小石头和大石头之间的缝隙里。“现在满了吗?”小和尚又点点头。老和尚又慢腾腾地倒了一碗水在碗里，水慢慢渗入沙石之中，半点也没有溢出。

老和尚笑呵呵地问小和尚："你有什么发现吗？"

故事中的老和尚巧妙地以碗比喻小和尚的时间，大石头比喻佛法功课，而其他的琐事则是小石头、沙子、水。如果小和尚把每天的功课都先做好了，那么所有的琐事就都不是问题。但是如果把顺序搞反了，先放水，再加沙子，再放小石头，最后加大石头，结果当然是不仅水溢了一地，而且一些大石头也放不进去。

其实，我们的一生就像一只容积有限的碗。水、沙子、小石头就是我们生活中的琐事，而大石头就是我们的理想、追求和长远计划等"要事"。处理要事与锁事的关系，就如同老和尚教小和尚在碗里放大石头和小石头，一定要先放大石头，不要让沙子和小石头先填满了有限的空间，就是"要事第一"。

通过以上三个习惯获得个人领域成功之后，基本就实现了个人从依赖到独立的一个跨越。独立比依赖要成熟，但仍不是最高成就。因此，我们还要向公共领域迈进，走向人际关系的高效能。

问题 4

如果想要实现公众层面的成功，即从独立到互赖，需要养成什么样的习惯？

书中提到想要实现公众层面的成功，还要养成双赢思维、知彼解己和统合综效的习惯。

习惯四：双赢思维——人际领导

双赢思维其实就是一种基于互相尊敬、彼此寻求互惠的方式，目的就是争取更多的机会与资源，而不是你死我活的"零和博弈"。

双赢并不是简单的技巧，而是成功的人际交往所产生的结果。在相互依赖的大环境中，只有双赢才是唯一可行的交往模式，任何非双赢的解决方案，最终都会对长远的关系产生不利的影响。作者认为，如果实在无法达成共识、实现双赢，那就不如好聚好散。

柯维有一个朋友，她经常带孩子参加各种音乐会，当孩子还小的时候，她要负责安排曲目，制作演出服，担任钢琴伴奏，还负责排练和导演节目。

但随着孩子渐渐地长大，她和孩子之间的音乐品味产生了极大的分歧，孩子对节目内容、化妆、服装等都有了自己的主张，不再对母亲言听计从。

柯维的这位朋友演出经验丰富，对观众的需求也十分了解。她认为孩子的很多建议都不合适，不能适应观众的口味，但她同时也认识到，毕竟孩子大了，需要参与活动的决策，有自己的思想。

于是她选择，如果她和孩子之间不能很好地协调，不如放手让孩子自由发展，让他们在各自擅长的领域发挥自己的才能。结果，孩子们都畅所欲言，各尽所能，各展所长，演出的效果虽然没有达到她指导下的水平，但她与孩子之间的感情和理解却极大地加强了。

习惯五：知彼解己——移情沟通

知彼解己，首先要主动去了解对方，然后再争取让对方了解自己。这一原则是进行高效人际沟通的关键。

要想养成真正有效的人际沟通习惯，首先就要做到“知彼”，培养“移情聆听”的技巧是实现“知彼”的关键，因为在人际交往中，我们通常会不自觉地把让别人理解自己放在首位，这就造成了大部分人在聆听时并不是想理解对方，而是为了做出回应。所以我们常常会遇到这种情形，一个人在倾诉，而听的人总是不合时宜地打断对方，然后说：“我也有类似的经历，我的经验是……”

在这种“自传式回应”的影响下，人们往往盲目地追根究底，轻易地进行价值判断，好为人师，而且自身还察觉不到。很多人小的时候可能都会有这样一种经验，当你在学校里碰上不开心的事，或者受到不公正对待时，一旦想要和父母交流心里的烦闷，父母总是以一句“好好读书，别想那么多”应付我们所有的问题，次数多了，我们也就只能以“唉，算了，多说也没什么用”作为话题的结束，甚至不再为自己的烦恼去征求大人的意见。那么，父母为什么不能真正解决孩子的问题呢？其实就是因为没有仔细“聆听”，所以给出的解决方法当然就是无效的。

而移情聆听最关键的就是以理解为目的，充分而深入的理解对方，只有这样才能深入了解彼此的需求。

在商业领域，你可以为员工设定一对一的交流时间，聆听和了解他们；还可以建立相关的信息系统，从而获取从客户到供应商再到员工等不同层次的准确可靠的反馈信息。

《战国策》中的名篇《触龙说赵太后》最能说明知彼解己、移情沟通的重要性。

故事发生在公元前265年，赵惠文王死，年幼的赵孝成王继位，由赵太后垂帘听政。秦国趁赵国政权交替之机，大举攻赵，一举占领赵国三座城市。赵国危急之下向齐国求援。齐国要求赵太后把她的小儿子长安君作为人质，才肯出兵。赵太后溺爱长安君，执意不肯，并且放出狠话："谁要是再劝我让长安君当人质，我就吐他一脸，砍了他的头！"在这种严峻的形势下，触龙冒死上殿，说服了赵太后使她同意让爱子出质齐国，从而解除了赵国的危机。

触龙说服赵太后的方法就是"移情之策"。触龙知道，赵太后盛怒之下不能直接劝她回心转意，所以一上来他就和赵太后拉家常："我腿脚不太好，好长时间没来看您了，请您原谅。您现在的身体怎么样了？饭量还好吧？如果没有胃口的话，不妨每天走上个三四里，就能多吃点儿，你要保重身体啊……"赵太后一看，触龙是给自己请安来了，气就消了大半。然后触龙又说："我特别喜欢自己的小儿子，请太后看在我忠心耿耿的份上，在我死前给他安排个差事吧。"这就自然地把话头转到了关心小儿子的事情上，引起赵太后的共鸣。赵太后听了就取笑触龙说，我们女人溺爱孩子，你这个大老爷们原来也一样啊。于是触龙借机劝谏赵太后说：爱孩子，就要为他"计深远"——做长远的打算，并且指出赵国和诸侯国的国君后代被封侯的，少有能持久的，主要原因就是他们拿着高官厚禄却没有实际的功劳，无法服众。并且反问赵太后："现在长安君有了一个为赵国立下大功劳的机会，您却不让他去，如果有一天您不在了，他凭什么在赵国称王呢？谁还会拥戴他呢？"这一番劝谏，没有一句说要让长安君为质，掌握太后爱子的心理，从为长安君的根本利益着想出发，层层深入地启发引导，寓情于理，终于使太后深受感动，心悦诚服，慷慨同意爱子质齐，从而解除了赵国的危机。

习惯六：统合综效——创造性合作

通常来说，沟通可以简单地分为三个层次：由于彼此之间的信任感很低带来的低层次沟通；互相尊重式的中间层次的沟通，这种沟通，人们可以彼此理解，但无法真正深入内心，把握各自的模式和设想，因此不具备创造性；高度信任的“统合综效”型沟通，这种沟通常常能带来最好的解决方案，它会使每一个参与者都全身心地参与进来，并且达成创造性合作。

高效能人士往往能敞开胸怀，接纳一切奇怪的想法，尊重差异，同时也贡献自己的意见。当有人跟自己的意见不同时，他不会直接否定，而是想，对方的主张肯定有自己没有体会到的精髓，并且会积极主动地去了解。

尊重人与人之间的差异，当有人不同意你的观点的时候，你应该试着寻找统合综效的第三条道路，一般条件下它总是存在的。如果你坚持双赢模式，确实愿意努力理解对方，你就能找到一种能让每一个人都受益更多的解决方案。

问题5

或许我们会有这种体会：工作是做不完的。每时每刻我们的身边总会有许多事情需要去处理，比如回邮件、写文档、编代码、学知识、开讨论会等，为此我们常常会忙得焦头烂额，恨不得自己能够长出三头六臂。你是如何从工作中抽离出来，实现自我更新的？

习惯七：自我更新

如何实现自我更新？作者在书中为我们提供了自我更新的四条路径：

（1）身体层面：通过正常适量的营养、运动、休息及压力管理来维持生理健康。

（2）心智层面：通过阅读、写作、思考，完成心智的提升。

（3）精神层面：读“经”和感悟自然，这里说的经不是通常理解的佛经、道经，而是指各种“道”的层面的经典著述，知识背后的知识，比如我们常常在“今今乐道读书会”中提到的王阳明心学、曾国藩家书以及前文提过的《战争论》《孙子兵法》等。

（4）社会情感层面：通过持续增加情感投资来更新。

自我提升和完善的过程必须包括以上所有的四个层面，只有平衡好四个层面的更新进度，才能取得最理想的效果。忽视任何一个层面都会对其他层面产生消极影响。

思维导图

《高效能人士的七个习惯》的思维导图见图 3–2。

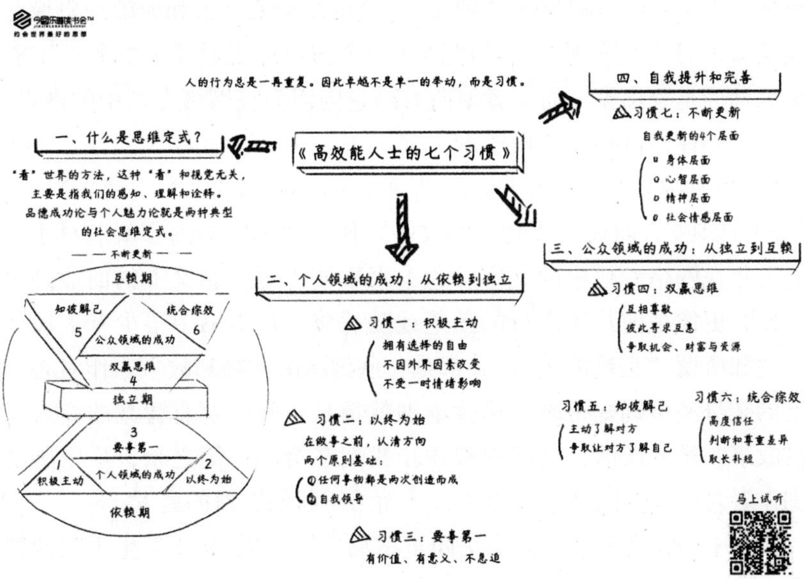

图 3–2　思维导图

第二章《岁月凶猛》

江湖不远：怎样在政商关系中进退得当

概要

但凡成功人士，往往都有着鲜明的个性和独特的个人魅力。企业家尤其如此，也因为这种个性和魅力，使他们所领导的企业各具特色，这些企业家本人也被贴上了相应的标签。比如中科院出身的柳传志先生就经常被称作“教父”，老师出身的马云和俞敏洪更像是演说家，当然马云现在也可以再加一个演员或者歌手的标签，王石毫无疑问是登山家，而学者型商人冯仑则因为在网络专栏中的诙谐、幽默、感性，被称为“段子派”掌门人。

《岁月凶猛》（见图3-3），是冯仑的《野蛮生长》《理想丰满》《岁月凶猛》“商业三部曲”的收官之作。而书中的内容就取材于冯仑近年在网络专栏中的文字。这本书不同于传统意义上的商业理论著作，更像是前几年流行的随笔或随感集。这本书中很少有大段的论述和所谓“正确的废话”，都是一些鲜活的人物和故事。作者将自己的亲身经历娓娓道来。读这本书就像是在听一位有智慧的商人在讲故事，作者诙谐、幽默的叙述让我们在会心一笑之余，从中感受到作者自己独到的观察和思考，进而给予我们有益的启发。

本书的作者冯仑是万通集团董事局主席，他1959年生于陕西西安，1982年毕业于西北大学，获经济学学士学位。1984年毕业于中央党校，获法学硕士学位。1984—1990年先后于中央党校、中宣部、国家体改委任职，1991年创建万通，是我国改革开放后早期下海经商并卓有成就的企业家。

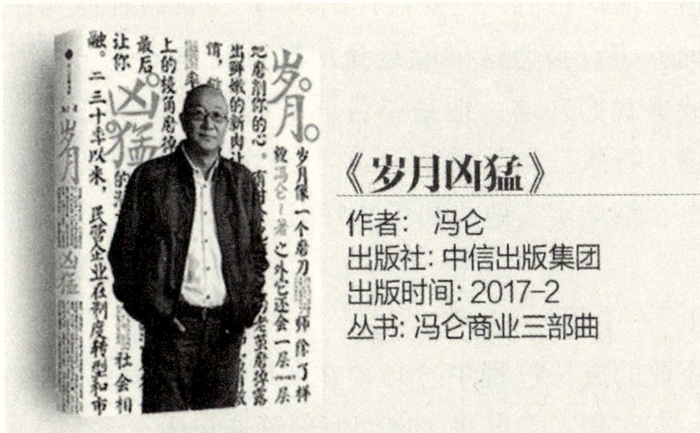

图 3-3 《岁月凶猛》

冯仑是一个文人，而且是绝对的文人。但他从商所获得的成就更让人瞩目，因此在商界很多人称其为“儒商”。他之所以还被冠以“段子派”掌门的称号，是因为他坚信，所有的商业真相和管理智慧都在“段子”（故事）里。

冯仑最擅长的就是用一些看上去不那么高大上甚至还有一些“低俗”的标题和段子，为你讲明白故事背后的真相。比如：“民营企业有‘七夕’，却难有‘百年好合’”“创业就是找不舒服”“结婚是误会，离婚是理解”“每个‘豪华男’都是从‘经济适用男’开始的”。在这些看似“不着调”的标题后面，每一个故事都凝聚着作者的观察和思考，折射出深邃的洞察和思想的闪光，而读者也可以从这些鲜活、生动的“段子”中，获得自己的感悟。

全书的内容大致可以分为这么三类：一是人生感悟，二是商业感悟，三是社会感悟。每一个感悟的开始都是一个很好看的故事，有的曲折，有的搞笑，有的励志，有的凄惨，但是当我们走入冯仑的故事中时，就会发现自己已经掉进了他为我们设定的“陷阱”里，那就是讲创业、讲商业逻辑。比如，当我们看到《世上只有妈妈好》这样的标题时，一定会想这是一个关于亲情的催人泪下的故事，但是等你读完时就会发现，他是想告诉我们，“信任是有条件的，除了要信任友情、信任亲情，更要信任法律”；当我们看到《在定军山读诸葛亮》时，也许会想这可能是介绍风景或者讲述三国历史，但是读过这个故事我们知道，他是要告诉我们人要想得人心，必须具备忠诚、品德、智慧三大品质……总之，这是一本可以让我们舒舒服服地听故事、结结实实地悟知识的好书。

问题1

一个企业的成长过程中，必须在变应变，同时不断调整企业的治理结构，充实和完善自我。你如何理解这句话？

冯仑在书中讲了自己小时候的故事。他说，在他上大学之前，对他的人生观影响最大的人就是他的老师和家人。他的中学老师是黄埔军校的毕业生，由于出身不好，遭受了政治运动的迫害。她住在一间昏暗的小屋里，屋里只有一盏小灯泡，因为心脏不好，她喘气都困难。但即使是这样，当冯仑去看她时，老师仍支撑着给他讲历史、讲社会的不公平是如何形成的，要如何去改变……这一切让年少的冯仑极为震撼，所以他早早地就有要“改造中国”的理想。冯仑的家族算得上是教育世家，家里几代人都是教书人，所以从小养成了读书的习惯，在20世纪六七十年代，看书的人不多，但他受老师和家人的影响读了大量人文方面的书。得益于这一点，在1977年高考时，他考入西北大学，开启了此后一系列的人生成功之路。

怀揣“改造中国”梦想的冯仑此后继续求学深造，进入机关工作，下海经商。冯仑能够一直紧跟变革的时代，到现在近60岁仍活跃在网络中，无论思维和表达都没有落伍的根本原因就是他做到了“在变应变”，即在变化中应对变化。

冯仑形容自己的经历就像是从一个山村往外走的人，先是从一个到处坑洼不平甚至没有路的地方找到一条土路，然后再找到一条车辙，沿着车辙找到普通公路，然后开上了拖拉机，车上坐着村里的大爷、大妈和一帮啥也不懂的小孩子，再往前走，有了大路，他也换了小汽车，原来车上的人有的半道下车了，有的不愿再往前走了，当然也有半路上来搭车的，最后他开上了高速公路，换成了奔驰汽车，车上的人也不再频繁变换……

冯仑用这种寓言一样的故事解释了“在变应变”的过程，车已经出村了，路在变，天地也在变，车里的人就要相应地改变，组织要不停变革，人也要不停改变。企业家就像司机，一定要盯住面前的路，跟随时代的变化而变化，还要领先半步改变，否则要么跑偏要么就是来不急转弯，掉下山崖。

本质上说，中国早期的大多数民营企业创业都有点像古代的农民起义。最接近成功的李自成和洪秀全之所以最后以失败收场，很重要的原因就是他们没有及时调整车上的人，进城了，参与管理和分配的还是当初用拖拉机带出来的那些村里的大爷、大妈，还有虽然长大了一点但仍然没什么进步的小孩子。创业初期时大家都穷，这种以亲缘和感情联结的治理机制还能因为大家共渡难关的需求而勉强维系，而一旦打下了江山，往往就会出现地位不等、分配不均等的问题，更甚者就会如太平天国的“天京之乱”一样，发生内讧，元气大伤，最终被湘军击败。当初李自成的大顺军攻入北京后，也发生了各种问题：虐待崇祯的尸体，焚毁宫殿；拷掠前朝旧臣，屠戮、虐杀无辜；放纵军队，趁火打劫；荒淫贪腐；毁弃城市等。这种流寇作风和小农意识注定不会使国家长治久安。所以毛主席在率领中共中央离开西柏坡迁往北平，拉开建设新中国的帷幕的路上，语重心长地告诫全党，进京是一次“赶考”，千万不能学李自成！

问题2

人的一生，绝大多数的事情都是可以选择的，但唯有一件事你无法选择，那就是你的出身。但是在信息技术飞速发展的今天，这些已经不能成为影响一个人成长的决定因素。那么如何让自己变得更牛？

冯仑的答案是“学好”。虽然与“学习”一字之差，区别却大得很。学习是一个能力的提升过程，而学好则是一个正确价值观建立的过程。

他认为，要学好，第一得尊敬人，第二是做事不能欺诈。在小公司，人容易学坏。因为企业初创，举步维艰，困难太多，每一个困难可能都是学坏的理由，每一次增长都可能有一个堕落的机会。比如说交个人所得税这件事儿，我们在很多时候都会听到一些初创企业的老板讲，要“合理避税”，听上去似乎有那么一点道理，但是如果在一个成熟的公司，你就绝不会从主管或财务口中听到这个词，因为他们非常清楚所谓的“合理”只是给“偷逃”披上一件美丽的外衣，针对小公司的审计往往是因为没那么严格甚至就不审所以才有“合理避税”一说，而且这种暂时的“权宜之计”当有一天面对上市前的审计时，仍然是一道跨不过去的坎，当然不客气地说，抱有这种心态的企业恐怕也很难等到那一天。

让自己“牛”的第二个办法就是与高人为伍。人不可能变成神，但是要努力成为神隔壁的人，如果你想干点有出息的事儿，就得多跟伟大的人在一起，在伟大者的熏陶之下，你会受益良多。

冯仑说，他从小就努力向伟大的人靠近，在小学、中学、大学时，他给很多当时很牛的人写信。有一回，他写了一篇关于国际关系的论文寄给一个北大教授，教授居然给他回了信，虽然教授的回信不长，只有一页，却给了他极大的鼓励。这封信他一直珍藏着，甚至在念研究生期间也不时拿出来翻看。

虽然说“听君一席话，胜读十年书”，和伟大的人直接沟通很重要，但与伟人近距离接触的机会毕竟非常渺茫。伟大的人都很忙，要见的人又多，有时候你就算死缠烂打也不管用，太猛烈了还会把这些大人物们吓到，人家以为你是极端分子，就更不敢见你了。

所以，冯仑最为推崇的让自己牛的办法就是多读书，伟人的言论因为书而流传下来，每一本书中都寄托着一个伟大的灵魂，读他们的一本书就是与他们的一次近距离接触。诸葛亮未出茅庐而定三分天下，初次带兵即以老弱残兵大破曹军，此后连战皆捷，靠的都是读书。

问题3

冯仑不主张创业者看太多管理类书籍，反而建议看那些能够展现人性背后东西的故事。创业者要跟人打交道，读懂人性，了解人心，对创业道路中处理问题会有很多帮助。你觉得这种展现人性的书籍对创业者有什么帮助?

冯仑不主张创业者看太多管理类的“畅销书”，他认为这些书的存在本身就是一个悖论，满街都是管理人才，到处都是破产企业，就像到处都在卖爱情教程，可你平日里听到的却都是些不幸的婚姻。所以读这类书必须要有选择，要成系统，要有鉴别力，要找到真正的经典来读，而不是那些“鸡汤”类的口水书。这也就是“今今乐道读书会”一直倡导的“碎片时间，系统学习”，读“知识背后的知识”的读书方法。

冯仑认为创业者适合看那些能够展现人性背后东西的故事，这类书可以帮助他们了解更多现实。因为创业者主要在和人打交道，读懂人性，了解人心，这对解决创业道路中的问题的帮助更大。“今今乐道”每天读一本非虚构类书籍，在每一个知识点上除了进行理论的阐述，更注重实际案例的展示和印证，而且这些案例并不完全来自企业管理，还包含了古今中外大量的真实故事，想要向听友传递的，正是这种读懂人性、了解人心的办法。

问题4

冯仑为何把民营企业的发展比作市场经济中的张艺谋?

在市场经济的汹涌浪潮下，整个中国无论经济、社会，还是政治、文化，都发生了深刻的变革，民营企业也面临着如何从边缘走向主流，从被排挤、打压而躲避甚至反叛，转为在阳光下经营，融入市场经济主流的挑战。

张艺谋在电影界曾是一个边缘、逃避和反抗的形象，后来随着时间的推移和时代的进步，他渐渐融入电影甚至整体主流文化。

张艺谋不仅拍出众多叫好又叫座的电影，他还跨界执导西洋歌剧和芭蕾舞，创造性地策划导演实景演出《印象刘三姐》《印象西湖》等“印象系列”，还执导申奥大片、导演会徽揭幕乃至奥运开幕大典，他执导的G20晚会更是惊艳了全世界。而张艺谋本人却并不恃宠而骄，反倒更加慎言谨行，对社会、对自己都表现得更加负责，就比如前两年的“超生罚款”事件，如果放在另外的一些所谓“大牌”身上，可能不知道还会引发多少风波，但是到了张艺谋这里就是坦然地面对，平静地交钱，几乎没有任何解释和辩白。

冯仑认为，过去的二十多年来，民营企业也经历了这样一个由边缘与反叛到主流与合作的演变过程。

问题5

民营企业如何转变自己的心态和角色定位，成为市场经济中的张艺谋？

冯仑给出了下面四个方法：

第一，企业行事时不仅要从自己的角度出发，也要从更广泛的公众利益和社会发展的角度去考虑。

虽然承担社会责任，需要很大的勇气、毅力和眼光，而且要耗费很多资金，短期来看也许得不偿失。但正如康有为所说：“德成言乃立，义在利斯长”，企业勇于奉献的同时也获得了社会的尊重，长此以往，就更能保持自身竞争力，从而赚取更长久的利润。这也正应了老子那句话，即“以其无私耶，是以成其私”。一开始的舍，成就了后来的得。

第二，民营企业要自觉约束自己，将私财、私德与公财、公德很好地融为一体。

一个利益阶层的崛起，必然表现为“钱多、理大、声高、责任重”。这时，企业家就要学习张艺谋，做到慎言谨行，低调平和。

时刻提醒自己，“钱多”未必“理大”，“理大”也无需“声高”。相反，要以既得之利去承担更大的社会责任，要知道“小商得利，大商得道，得道者必得天下之利”！

第三，要简单、专注、持久和执着。

如果从头审视张艺谋的人生，我们可以看到：他就是一个导演，足够简单；他的精力几乎都用于拍摄电影，足够专精；从 1987 年导演第一部电影《红高粱》至今已 30 年，足够持久；他也是一个出了名的理想主义者，对自己的事业足够执着。

放到创业企业上来说，就是商业模式简单、一目了然；在自身领域内实现专业化；拥有长远眼光；愿景明确并且能够顽强坚持。

越简单的东西越容易活，也活得越久。所以商业模式简单、清晰，甚至比一个企业的规模还重要。

执着其实不易，其最大的动力来源于理想，而理想又源自对未来趋势和最终目标的深信不疑。所以，执着的人并不一定是最有才华的人，但必须是对未来比常人具有更深刻洞察力的人。

思维导图

《岁月凶猛》的思维导图见图 3-4。

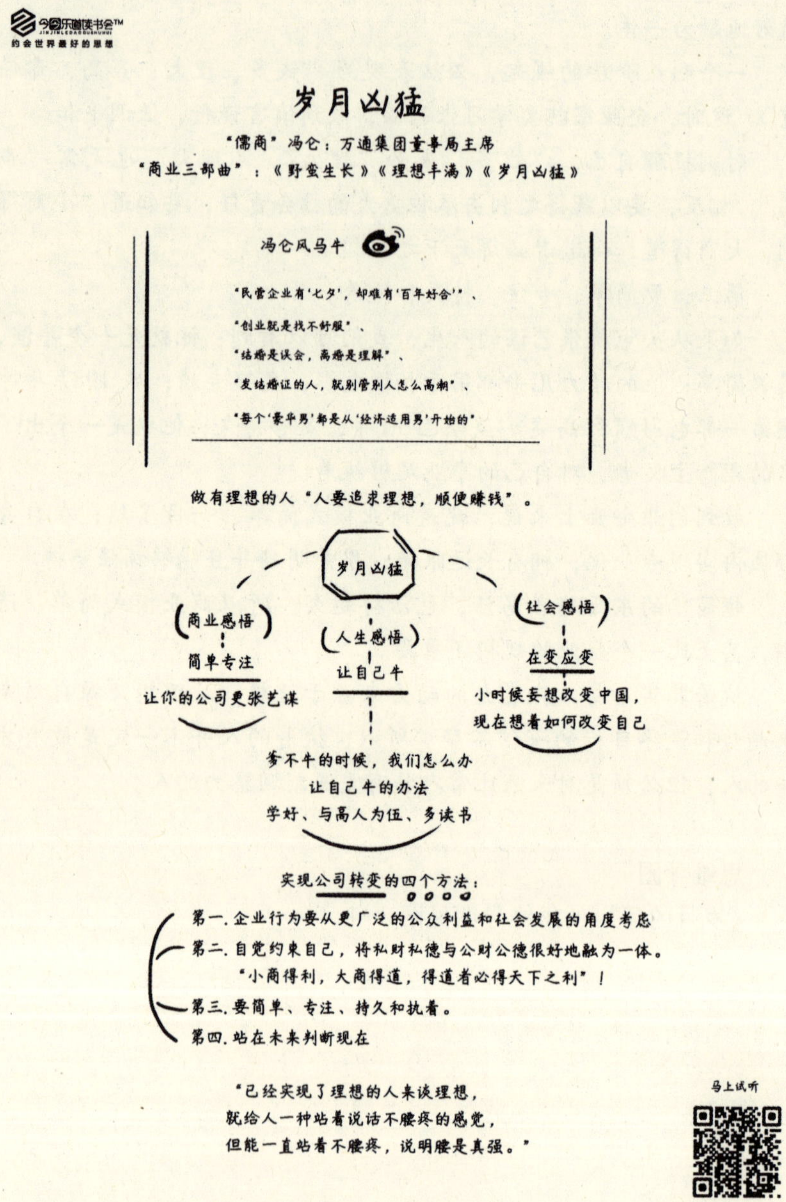
今今乐道读书会™
约会世界最好的思想
岁月凶猛
“儒商”冯仑：万通集团董事局主席
“商业三部曲”：《野蛮生长》《理想丰满》《岁月凶猛》
冯仑风马牛
“民营企业有‘七夕’，却难有‘百年好合’”、
“创业就是找不舒服”、
“结婚是误会，离婚是理解”、
“发结婚证的人，就别管别人怎么离婚”、
“每个‘豪华男’都是从‘经济适用男’开始的”
做有理想的人“人要追求理想，顺便赚钱”。
岁月凶猛
商业感悟
简单专注
让你的公司更张艺谋
人生感悟
让自己牛
社会感悟
在变应变
小时候妄想改变中国，
现在想着如何改变自己
爹不牛的时候，我们怎么办
让自己牛的办法
学好、与高人为伍、多读书
实现公司转变的四个方法：
第一．企业行为要从更广泛的公众利益和社会发展的角度考虑
第二．自觉约束自己，将私财私德与公财公德很好地融为一体。
“小商得利，大商得道，得道者必得天下之利”！
第三．要简单、专注、持久和执着。
第四．站在未来判断现在
“已经实现了理想的人来谈理想，
就给人一种站着说话不腰疼的感觉，
但能一直站着不腰疼，说明腰是真强。”
马上试听

图 3-4　思维导图

第三章《超市里的原始人》

大五人格：消费主义与消费心理的拉锯战

概要

相信很多人的朋友圈里，都有几个这样的好友，他们总是一边高喊着“再买就剁手”，一边又沉迷于“买买买”，根本停不下来。尤其是很多女同胞，每天都游荡于各大购物网站，搜索、比价、秒拍、购物，乐此不疲。看着她们货比三家、精打细算的样子，看似很会过日子，实际上呢，经常买回一大堆不实用的东西。冷静下来想想，又非常懊悔，甚至有痛定思痛、“剁手”明志的冲动，可是过不了多久，“买买买”的心又按捺不住，最后把决心忘得一干二净。

如果你觉得“剁手党”都是女性，那就太冤枉女同胞了。实际上，根据网络消费大数据的统计，男人更败家——“马云背后的男人”其实不输女人，男性的消费水平略高于女性。而且，在男性的消费中，“享受型”消费占比更高；女性的消费则以“生存型”为主。很显然，男性更爱享受。

有人拼命地“买买买”，自然也有人在努力地“卖卖卖”。提到市场营销，我们最常听到的一句话是：一定要找准客户需求。但是，不知道你有没有发现，人们在购买一件商品的时候，其实并不那么理性，甚至也不太清楚自己的真实需求是什么。

就拿悍马 H1 Alpha SUV 这款车子来说，从运输的角度看，这辆车的实用性实在不高，载客量才 4 人，转向的时候得打一个 16 米宽的弯，每 10 千米油耗高达 2 升，从 0 加速到 60 迈也得慢慢吞吞地花上 13.5 秒。而且，根据《消费者报告》杂志（Consumer Reports）的报道，它的可靠性也不是很高。那么，为什么很多人会觉得自己有购买它的“需求”呢？

而且，人们在1908年追求黑色款的福特T型车，在2006年追求“火焰红”悍马，这又是为什么？从前，美国人吃的奢侈食品是大约4美元1斤的罐装金枪鱼，今天却喜欢1斤卖到1 680美元，宣称“富含终极营养基因”的“魔法浮游生物”。人们为什么会花这么多钱购买浮游生物呢？它们可是地球上生物量最庞大的一种群体啊！蓝鲸每天都会吞下4吨重的浮游生物，如果按照1斤1 680美元的定价，蓝鲸为了这些“营养基因”，每天的消费高达1 220万美元（包括运费）。

类似的消费行为，充斥着人们的生活。如果说，消费只是为了生存，这样的成本简直是太高了；也有人说，我们购买物品是为了能在拥有和使用它的时候得到享受，但研究已经表明，“拥有”所带来的快感通常只是昙花一现。

那么，人们为什么如此热衷于“买买买”？或者说，人类最根本的消费动机到底是什么？在市场营销当中，我们究竟要怎么做，才能更准确地把握消费者的心理？

问题1

《超市里的原始人》（见图3-5）中提到大部分消费者的动机不是拥有商品，而是自我炫耀。人们喜欢自我炫耀的原因是什么？

图3-5 《超市里的原始人》

人都有自我炫耀和自我推销的渴望，人们购买商品和服务，不仅仅是为了满足生存需求，也不仅仅是为了获得享受，更重要的、也往往被忽略的是，人们在不自觉地通过消费来炫耀自己作为配偶和朋友的生物潜力。这是一种消费主义的“自恋症”。

早在1914年，弗洛伊德就提出了“自恋”（Narcissism）的概念，这个词来源于古希腊神话中的那喀索斯（Narcissus）。据说，那喀索斯长得太英俊太迷人了，他拒绝了森林女神厄科（Echo）的求爱，反而爱上了自己在水中的倒影，最终在顾影自怜中化作了一朵水仙花。

市场营销人员发现，不管自觉不自觉，人都会有目的地互相夸耀和伪装自己的个人特质和优点，至少在潜意识中是这样的。现代消费者尤其会想方设法地进行自我推销，通过自己所消费的商品和服务来互相夸大自己有多么健康、聪明和有人缘。

看看微信朋友圈就知道，有人喜欢晒事业、晒交际，有人喜欢晒旅行、秀恩爱，也有人喜欢标榜自己的音乐品味、文学偏好……为什么那么多人都喜欢发朋友圈？原因就在于，人都有一种自我展示的本能欲望，都希望自己的形象看起来更美好，希望自己看起来比实际上更聪明、更善良、更有趣、更受欢迎、更值得尊敬。包括汽车贴纸、手机壳等，其实都是一种自我展示。

书中举了一个非常有趣的例子来说明这种自我展示的倾向。假设有人站出来说，我们应该把自己的IQ分数纹在额头上。你可能认为，只有拥有超高智商的人才会自愿地把IQ分数纹在额头上。一开始可能确实是这样：只有IQ超过150的人才愿意这么做。但随后，那些IQ在125和150之间的人就会想要证明，即使自己不是天才，但也比其他大部分没有纹身的家伙聪明多了，于是他们也加入了纹身的行列。接着，所有IQ在100和125之间的人也会想要证明自己至少不比剩下的那些人愚蠢，于是也纹了身。依此类推，遍及所有的IQ区间；甚至就连智力略显迟钝的人或者他们的监护人也会尝试证明他们至少没有太傻。于是，所有的人都在额头上纹了自己的IQ分数。

当然，这只是一个思想实验。现实中人们的自我展示行为要复杂得多，而且往往喜欢夸大事实。商家也经常利用消费者的这种自恋心理来进行营销。最经典的案例大概是帕丽斯·希尔顿的自有品牌香水“Just Me”，这款香水散发出的是“唯我论”的气息，意思就是“只是我”“就是我”，不是你也不是我们——我就是我，“颜色不一样的烟火”。满足基本生存所需的商品都很便宜，而自恋型的自我刺激和社交展示商品则往往比较昂贵。

亚当·斯密就曾观察到，维持人类短期生存的两种无可辩驳的必需品，即空气和水，都几乎是免费的。如果没有它们，我们分别活不过3分钟或6天。生存几周所需的第三种必需品，即基本的素食类食物（谷物、豆类、水果、蔬菜）也都非常便宜。那么，从生存主义者的角度来看，除了空气、水和食物之外的一切都可以算得上是奢侈品。

所以说，生存的成本很低，但炫耀很贵。说到底，消费主义并不是“物质的”，而是“符号的”。它主要关注的是符号、象征、形象和品牌的心理世界，而非有形的日用品的物理世界。而且，人们倾向于炫耀自己能够承担的最昂贵的符号。

问题2

作者为什么说即使是最聪明的市场营销人员也无法完全理解，消费者通过消费真正想要展现的特质和优点是什么？

从表面上看，消费自恋让人们可以展现自己的财富、地位和品位，可是在作者看来，这些概念根本不够清晰，甚至模糊得让人抓狂。

比如说，当一个人手里攥着一大笔钱，足以购买下面任何一辆新款轿车：宝马M3、凯迪拉克CTS-V或者林肯城市，任何一款车都能够让他们展示自己的财富。但是，具有不同特质的人却更倾向于某一种车型：一位19岁的说唱明星，很可能会选择凯迪拉克；而一对75岁的老夫妇，则更可能选择林肯城市。

这是为什么呢？这是因为，不同的车型在设计和品牌上已经形成了某种刻板印象。问题的关键不在于你是什么样的人就会买什么样的车，而在于你买了什么样的车，别人就会认为你是什么样的人。

所以，在“财富”之外，还有更微妙的东西，决定了消费者的选择。而这些更微妙的东西，才是消费者真正想要展示的。在这一点上，作者认为，即使是最聪明的市场营销人员也无法完全理解消费者通过消费真正想要展现的特质和优点是什么，营销人员对于人们互相发送的信号中所蕴含的内容一知半解。

问题3

作者从心理学领域引入的“六大核心特质”理论，即“一般智能和大五人格”。它们分别是什么？

（1）一般智能：也被称为聪明度、脑力、一般认知能力或者智商。

（2）开放性：指对新鲜经验的开放程度。开放性较高的人更容易追求复杂且新奇的事物，欣然接受改变和革新；而开放性低的人更容易追求简单和可预知的东西，不愿改变，并且尊重传统。

（3）尽责性：包括自制力、意志力、可靠程度等。尽责性较高的人会追求长期目标，会兑现自己的诺言和承诺，拒绝冲动和坏习惯；尽责性较低的人更容易满足于自然的混沌，不一定非得“最佳”，他们所表现的原动力和野心也比较低。

（4）宜人性：宜人性较高的人更容易追求和谐，适应他人的需要，并保留自己的意见以避免发生冲突；宜人性较低的人更容易追求荣誉或恶名，追逐自己的需求，并大张旗鼓地表现自己的观念。

（5）稳定性：对应的是适应能力、抗压力。稳定性较高的人通常比较乐观、冷静、放松，并能从挫折中迅速恢复；稳定性较低的人就比较神经质，焦虑、抑郁、悲观，而且很难从挫折中恢复过来。

（6）外倾性：外倾性的人好交际，偏好与人共事并信任他人，喜欢做领袖，更常参加聚会，也更常饮酒；内倾性的人更孤独，容易压抑积极的感情，喜欢独自工作，不爱运动，而且也不易信任别人或者追求领袖角色。

问题4

作者为什么要引入“六大核心特征”来解释消费者的行为？

这是因为具备不同核心特征的人，根据他人需求和环境的不同，对于自我展示也存在不同的偏好和动机。而大部分市场营销人员都并不知道，“六大核心特质”能够有效地预测消费者行为。对于消费者的研究根本就没有跟上性格心理学最新发现的脚步，也没有认识到大五人格理论对消费者行为和自我展示的影响有多么强烈。

实际上，这六大核心特质对于理解消费主义极其重要，因为我们购买商品和服务时向他人展示的，正是自己的这些基础特质。

比如，购买汽车的人至少会半自觉地根据自身性格特质，在汽车广告所宣称的“品牌个性”里寻找与之相匹配的内容。他们也会随着自身六大核心特质的影响，寻求最渴望和迫切得到的重要特点。例如，宝马的品牌形象似乎就有着高智能、低宜人性、高稳定性和高外倾性的内涵。

再比如，第一批植入人体的10TB纳米神经因子真的能让购买者变得更聪明吗？其实这根本不重要，因为早期的使用者购买和展示它们的主要目的，只不过是充当智能和开放性的标识罢了。只要这种植入手术价格昂贵、被精英独享，而且得到了充分的市场宣传和实现了广泛的品牌认知，它就可以成为一种表现高智能的、可靠程度有限的高成本炫耀信号点，继而在市场上大卖特卖。

问题5

如何找到用户从未知晓的渴望，准确定位产品？

要正确定位产品，首先要了解的是，产品可以被分为两个有交集的类别：①地位型产品，展现用户想要的特质，当别人看到用户拥有它们时，可以给用户带来“地位”；②愉悦型产品，即便没有人知道用户拥有它们，但还是能激活用户的愉悦开关，让用户产生满足感。

例如，韩国品牌 Glacéau 的 Smart Water 维他命水就是一种地位型产品，尽管它实际上不过是加了一些电解质的蒸馏水，但 Smart Water 这个名字听起来就像是来自法国阿尔卑斯山的益智魔法万能药，所以它可以卖得比同等体积的日用品自来水贵上 870 倍。在可口可乐公司以 41 亿美元将其收购之后，广告中的 Smart Water 就开始与女演员珍妮弗·安妮斯顿为伴了。于是这种装在漂亮瓶子里的加了石灰石和海水的蒸馏水，配上安妮斯顿的美貌和名气，就成就了一个利益丰厚的品牌，并且拥有自己大量的粉丝。

思维导图

《超市里的原始人》的思维导图见图 3-6。

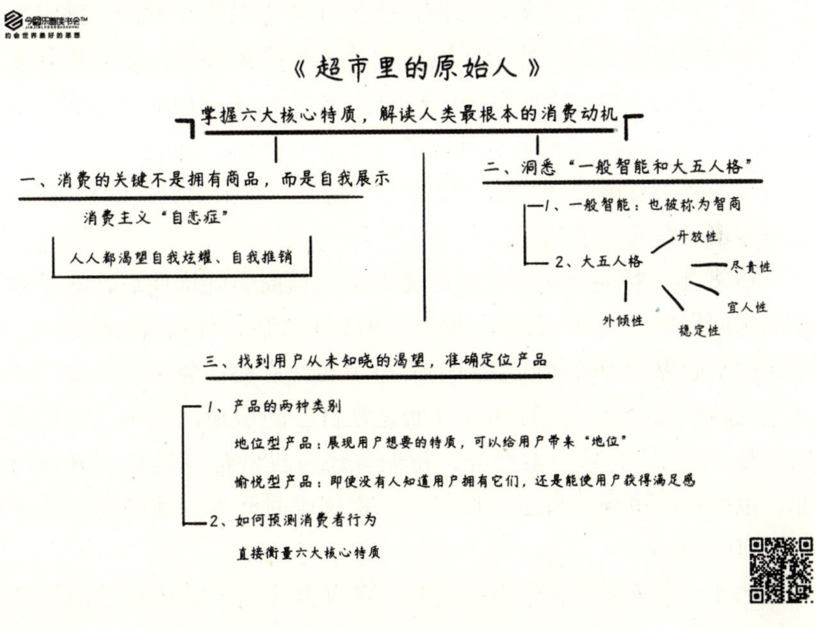

图 3-6 思维导图

第四章《特朗普自传：从商人到参选总统》

开挂人生：不按规矩出牌反而增加胜算

概要

唐纳德·特朗普，1946年6月14日生于纽约的一个房地产商人家庭，再加上典型的双子座性格（双子座的性格——无拘无束，对事物充满永无休止的好奇心，简单说就是理性但又不安分）。他从生下来就不知道啥叫低调。在历史不长的美国，他家商业基因传了三代，越传越发达，算是豪门。先是他爷爷老特朗普开餐馆，赚了些钱，从德国移民美国，完成了跳板大计。刚站稳脚跟，第二代就发扬光大，特朗普的父亲弗雷德·特朗普20岁出头开创地产公司，专门经营纽约皇后区和布鲁克林区的中产家庭住宅，赶上第二次世界大战后经济大发展的好时候，成为千万富翁。作为第三代的特朗普，更是青出于蓝而胜于蓝。

1968年，特朗普从宾夕法尼亚大学沃顿商学院毕业后，先是在他父亲的房地产公司工作了几年，1971年之后，他就开始单干了，正式进军商界，当时他的手头只有20万美元启动资金。

在随后几十年间，特朗普开始建立自己的房地产王国，人称美国“地产之王”。除房地产外，特朗普还将投资范围延伸到其他行业，包括开设赌场、高尔夫球场等。在这段时间里，他的资产一度达到30亿美金。

此外，他还涉足娱乐界，是美国真人秀《名人学徒》等电视节目的主持人，并担任“环球小姐”选美大赛主席。

2015年6月，从没担任过公共职务的特朗普，以共和党竞选者身份正式参加 2016 年美国总统选举。

2016 年 11 月 9 日，唐纳德·特朗普以 276 张选举人票数，击败竞选对手希拉里·克林顿，当选美国第 45 任总统。就像《商界局外人》中那些跨界从商的人一样，特朗普可以说是一个彻底的政界局外人，所以他从开始参选到最后入主白宫的一系列行为处处透着局外人的诡异和不可琢磨，这种“乱拳打死老师傅”的玩法，不但政界精英、政治同盟发懵，就连给他投了票的美国人民恐怕也都有点“蒙圈儿”了。

偏激、自负、高调、雷厉风行、毫无原则等，都是贴在特朗普身上的标签，甚至由于他经常爱在网络上发表见解，所以被网友戏称为“大嘴”特朗普。但是，通过他人视角或者媒体视角来观察和评判一个人，往往失之偏颇，所以，今天我们将通过这本特朗普亲笔的《特朗普自传：从商人到参选总统》（见图 3-7），来看看这个很多人眼中“不靠谱”的商人总统“靠谱”的成长经历和商业成功故事，探寻他从商人到美国总统背后的成功特质。

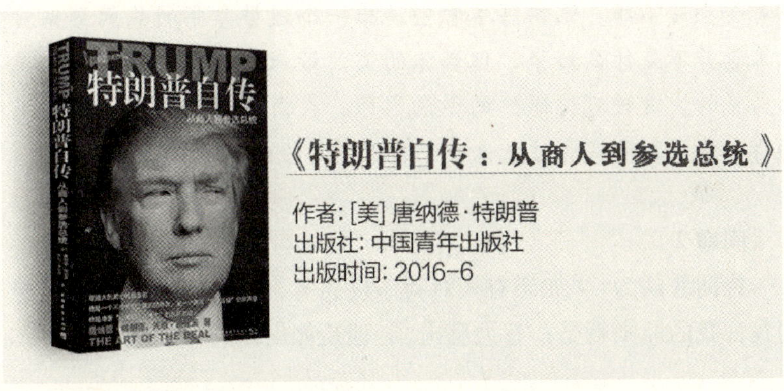

图 3-7 《特朗普自传：从商人到参选总统》

问题 1

特朗普说：“你可能拥有世界上最好的产品，但是如果别人不知道，你还是不能利用它创造价值。”为了让媒体关注他，特朗普做了哪些大胆的、与众不同的事情？

1985年，当特朗普刚买下纽约曼哈顿的一个地块时，许多人包括一些住在当地的人都不知道这个地块的存在。这对于要在这里建电视城的特朗普来说，显然很不利。为了宣传这个地方，特朗普就直接对外宣称，他将在这里建“世界第一高楼”。

消息放出去之后，媒体蜂拥而至，但都不是什么积极的报道。当时美国的著名媒体《纽约时报》《新闻周刊》报道的都是对特朗普的冷嘲热讽，一面倒地不看好他这个“世界第一高楼”的计划。当然，特朗普完全不在意这些负面的消息，他觉得重点是这个地方得到了高度的关注，这就是一笔财富。

所以不同于别的商人，特朗普是一个很喜欢在媒体上露脸的人，他始终认为有关注总是好的，得到高度的关注，这本身就是一种财富。而且不同于许多商人面对媒体时的遮遮掩掩，特朗普在媒体面前都会直言不讳。他觉得尽管塑造出一个毁誉参半的热闹形象对自己来说并不是什么好事，但媒体的关注带来的好处许多时候也是显而易见的。这种对待媒体的逆向思维，在商界并不常见，但如果运用得当的话，确实能对企业产生意想不到的效果。

问题2

特朗普认为：“如果有人对我态度恶劣，或者不公平，甚至想利用我，我的原则就是：有力反击。”他是如何做的？

1986年，由纽约市政府负责的沃尔曼溜冰场重建工程已经开工6年了，这个原定为两年半工期的项目却一拖再拖，投入了巨额资金但始终没有完成的迹象。爱管事儿的特朗普看不下去了，他先是向场馆施工人员提出建议，但被粗暴地拒绝了。这更激起了特朗普的斗志，他写了一封措辞激烈的信给市长，痛斥纽约市政府在施工管理方面的不称职，并明确表明自己可以快速、出色地完成溜冰场重建工程。

结果，当时的纽约市市长科赫不但没同意特朗普的要求，还公开说风凉话，意思就是：像特朗普你这种商人，怎么会热心溜冰场这种公共事业，你现在这么积极肯定是想从中赚点什么。这一来，擅用媒体的特朗普更不干了，很快就把事件在媒体圈曝光、发酵，市民们对沃尔曼溜冰场重建工程的低效和浪费早有怨言，于是，批评的言论全部指向市长科赫，大家反而都愿意支持特朗普这个房地产商。

最终，在舆论的压力下，特朗普得到了这个重建工程，并承诺溜冰场建好后的收入全部用于公益。这就相当于特朗普做的完全是一个吃力不讨好的公益项目，这确实让人很难理解他作为商人的这种行为逻辑。仅仅 6 个月，拖了 6 年的溜冰场重建工程就完成了，而且特朗普兑现承诺，收入全部捐给公益事业。

一个无利可图的项目，还要得罪政府，特朗普却乐此不疲。可见，他并不是唯利是图的商人，他对于自己觉得正确的事情，就会尽全力去做，即使在权威面前，也决不退缩。

能够坚持做自己想做的事，并不容易，尤其当要权衡利弊的时候，一般人肯定会首选最有利于自己而且容易做的事。不过这就很难获得真正意义上的成功，而且更容易随波逐流，最终陷入平庸。

问题 3

能够坚持做自己想做的事，并不容易，尤其当要权衡利弊的时候，一般人肯定会首选最有利于自己的事。你是如何坚持自己本心的呢?

史泰龙，大家都知道是好莱坞动作巨星，但在成功之前，他的人生经历可并不光鲜。

史泰龙出生在美国纽约市的贫民区，小时候由于母亲难产，医生误用助产钳助产，造成他的左脸颊部分肌肉瘫痪，左眼睑与左边嘴唇下垂，并且还口齿不清。父亲是一个“酒徒+赌徒”，赌输了就拿他和母亲撒气，母亲喝醉了酒又拿他来发泄，他常常是鼻青脸肿、皮开肉绽。

高中没毕业就辍学的史泰龙成了街头混混，每天得过且过。直到20岁那年，他突然醒悟了：“再也不能这样下去了，否则就会跟父母一样，成为社会的垃圾、人类的渣滓！”

干什么呢？他开始一步一步思索规划自己的人生，从政、经商显然都不适合。他突然想起自己之前有过一点儿表演经历，而且他也喜欢表演，重要的是当演员不需要太多背景和资金。虽说当演员也需要条件和天赋，但他认准了演员这条路！

于是，史泰龙来到了好莱坞，他一次次地找明星、求导演、找制片，寻找一切可能使他成为演员的人，四处哀求：“给我一次机会吧，我一定能够成功！”可他得到的只是一次次的拒绝。

“我真的不是当演员的料吗？不行，我一定要成功！”史泰龙暗自垂泪，失声痛哭。“既然直接当不了演员，我能否改变一下方式呢？”一场拳击比赛让史泰龙有了新的方向：名不见经传的小拳手居然与拳王阿里苦斗了15个回合！这给了史泰龙灵感，仅仅3天时间，剧本《洛奇》就这样被写了出来。

之后，他又拿着剧本四处遍访导演：“这个剧本怎么样，让我当男主角吧！”普遍的反映都是：剧本还可以，但让他当男主角，简直是天大的玩笑。

他再一次被拒绝了。但他不断对自己说：“我一定要成功，也许下一次就行，再下一次、再下一次……”在他一共遭到1 300多次拒绝后的一天，一个曾拒绝过他20多次的导演对他说：“我不知道你能否演好，但我被你的精神所感动。我可以给你一次机会，但我要把你的剧本改成电视连续剧，同时，先只拍一集，就让你当男主角，看看效果再说。如果效果不好，你便从此断绝这个念头吧！”最终，这位导演同意了让他出演《洛奇》，但片酬只有2.3万美元。当然，这在此时的史泰龙看来并不重要，重要的是机会。

三年多的准备，终于可以一展身手了，史泰龙自然是丝毫不敢懈怠，全身心地投入。1976年，《洛奇》上映，票房在北美达到1.17亿美元，全球2.25亿美元，成为当时的年度票房排行榜前十。

在坚持这条路上，史泰龙成功了！

问题4

特朗普最大的一个特质就是能够对事业始终保持极大的热情。那么他是如何践行这一点儿的呢？

特朗普在书中始终强调，他并不是为了钱而做生意的，因为他觉得自己赚的钱已经比实际需要的多得多，他做生意是因为自己热爱这项事业，他把事业看成是自己钟爱的一门艺术。因此，特朗普对于自己的工作始终乐在其中，他把赚钱当作是衡量自己成功的方式之一，他享受这个过程。而这，也恰恰是他能够不断取得成功的一个重要原因之一。

当特朗普的生意越做越大之后，他的事情自然越来越多，但他仍然在许多事情上亲力亲为。比如在市场调查这块，他一般都不会交给那些咨询公司，因为他觉得它们的效率还不如自己高。所以他都会亲自去反复了解具体的情况，才会最终做出决定。这种在事业上不知疲倦的热情，让特朗普在同行的竞争中，始终能够脱颖而出。

问题5

做最好的准备，做最坏的打算，这是特朗普做每笔生意时的原则。特朗普从中收获了什么？

他认为，如果你凡事做最坏的打算，并且提前想好应对措施，那么好事就会不请自来。

书中讲到，特朗普决定在美国大西洋城投资一块地皮做赌场生意。但是买好地皮之后，特朗普并没有马上施工，因为特朗普还没有拿到大西洋城的赌场经营许可证，而他做的最坏的打算就是，如果没有拿到赌场经营许可证，他还可以建成旅馆、酒店或者转手卖给其他人。虽然这样会让这块土地在很长一段时间里闲置，但却可以避免由于盲目开工却拿不到赌场经营许可带来的巨大风险。土地闲置看上去损失不小，但是风险却小得多。

在得到赌场经营许可证之后，美国另一家财力雄厚的假日酒店集团立马向特朗普提出了合作的想法，他们表示愿意出全部的建设费用，并保证5年内只赚不赔，但是要拥有赌场50%的股份。当时许多人劝特朗普不要答应这样的条件，因为太不划算了。但是特朗普认为，如果自己独自经营的话，不但要负担全部建设成本，经营失败的风险也将由自己一个人承担，而如果选择与假日酒店集团合作，只需出让50%的股份，不仅不用出任何资金，还可以极大地降低不可知的经营风险，合作是最好的选择，这就是特朗普做生意的行事原则。

思维导图

《特朗普自传：从商人到参选总统》的思维导图见图3-8。

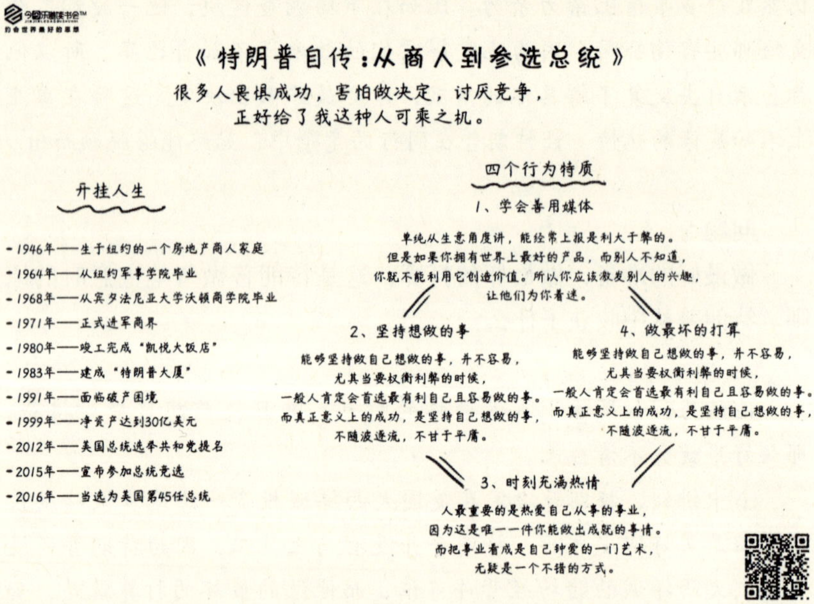

图3-8 《特朗普自传：从商人到参选总统》

第五章《指数型组织：打造独角兽公司的 11 个最强属性》

“指商”测试：你离独角兽还有多远

概要

《指数型组织：打造独角兽公司的 11 个最强属性》（见图 3-9）的作者是萨利姆·伊斯梅尔，奇点大学的创始执行理事，奇点大学被认为是比哈佛还难进的大学，旨在培养“未来的科学家”，每年有来自 120 个国家的 4 000 余人申请，录取率只有 2%。这本书被认为是指数级时代企业的行动手册，作者在书中归纳了指数型组织的 11 个强大属性，并提出了建立指数型组织的 12 个关键步骤。而且通过自己创建的一套“指数商”测试题，可以量化一个公司的指数化程度，伊斯梅尔还据此测量出了指数型组织世界 100 强。

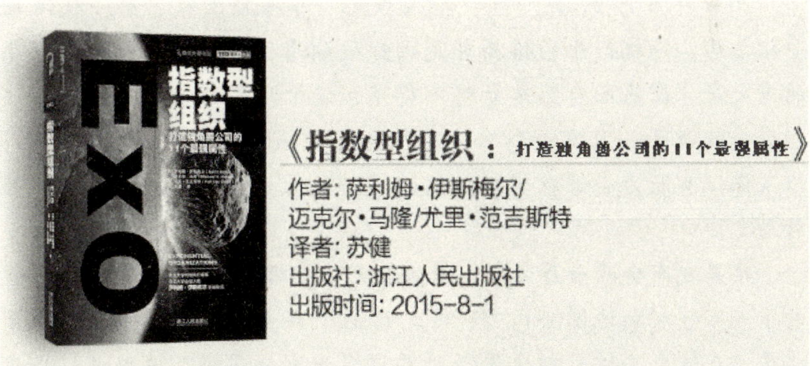

图 3-9　《指数型组织：打造独角兽公司的 11 个最强属性》

问题1

什么是线性思维？什么是指数思维？

所谓的传统线性思维，是指思维沿着一定的线型轨迹，寻求问题解决方案的一种思维方法，在一定意义上来说属于静态思维。运用这种思维经营的公司，被称为是线性组织。

而指数性思维，是指以“幂”的方式，也就是一个基数的N次方的方式思考问题，它可以让产品数量或者运营工作效果等以指数性的方式上涨，让用户以指数性的方式拓增，使内耗成本、运营成本以指数性的方式下降，其增长以“病毒式”传播。运用这种思维经营的公司，则被称为是指数型组织。

问题2

线性思维和指数思维的区别是什么？能够举例说明么？

我们都知道，造成诺基亚快速走向衰落的重要原因之一，就是苹果手机的崛起。但让人疑惑的是，诺基亚当年为什么没有做出改变呢，真的就坐以待毙了吗？当然没有。

2007年6月29日，当“苹果教父”乔布斯发布了第一代苹果手机之后，手机行业的格局算是彻底被颠覆了。当时作为手机行业的老大哥，诺基亚自然是急得不得了，这十几年的苦心经营，有可能会一朝毁于一旦啊。怎么办呢？为了抵挡住苹果革命性的产品，以及保证有能力能够在实时数据领域与谷歌一较高下，诺基亚开始行动了。

苹果发布会两个月之后，诺基亚大手一挥，斥资81亿美元，收购了一家导航和地图公司Navteq。这似乎有点让人不解了，为什么诺基亚在这个关键时刻会选择收购这么一家公司呢？按理说，诺基亚应该把重心放在手机产品上才是啊。

原来，Navtaq在当时是全球道路交通传感器行业的主导者，仅在欧洲，Navteq的传感器就覆盖了13个国家35座大型城市里大约40万千米的道路。诺基亚认为，只要控制了这些传感器，就能统治地图，控制移动及在线本地信息，而这些资产能够成为自己对抗谷歌和苹果日益增长的市场占有率的防御壁垒。

依这趋势来看，诺基亚要保住自己的地位，那是完全没问题的。但想法是好的，前提是你得成功才行。结果大家都看到了，诺基亚最后以失败告终，而打败它的竟然是同时期在以色列成立的一家名叫Waze的小公司。这家员工不足100人，硬件设施都没有的小公司，是如何把诺基亚这个“企业巨人”给打败的呢？

与Navteq大量投资道路交通传感器硬件不同，Waze的创始人选择了将位置信息“众包”出去的策略，“众包”指的是一个公司把过去由员工执行的工作任务，以自由自愿的形式外包给非特定的（而且通常是大型的）大众网络的做法。利用其用户手机上的GPS传感器来获取交通信息。在短短两年内，Waze的交通数据量就赶上了Navteq的道路传感器数量，而在四年之后，Waze的数量更是达到了对手的十倍之多。而且，Waze增加每个新设备所需的成本基本为零，更不用说Waze的用户会经常更新他们的手机，这就相当于升级了Waze的信息基础。与此相反，Navteq的系统则要花费重金进行升级。

2013年6月，谷歌以11亿美元买下了Waze。当时的Waze已经拥有了5 000万用户，更准确地说，是拥有了5 000万“人体道路交通传感器”。这样一来，自然高下立判，手机产品竞争不过苹果，数据领域又竞争不过谷歌，诺基亚彻底失去了行业领头羊的地位。

其实诺基亚输得这么惨，选错了投资对象只是表层原因，更深层原因是诺基亚的经营理念还处于一种老旧的线性思维模式中，认为庞大的基础设施能成为有效的防御手段。而现在已经是一个指数思维流行的时代了，Waze只是简简单单地利用了用户的智能手机，就直接跳过了建设基础设施的阶段。两相比较，再多的道路传感器也无法与人手一部的手机相抗衡，这就是线性思维与指数思维的区别。

问题3

指数型组织都有一个“宏大变革目标”（MTP）。比如，TED：值得传播的思想；谷歌：管理全世界的信息；Quirky：让发明触手可及；奇点大学：为10人带来积极的影响。MTP代表了公司的定位，本身就是一种竞争优势。一个不错的MTP，起决定性作用的就是目标，那么一个公司的目标必须满足什么样的条件？

MTP，英文全称Massive Transformative Purpose，意思是“宏大变革目标”。萨利姆认为，每一个指数型组织都有一个共同点，他们都有一个崇高而热切的目标，也就是MTP。这种目标对于企业来说，有着一种天然的竞争优势，它可以足够鼓舞人心，会激励员工创造出自身的社区、群体和文化。

我们都知道，在技术还没有像现在这样爆发之前，许多公司是很难做出像谷歌、阿里这样的宣言的，但如今的指数型组织却能真诚而自信地宣布自己的志向，致力于将奇迹化为现实。萨利姆觉得如果一家公司的眼界太窄，定的目标非常实际，那它就不太可能会追求能实现利润高速增长的商业战略。而且，即便这家公司误打误撞地实现了利润的高速增长，但因为过于超出自己的预期目标，它的业务规模也会很快与其商业模式脱节，并导致公司迷失方向。因此，要想成为一家指数型组织的企业，企业必须要“野心勃勃”，为自己设立一个强有力的MTP。

其实这种口号式的MTP（宏大变革目标），与战争中统帅为激发队伍士气、描绘美好愿景而喊出的口号有异曲同工之妙，都是为了鼓舞人心，并把更多的人通过梦想、志向团结到一起。下面我们来看看历史上著名的亚历山大大帝，在这方面是怎么做的。

公元前336年，马其顿国王腓力二世遇刺身亡，他的儿子亚历山大受军队的拥戴登上王位，时年20岁。他决心继承父业，实现其称霸世界的目标。亚历山大曾拜希腊著名哲学家亚里士多德为师，自幼接受希腊文化教育。他酷爱希腊文化，梦想不仅要征服世界，而且要使世界希腊化。

亚历山大继承王位之后，即着手仿效希腊人的制度，实行政治、军事改革，削弱氏族贵族的势力，加强君主的权力。他创立了包括步兵、骑兵和海军在内的马其顿常备军，并创建了当时让敌人闻风丧胆的“马其顿方阵”。亚历山大通过这些改革，使马其顿迅速成为军事强国，在平定国内叛乱和镇压希腊反马其顿起义之后，便开始了对东方的远征。在出征之前，亚历山大为了充分鼓舞队伍的斗气，喊出了他那句广为人知的战斗口号“把战争带向亚洲，把财富带回希腊”。就是这么一个极具煽动性的“宏大目标”，让亚历山大的军队在东征中几无敌手，所向披靡。

公元前331年，亚历山大率军向波斯腹地推进，寻求与波斯军主力决战。10月初，在底格里斯河东岸的高加米拉以西与波斯军主力对阵。此时的大流士集结了来自24个部族，号称百万的强大新军，而亚历山大的军队仅有步兵4万，骑兵7 000人。双方展开了激烈的骑兵战和肉搏战。结果波斯军惨败，大流士逃遁，亚历山大乘胜南下夺取巴比伦，占领波斯都城苏萨和波斯利斯，摧毁了大流士政权，掳掠金银和其他战利品无数。

公元前330年春，亚历山大引兵北上追击大流士，大流士被其部将谋杀，古波斯帝国及阿契美尼德王朝灭亡。马其顿军队征服了波斯的全部领土，一个横跨欧、亚、非三洲的亚历山大帝国建立起来。

如果把亚历山大帝国比喻成一个企业，那它毫无疑问就是一个指数型企业，而它的战斗口号“把战争带向亚洲，把财富带回希腊”，就是企业的MTP。

问题4

指数型组织具备的五大外部属性——SCALE，分别是什么？

1. 随需随聘的员工（Staff on Demand）

对任何指数型组织而言，随需随聘的员工是在快速变化的世界中实现速度、功能和灵活性的必要特性，利用组织根基之外的人员，是创造和运营一家成功的指数型组织的关键之处。这就有点类似中国古代普遍实行的募兵制度，在当时，军队的士兵在和平时期就是普通的老百姓，参与正常的农业生产，国家不提供粮食和俸禄。而到了战争时期，官府再把这些种田的农民征集起来，用于作战，这就是一种随需随聘的方式。这种做法，不仅大大节约了人力成本，而且还促进了农业和生产，额外创造了更多的价值。

2. 社群与大众（Community & Crowd）

如今的互联网正在创造出基于共同属性的社群，相同目的、信仰、偏好、需求和其他特性的人聚在了一起，而这些都与实体无关。对于一个组织或企业而言，其社群就是由核心团队成员、经销商、用户等组成的。“大众”则可以被理解为在这些核心层次之外的所有人。

对于指数型组织而言，其外部关注点就是成千上万人组成的社群和数百万乃至数十亿人组成的大众，他们将最终成为公司本身的扩展和延伸。

3. 算法（Algorithms）

当今世界很大程度上就是依赖于算法的，如果离开了算法，我们可能就无法处理许多复杂的问题了。同样的道理，将来，几乎所有的商业洞察和决策，都将是数据驱动的。由于算法远比人类更为客观、灵活且规模可控，因此算法不仅是未来商业的关键，而且对致力于驱动指数型增长的组织而言，也是至关重要的。

4. 杠杆资产（Leveraged Assets）

现今的信息时代，让企业在使用资产方面发生了巨大变化，不仅可以随时随地使用他们，甚至都无须真正地拥有它们。因为技术让企业不仅能在本地，而且能在全球范围内轻松无障碍地共享和扩张资产，比如私募、众筹等。这种做法，不但让指数型组织可以在包括战略在内的各个方面保持灵活性，而且由于省去了管理资产所需的人员，就能以令人难以置信的速度进行扩张。

5. 参与（Engagement）

最近几年，吸引用户参与的方法已完全信息化、具体化和社交化了。参与的途径也变成了数字接待系统、游戏和积分，这些都可以让企业即时知道用户的反馈情况。而由于在参与过程中，有了创新性更强的想法和顾客与社群的忠诚度，这又转而让组织得以实现更快的增长。

问题5

指数型组织的五大内部属性——IDEAS，分别是什么？

1. 用户界面（Interfaces）

所谓用户界面，就是企业对外的门面，也是企业和用户实现对接的重要媒介。好的用户界面会让流程的效用和效率更高，并降低出错概率。如果一个组织想要实现无缝扩张，尤其是在全球范围内扩张，那么，用户界面是极其重要的。

2. 仪表盘（Dashboards）

指数型组织需要量化的方法来衡量和管理组织，我们称之为实时仪表盘，它可以让组织内的每一个人都能了解公司和员工的关键量化指标。这将有利于实时地集成并归纳个人和团队的评估结果，避免微小的失误迅速演变成严重的后果。

3. 实验（Experimentation）

通常来说，经过适当筛选的、自下而上的创意，总是比自上而下的命令更为优秀。而持续不断的实验是使这些创意落地的最好方法。

4. 自治（Autonomy）

自治是指组织内部的自组织和自发动。指数型组织的内部管理方式，已不再是传统的内部层级管理，而是由很多自我组织的跨专业团队和从本质上去中心化的管理层组成。从远程办公到外包再到扁平的虚拟组织，员工自治已成潮流。

5. 社交技术（Social Technologies）

社交技术有效地推动了老旧的模拟式商业环境，向更为数字化、低延迟的环境转变。社交技术的进步使得组织的亲密度提高了，决策的耗时降低了，知识水平和范围都提高和扩大了，抓住机遇的成功率增加了。简而言之，社交技术让实时的零延迟企业即构思、接受和实现三者之间不浪费任何时间的企业变为可能。

思维导图

《指数型组织：打造独角兽公司的11个最强属性》的思维导图见图3-10。

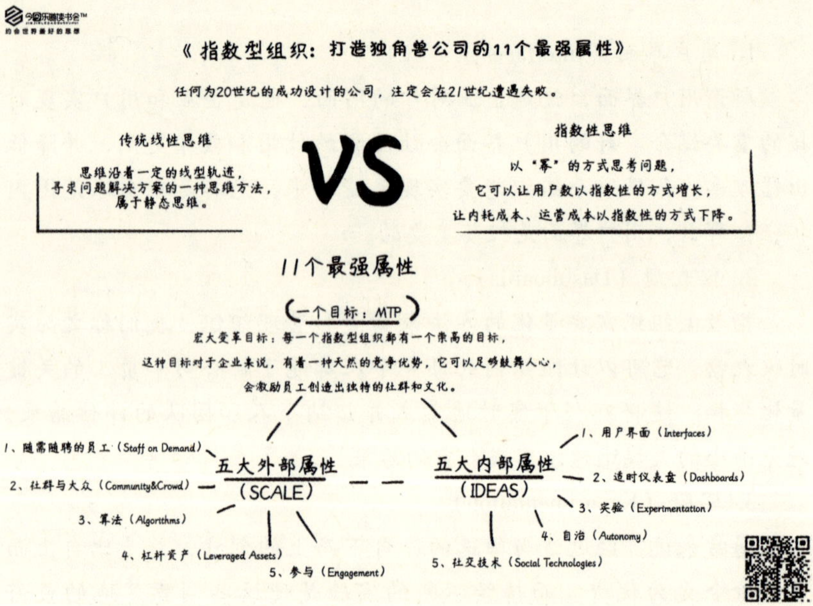

图3-10 思维导图

第六章《创业者手册：教你如何构建伟大的企业》

步步为营：避免你的企业在婴儿期就突然死亡

概要

有句玩笑话，是这么说的："如果你爱他，送他去创业，这里是天堂；如果你恨他，送他去创业，这里是地狱。"

说创业是天堂的，都是出自媒体之口，在他们的报道下，凸显的尽是"创业家精神"，弘扬的都是"创造财富"。一流的创业家高傲地走向中国商界的好莱坞，展示他们是如何颠覆传统、创造商业资本传奇、一步步实现财富的"中国梦"。而剩下的那些，就如同专业陪跑奥斯卡 22 年的小李子，想着终有一天我也能拿到小金人，成为最佳男主角。

说创业是地狱的，人家也绝非妄言啊。不然吴晓波《大败局》系列中的种种案例，都是凭空捏造出来的吗？在这个创业的圈子里，到处都是："眼看他起高楼，眼看他宴宾客，眼看他楼塌了，眼看他树倒猢狲散。"创业失败的案例不少见，只是"年年岁岁花相似，岁岁年年人不同"。

总之一句话：创业不易，且行且珍惜。

那么问题来了，怎样才能创业成功？如果你还有着"世界那么大，我想去看看""生活不止眼前的苟且，还有诗和远方"的理想，就跟着我们一起来读今天的这本《创业者手册：教你如何构建伟大的企业》（见图 3-11），帮助你解决当下在创业过程中遇到的难题。

这本书的第一作者是史蒂夫 · 布兰克，"精益创业"运动的发起

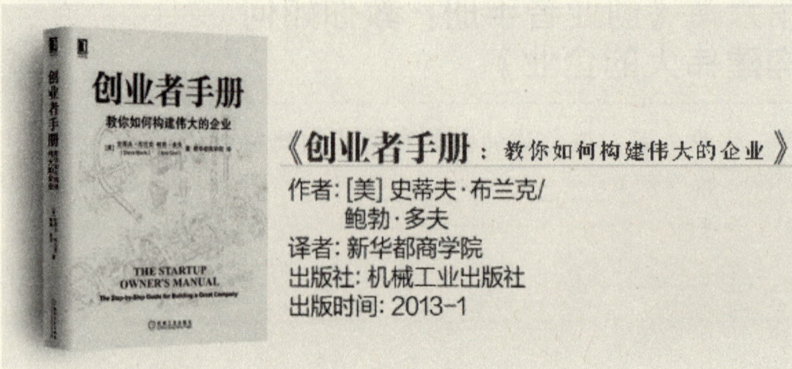

图 3-11　《创业者手册：教你如何构建伟大的企业》

人，折腾了 8 家创业公司的创业者。他联合折腾了 7 家创业公司、几十次投资企业的鲍勃·多夫，共同合著的这本书，是面向初创企业的实用指南，启发我们不要生搬硬套成熟企业的管理模式，帮助我们找到适合初创企业的成长路径。

问题 1

为什么说初创企业并非大企业的微缩版？如何理解这句话？

有些父母教育小孩子的时候，总是会说“你怎么那么不懂事啊”之类的话。可是小孩子不是大人，这不仅仅体现在他们之间的年龄差距，从大脑发育、思维成熟等方面来说，小孩子都无法与成年人相比。

同理，初创企业也不是大企业的微缩版，如同小孩子的成长一样，初创企业的成长需要不断地“探索+迭代”，并在这个过程中找到可升级、可重复和可盈利的商业模式。也就是说，大企业的商业模式已经经过了探索阶段，它的客户、产品、盈利模式都是现成的；而初创企业一切都是未知的，只是从创始人的理想和信念中诞生出来的一个临时组织，它的客户、产品、市场和商业模式都存在很大的不确定性。就算有商业模式，也只是一块描绘着创意和猜想的画布，既没有客户细分，也没有任何客户信息。

这里有一个很好的案例，说明为什么初创企业不是大企业的微缩版，更不能照搬成熟企业的商业模式发展自己的初创公司。

20世纪初，一种以产品为中心的开发模式几乎风靡了全球，这种传统的“新产品导入模式”详细说明了怎样把新产品一步步交付到客户手中。

首先，新产品从“开发阶段”进入“客户测试阶段”（内部/外部公开测试）；其次，产品工程师根据测试得到的“反馈信息”，修改技术问题；最后，进入“产品发布”和“首次客户交付”阶段。

但是初创企业在应用这一“新产品导入模式”时，往往忽略了一个重要前提，这种模式只适用于那些已明确客户群体、产品特征、市场范围和竞争对手的成熟企业。

相比之下，没有几家初创企业符合这些前提，有的初创企业甚至连自己的客户是谁都还没搞清楚。尽管如此，许多初创企业还是坚持利用这种模式来管理自身的产品开发流程，甚至以它为路线图去寻找客户。结果就是，在这个不相匹配的路线图的指引下，许多初创公司前赴后继地葬身火海，却还茫然不知。

Webvan公司就是其中的一个。这是一家成立于1996年的美国的生鲜O2O企业。它在成功筹集到史上最大一笔投资（超过8亿美元）之后，便耗资4.5亿美元打造了网上杂货零售业务，号称可实现“订购当日上门交货服务”。

特别值得一提的是，Webvan非常热衷于应用传统的“新产品导入模式”，而且坚信当时非常流行的管理思路，如“先发制人优势”和“跑马圈地经营”。

在资本的大力支持下，Webvan很快便建立了面积巨大的自动化仓储中心，购买了大量货运卡车，而且推出了简单易用的网站页面。此外，还从咨询行业聘请了管理经验丰富的首席执行官。无论如何，这都是一个看似非常完美的商业计划。然而就在Webvan首次公开募股（IPO）的两年之后，公司宣布破产了。两年时间，烧掉12亿美元——那是在2001年。这成为美国创业史上灾难级的失败，在此后相当长的一段时间里，没有一家投资公司愿意再为O2O生鲜项目投钱。这也是20年前就开始的美国在线生鲜行业，现在反而落后于中国的重要原因。

那么，究竟是什么原因造成Webvan在短短时间内就崩盘呢？

Webvan在投入运营的最初6个月内，成功获取了47 000位新客户，然而每天的活跃用户只有2 000个，流失率达到95.7%。如果Webvan不能快速挖掘更多新客户，同时努力降低过高的客户流失率，将会面临一个很大的危机。然而，和所有的初创企业一样，Webvan坚持按照既定的商业计划执行，持续地加大投资力度。

此外，Webvan还聘请了开发、营销和产品管理副总监。在首次客户交付仅仅60天之后，这3位副总监就招聘了50多位员工。公司的一切活动都围绕着既定的销售和营销战略展开执行，而不是把重点放在听取客户意见和探索客户需求上。

归根结底，Webvan失败的原因就是没有准确定位自己的“客户群体”，这才是导致它最终失败的关键原因。也正是这一点，让久经验证的“新产品导入模式”失灵，让投资数亿美元的企业坠入深渊。

问题2

一家企业刚成立时，其实是没有太多用户的，除非他是某个领域的专家，否则只能对客户群体、客户问题和商业模式等做出初步假设。可以说初创企业在成立之初只是一个建立在假设基础上、以创始人个人信念为支撑的项目。那么要想将这些假设或猜想尽快变成事实，需要怎么做？

创业公司最重要的一件事就是要做好产品定位，做好这一步的关键就是要了解客户的需求，而关于客户的真实情况存在于客户工作和生活的地方。这就要求创始人必须走出办公室，深入客户中间了解情况，甚至体验客户的工作和生活，这样才能够精准描述客户的具体遭遇和行为。这个步骤其实就是“客户探索”。作者特别强调的是，客户探索的工作必须由创始人亲自完成，不能由员工代劳。

娃哈哈 CEO 宗庆后，就是数十年扎根市场的典型。甚至有人评论宗庆后说，“他不是在客户公司的会议室里，就是在去客户公司的路上。”

2017 年 3 月底，有人在武汉机场偶遇 72 岁的宗庆后，看到他不带助理孤身一人，坐经济舱在大厅候机。每年的这段时间都是宗庆后最忙碌的时候，他总是在全国飞来飞去跑市场。从省级经销商到市级经销商甚至到业务员，他都会一一召集他们开销售会议。

去年浙江卫视“大牌对大牌”节目采访宗庆后的办公室现场，地上整齐排列着行李箱，办公桌上放着不知品牌的散装豆腐乳。一年 365 天，几乎天天都在工作，常常是吃住都在公司，全国各地到处跑，扎根一线市场，目的就是了解客户最真实的需求，产品的核心竞争力才能逐渐提高。

那么为什么非得创始人亲自去收集这些信息呢？这是因为，重要客户的反馈往往是随意、无法预测的，员工很少能认真听取客户反馈，就算向上级汇报，往往也得不到重视。创始人很容易把他们的发现当成“道听途说”，从而忽略重要的反馈信息。所以说，只有企业创始人才能获得真正的客户反馈，及时做出反应和决策，从而修正或调整商业模式以适应公司的发展。

问题 3

为什么创业初期，企业不能贪大求全，而是要开发“最小可行产品”？

初创企业的资金、人力等都是极其有限的，所以创业初期，不要贪大求全，要明确和坚决执行开发那些最重要的、最不可或缺的产品特征，即“最小可行产品”。这种开发的目的并不是搜集特征需求改变产品，而是把这些产品放在客户面前，确定企业是否真正了解客户的需求，能否找到解决问题的核心要素。然后，用这个“最小可行产品”去客户中间测试，不断收集客户反馈，快速迭代更新，从而拿出更好的解决方案。

当然，大多数用户还是希望得到经过完整开发出来的产品，但是最早的第一批用户却是“最小可行产品”的目标用户。因此，企业必须对初次发布的产品进行量身定制，从而满足早期用户的需求。一旦有客户认为你的“最小可行产品”缺乏吸引力或者无法满足他们的需求，你就必须对产品进行迭代和更新，直到得到大多数用户的认可。

小米创立初期的做法就有些类似。在小米手机之前，国内高端市场被苹果、三星、HTC等国际知名品牌手机市场占据。由于价格高昂，许多消费者，尤其是青年消费群体对这些产品望而却步。而小米，正是瞄准了这一市场，打算生产一种高性价比的手机。

小米根据市场调研，将目标人群锁定为年龄20到30岁的青年人群，尤其是大学以上学历背景的白领人群，因为他们已经成为消费电子产品的主力军。这类人群对电子产品有着浓厚的兴趣，也较为熟知。

此外，小米让消费者（尤其是发烧友）参与开发，每周五发布新版本供用户使用，开发团队根据反馈意见不断改进，此后的米聊和小米手机皆如此，而且还鼓励用户、媒体拆解手机。

最终，“为发烧而生”的设计理念、高端的做工、舒适的手感、处理器的性能出色、稳定的MIUI系统，加上高性价比，小米手机一出现，就引发了一场手机界的革命。

小米手机在第一次开放购买时，仅3个小时，10万库存便售罄了，这使得不少凌晨就起来排队，但却没有买到手机的用户感到非常不满。

问题4

根据产品和市场的相互关系，企业的市场类型可以分为几种？

根据产品和市场的相互关系，目前企业的市场类型主要是有以下四种情况：

1. 现有市场

如果你的产品进入的市场已经存在，有大量竞争对手，那么你面对的是现有市场。在这种市场下，对初创企业来说，由于客户群体已经存在，所以营销活动就相对比较容易。新产品的运行速度、更新迭代会相对更快，解决问题的成本也相对低廉。但相对应的，市场已经接近饱和，竞争相对比较激烈，想要成为领头羊已经不太可能了。

2. 重新细分市场

如果在现有市场中，你发现有部分客户群体愿意专门购买那些特殊定制的产品，或者愿意用很低的价格购买性能还可以的产品，那么你的企业可能是在重新细分市场。

当你发现竞争对手太强，没法正面交锋，如面对亚马逊、Facebook或微软这种行业巨头时，就可以考虑弯道超车的方法以发现竞争对手尚未涉足的市场机会。当然，初创企业对市场和客户的认知，是重新细分市场的基础。

3. 创建新市场

如果你进入的是没有明确定义的市场，在那里没有现成的客户，也没有竞争对手，那么你需要为产品创建新市场。在这种情况下，初创企业成功的机会是很大的。摩拜、ofo就是赶上了共享经济的大潮，他们两家几乎拿下了共享单车整个市场。

4. 克隆市场

如果是把其他国家已经得到成功验证的市场复制到本国来，那么你就是在克隆市场。这种方式其实是一种非常有效的市场战略。初创企业可以通过采用、借鉴或者复制其他国家成功的商业模式，从而针对本地市场的语言、购买偏好，量身定制适合自己公司的商业模式。例如，百度、搜狗就是谷歌的复制品；QQ空间、人人网则是中国版的Facebook，而滴滴、快的则是中国版的Uber等。

通常情况下，初创企业会进入上述四种市场类型中的一种。一旦选择了错误的市场类型，往往会对客户的获取造成严重影响，甚至可能会陷入万劫不复的深渊，最终导致公司破产。

问题5

什么是可逆型决策？什么是不可逆型决策？创始人应该如何抉择？

初创企业的决策可以分为两种：一种是“不可逆型决策”；一种是“可逆型决策”。“不可逆型决策”就像解雇员工、发布产品，决定一旦做出，就是一个很难或者无法扭转的问题。“可逆型决策”，如同技术中出现bug，可以通过系统修复漏洞。也就是说，这个决定虽然经过证明是错误的，但是可以及时调整，让问题在比较短的时间内恢复原状。

谁都不可能做到完美的决策，但是优化决策，即使局部错误，也可以通过快速复盘，使得决策成为“可逆型决策”。当然，初创企业应当在管理层会议，或者公司内部会议决策结束前，制定可逆型决策，这样可以确保万无一失。

例如，明朝的中央司法机构是刑部、大理寺、都察院。国家重大案件，通常由三法司会审。“刑部受天下刑名，都察院纠察，大理寺驳正。”在这种比较完善的机构下，做出的决策一般不会有重大失误，即使是有小的失误，通过都察院和大理寺的纠察、驳正，也能挽回，将损失控制在最小范围。

当然，失败的决策也不在少数，创业成功必须经过的道路就是失败。这里的失败，并非全盘的失败，而是短期的战术失败。这就意味着，成功的创业者必须懂得从失败中学习，吸取教训，然后快速做出调整。调整的过程可能会很复杂，甚至会涉及目标客户或者用户群体的变更。这就更需要创始人在做出决策时，不但要对企业负责，更要对客户负责。

著名团购网站Groupon公司经过对原有业务的调整，最终以120

亿美元成功 IPO 的故事，就是一个典型的可逆型决策案例。

Groupon 的前身是一家名为 The Point 的服务性网站，帮助人们一同参与游行、抗议和罢工等社交活动，通过集体的力量解决个人遇到的问题。但因为无法吸引到足够多的用户注册，难以实现商业盈利，公司很快便陷入财务危机。

尽管 The Point 失败了，但是网站创始人梅森在网站运营过程中积累了大量的用户数据。经过数据分析，梅森注意到在 The Point 上，用户参与度最高的活动是团购，于是他决定对公司原有业务进行一次大调整，把精力集中在团购业务上。随后，梅森为网站起了新名字——Groupon，即 group（团体）和 coupon（优惠券）两个词的组合。

2008 年金融危机爆发，但对于 Groupon 来说，这是一个千载难逢的机会。危机爆发后，消费者的消费欲望大幅下降，商家积压了大量库存，而团购则恰恰能刺激消费和迅速解决库存。于是，Groupon 刚刚推出，便受到了商家和消费者的大力追捧。

Groupon 很快进入了一个快速发展期。两年多的时间，业务已经扩展到 35 个国家和地区，在全球遍地开花。2009 年第三季度时，Groupon 注册人数不足 10 万，而到了 2011 年第二季度，注册用户超过了 1 个亿。此外，公司的销售额从 0 到 5 亿美元只用了 18 个月，当时还没有哪家创业企业实现过如此高速的增长。2011 年 4 月，Groupon 向美国证券交易委员会（SEC）提交上市文件，虽然几经波折，但最终在 11 月成功上市，公司估值达到 120 亿美元。

创始人要时刻保持警惕，一旦做出“不可逆决策”的情况，就要进行快速调整，适应市场和用户的需求。优秀的初创企业创始人总是毫不犹豫地进行调整。当商业模式假设出现问题时，他们从不隐瞒，而是积极承认问题并迅速做出响应。

思维导图

《创业者手册：教你如何构建伟大的企业》的思维导图见图 3－12。

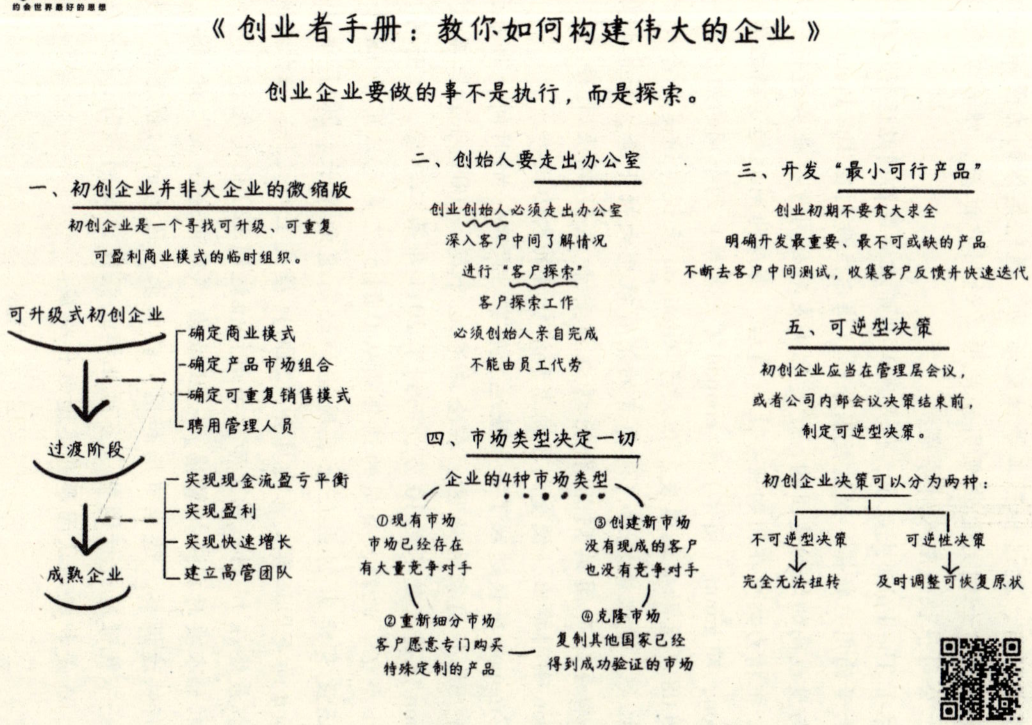
《创业者手册：教你如何构建伟大的企业》
创业企业要做的事不是执行，而是探索。
一、初创企业并非大企业的微缩版
初创企业是一个寻找可升级、可重复
可盈利商业模式的临时组织。
可升级式初创企业
确定商业模式
确定产品市场组合
确定可重复销售模式
聘用管理人员
过渡阶段
实现现金流盈亏平衡
实现盈利
实现快速增长
建立高管团队
成熟企业
二、创始人要走出办公室
创业创始人必须走出办公室
深入客户中间了解情况
进行“客户探索”
客户探索工作
必须创始人亲自完成
不能由员工代劳
三、开发“最小可行产品”
创业初期不要贪大求全
明确开发最重要、最不可或缺的产品
不断去客户中间测试，收集客户反馈并快速迭代
四、市场类型决定一切
企业的4种市场类型
①现有市场
市场已经存在
有大量竞争对手
②重新细分市场
客户愿意专门购买
特殊定制的产品
③创建新市场
没有现成的客户
也没有竞争对手
④克隆市场
复制其他国家已经
得到成功验证的市场
五、可逆型决策
初创企业应当在管理层会议，
或者公司内部会议决策结束前，
制定可逆型决策。
初创企业决策可以分为两种：
不可逆型决策
完全无法扭转
可逆性决策
及时调整可恢复原状

图3–12 思维导图

第七章《增长黑客：创业公司的用户与收入增长秘籍》

越过冷启动：打开多线程思维

概要

相信很多人坐地铁的时候，都遇到过这样一群创业者，他们拿着手机，挨个让乘客扫二维码。哪怕你再三拒绝，人家还是不依不饶，继续给你介绍一种神奇奶制品，据说“一喝就瘦还不反弹”，有时候甚至还会说“哎呀，你都这么胖了怎么还不减肥呢?”诸如此类，让我们这些胖子相当不舒服的话。

的确，这事让很多人觉得闹心，我自己特别有感触。当然，这里边其实也折射出一个特别残酷的事实：初创企业想要获取用户，实在是太难了！

你看人家成熟的大公司怎么做推广的？各种资源信手拈来——直接买断广告位，电视、电梯、地铁、高铁，无孔不入；再加上自家的客户端，动不动就上亿的装机量，推送个广告弹窗不过是举手之劳，想上个头条那是分分钟的事儿。更别说像马云这种“流量明星”，本身就是个大“IP”，有事没事，找天后王菲合作一首《风清扬》，就能轻松刷爆朋友圈；“天猫双 11 晚会”更是明星云集，有俄罗斯网球巨星莎拉波娃、世界足球先生路易斯·菲戈、篮球巨星勒布朗·詹姆斯等，更别说国内的一线明星比如章子怡、吴亦凡、关晓彤……一抓一大把；再加上各种超前的高科技元素，比如天猫精灵机器人、CG+AR……彻底燃爆网络、赚足眼球。

但初创公司可没这么大的能量，也烧不起这钱啊。现在做互联网营销，获取客户成本越来越高，获取一个真实点击，成本1块钱左右，获取一个真实用户，成本居然要80块！

如果你也在为这事揪心，那这本《增长黑客：创业公司的用户与收入增长秘籍》（见图3-13），你可真得好好读读。它还有个副标题，叫“创业公司的用户与收入增长秘籍”，书里介绍了一种适合初创团队的产品营销推广方式，这种方法如果运用得当，能让你“四两拨千斤”，以最少的投入释放出巨大的能量。

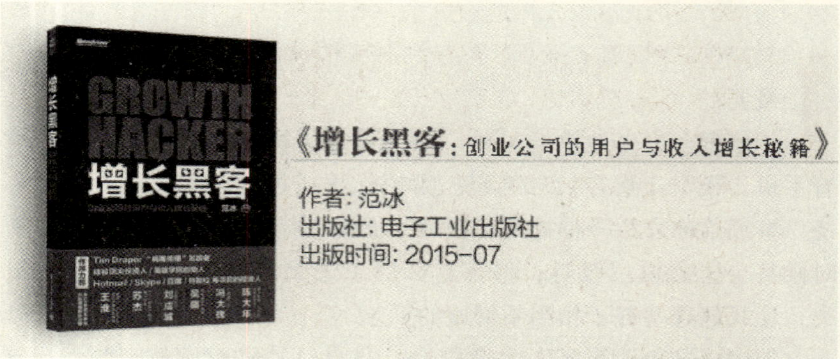

图3-13　《增长黑客：创业公司的用户与收入增长秘籍》

问题1

什么是增长黑客？

从字面上看，“黑客”，是技术水平高超的电脑专家；“增长”，指的是用户的增长。连在一起，“增长黑客”就是：擅长借助技术手段实现用户增长目标的超级专家。

这么说可能还是有点抽象。这样，咱们先来认识一位“增长黑客”中的大牛：安迪·琼斯（Andy Johns）。安迪·琼斯这个名字你可能没听过，但他效力过的几家公司，你肯定有所耳闻，如：Facebook、Twitter、Quora（问答社区，相当于美国的“知乎”）。

2008年，安迪·琼斯加入Facebook，负责用户增长。但当时他也没什么经验，结果一进公司就傻眼了——扎克伯格居然给他定了个“不可能完成”的指标：必须在12个月内获得2亿新增用户！安迪·琼斯十分焦虑，但仍竭尽全力。很快，他就发起了一个深度研究项目，要求团队必须吃透Facebook海量的用户行为数据，目的是全力以赴、找出驱使用户注册以及持续使用Facebook的因素。

功夫不负有心人，还真让他们找到了突破口。而且方法之巧妙，绝对能让你领会到什么叫“四两拨千斤”，什么叫“以最少的投入，释放出巨大的能量”。

所有的秘密，其实都在一个不起眼的“博客小挂件”上。安迪·琼斯只不过开发了一个博客小挂件，上面带有用户的Facebook基本资料，用户只需要把挂件的代码粘贴到自己的公共主页或者博客上，就可以对外展示、炫耀。这简直就是用户自发动、高品质、个性化的“病毒营销”。结果，就是这个不起眼的小挂件，每个月都为Facebook带来了几十亿的展示量、上千万的点击量和百万级的注册量。而且，随着用户的迅速增长，就像滚雪球一样，越来越多的人愿意在自己的博客网站上贴出小挂件，以争取更多的好友和互动。

接下来，Facebook低价收购了一批来自第三世界国家的通信录服务提供商，很快就拿到了潜在用户的E-mail地址，并通过电子邮件进行精准的广告推送。整套增长策略获得了空前成功。不到半年，Facebook的全球独立访问用户就超过了1.2亿人，页面浏览量高达500多亿次，首次超过了竞争对手——老牌的社交网站Myspace。

2010年，安迪离开了Facebook，被当时同样如日中天的Twitter招至麾下。他很快就注意到，Twitter最早的登录页面过于杂乱，既有热门话题，又有用户头像、搜索框等，最重要的注册和登录按钮却被挤在一个极不起眼的角落里。安迪接手后，立马就对登录页面进行了大刀阔斧的改造：砍掉热门话题和搜索框，缩小用户头像，精简文案，把需要重点突出的登录注册区域扩大到整个页面的三分之一。这一回，又是“四两拨千斤”。新页面上线后，效果立竿见影，不到24小时，用户注册率就提升了大约250%。

从安迪·琼斯身上，我们大致可以看出，增长黑客是这样一群人：他们既懂技术，又懂用户心理，并且擅长发挥创意，能用低成本手段解决初创公司产品的早期增长问题。在外人眼里，他们就像是极客、发明家和广告狂人的合体。

目前，“增长黑客”已经成为互联网创业领域的新风潮。据统计，全球有70%的高科技公司都设置了“增长黑客”或者与之类似的技术营销岗位。一个合格的增长黑客，必须真正懂得产品的核心价值，而且能用最简单的语言描述这个产品是什么、解决什么问题，在此基础上才能清晰定位有关增长的问题。而增长的对象不仅包括用户量的累加，更囊括了产品生命周期中各个阶段的重要指标。

问题2

对于一个公司来说，获取用户是很关键的一步，对于获取用户而言，最重要的是早期种子用户的筛选，因为早期种子用户的质量将决定产品初期的氛围、运营走向，影响产品日后的发展策略。那么这个筛选指标是什么？

从零开始导入第一批用户，这是每个初创公司都必须经历的阶段。第一批用户我们称之为“种子用户”，而寻找种子用户的过程，我们称之为“冷启动”。种子用户的质量至关重要，一旦冷启动解决不好，就很可能会给后续运营埋下隐患。

在获取种子用户的问题上，“知乎”早期的发展策略就非常典型。在互联网创业圈里，很多人都信奉“得屌丝者得天下”，知乎却反其道而行之，坚持要走精英路线。早期的知乎不提供开放注册，也就是说，只有受到邀请的人才能登录和访问知乎。知乎采用了严格的邀请和审核机制，让李开复、徐小平、雷军等互联网大佬以及一批投资圈、媒体圈的从业者成为了它的种子用户。这就从根源上奠定了知乎的调性，也使得它在圈内迅速成为话题产品。而有幸受邀加入知乎的用户对自己的言行也都非常谨慎，从而创造了一批高质量的内容。

其实这种做法有点类似中国古代的文人雅集，也就是文人雅士吟诗作对、探讨学问的集会，比如东晋的兰亭雅集、宋朝的西园雅集、《红楼梦》里的海棠诗社等。这些组织首先就设定了高门槛，不是随便什么人都能加入，反而让这些群体具有了某种神秘色彩，让人心生向往。

不过，知乎的策略虽然巧妙，但显然不是谁都能用。有时候，我们还是得用“最笨的方法”，沉下心来走近用户，稳扎稳打地去完成一件件“脏活累活”。

比如网易旗下的有道云笔记，在推出协作版的时候先拉来公司内部的50个员工，每天高强度地使用自己的产品，然后不断地反馈问题，不断地提需求。在产品基本成型之后，又发布了小范围的试用版，邀请将近100位意见领袖和旧版本的核心用户进行体验。之后发布公测版，又通过论坛和邮件发出内测邀请，在一天之内就收到了14 000多个参与测试的请求。这些参与测试的用户在专门搭建的反馈协作群里提问质询，产品经理和技术人员实时回复解答。这种“笨方法”收效显著，这批种子用户后来成了有道云笔记的义务推广员，就连骨灰级的“竞品”用户最后也纷纷选择倒戈。

问题3

企业获取用户之后，能不能获得长期的发展，用户的活跃度起着关键作用。那么应该如何激发用户的活跃度呢？

用户活跃度是产品的“试金石”。比如全球最大的职场社交平台LinkedIn（领英，全球会员人数超过5亿，创始人为“PayPal黑帮”成员雷德·霍夫曼），2003年正式上线之后，虽然有不少职场人士、媒体人和猎头看到了它的潜力，注册成为早期的种子用户。但形势依然很严峻，因为当时居然有超过一半的注册用户是“僵尸用户”，网站的用户量和活跃度也止步不前。

为此，LinkedIn的开发团队进行了一连串的试验。首先，在决定用户活跃度的诸多因素当中，用户关系网络的深度直接决定了平台的价值。于是，他们决定先通过“A/B测试”调研新注册用户愿意邀请的朋友数量。

什么是“A/B测试”？在互联网产品的开发过程中，我们经常要在多种方案之间进行抉择。为了做出正确的选择，最合理的办法之一，就是进行“A/B测试”。所谓“A/B测试”，简单来说，就是针对想调研的问题提供两种不同的备选解决方案，然后让一部分用户使用方案A，另一部分用户使用方案B，最终通过数据观察对比确定最优方案。

现在我们回到LinkedIn的问题上，为了调研新注册用户愿意邀请的朋友数量，他们进行了一连串的测试，通过对比观察，最终确定了“4”这个“魔法数字”。也就是说，当新注册用户打开“邀请好友”的页面时，如果系统建议用户邀请的朋友数量少于4人，那么他们很可能会轻易忽略这个步骤；如果多于4人，用户就会感到焦虑和麻烦；而不偏不倚刚好4人的话，就能实现最大程度的邀请转化。

互联网产品借助“A/B测试”改善用户体验的成功案例不在少数。比如，全球民宿预订平台Airbnb（即“爱彼迎”，服务型网站，房主把自家空房的信息发布到平台上，为旅游人士提供多样化的住宿信息）就曾经在网页的一个小细节上进行过“A/B测试”：把“保存到心愿单”也就是“收藏图标”由五角星改为爱心的形状，结果这个小小的改动就让心愿列表的使用率提升了30%。

问题4

很多产品最初获取用户的速度很快，开始时用户的活跃度也不错，但是由于用户流失速度也非常之快，最终导致产品以失败而告终。那么应该如何做才能避免用户流失，提高留存？

要想实现高留存率，可以采用的方法包括优化产品性能、强化社交维系、设计唤醒机制等。比如当年一经发布就席卷全国的“全民飞机大战”小游戏，就做得非常出色。

首先，优化产品性能。“全民飞机大战”由玩家扮演飞机驾驶员，依靠手势操作，在天空自由翱翔、击杀敌人，流畅的手感、华丽的弹幕、爽快的升级，这些都让玩家们欲罢不能。

其次，强化社交维系。“全民飞机大战”设置了一个“合体”功能，玩家可以从自己的微信或QQ好友中选择一位好友进行“合体”。选择强大的好友合体，不仅可以增强自己飞机的火力，还会有好友的卫星机从旁边辅助发射威力强大的导弹，帮助你快速提高过关成绩。

最后，设计唤醒机制。“合体”功能延长了游戏的生命周期，因为那些原本丧失了新鲜感、即将要流失的用户，在收到好友的“求合体”请求之后，有很大的概率会被重新激活，再次成为“全民飞机大战”的活跃玩家。

问题5

免费这件事，很早就成了互联网行业的共识。大家都想快速“跑马圈地”，抢占市场，所以都不约而同地在核心业务上采用了免费模式。但是，办企业毕竟不是当“活雷锋”，在核心业务免费的同时，公司必须想方设法增加收入。那么，免费模式怎么赚钱呢？

常见的策略有以下几种：

（1）基本功能免费，高级功能收费。主要是通过免费服务吸引用户，然后通过提供增值服务，将一部分免费用户转化为收费用户。

（2）交叉补贴策略。一方面，以优惠甚至亏本的价格出售一种产品（优惠产品）；另一方面，带动销售另一种盈利更多的产品（盈利产品）。比如吉列剃须刀的“刀身免费、刀头收费”，再比如游戏行业的“游戏免费、道具收费”，也让游戏开发商赚得盆满钵满。

（3）三方市场的流量变现。最典型的是互联网广告，比如在体育爱好者论坛里投放运动鞋广告，在演员的粉丝集中营里卖电影票。据说，Google的公司收入中广告收入占比在九成以上，Facebook的公司收入中广告收入占比也在八成以上。可以说，“当你在使用免费服务时，你自己就是商品”。

不过，免费模式虽然广泛适用，但也存在局限性。免费模式的前提是你的用户基数足够大，并且能够提供边际成本更低的标准化服务。而对于目标用户更为小众的产品来说显然不适用。所以，有时候果断结束免费模式，或许是更好的选择。比如广受欢迎的设计提案网站Bidsketch，在时机成熟的时候，就手起刀落、干净利落地全面砍掉了自己的免费业务，反而换来业绩的攀升。

思维导图

《增长黑客：创业公司的用户与收入增长秘籍》的思维导图见图3-14。

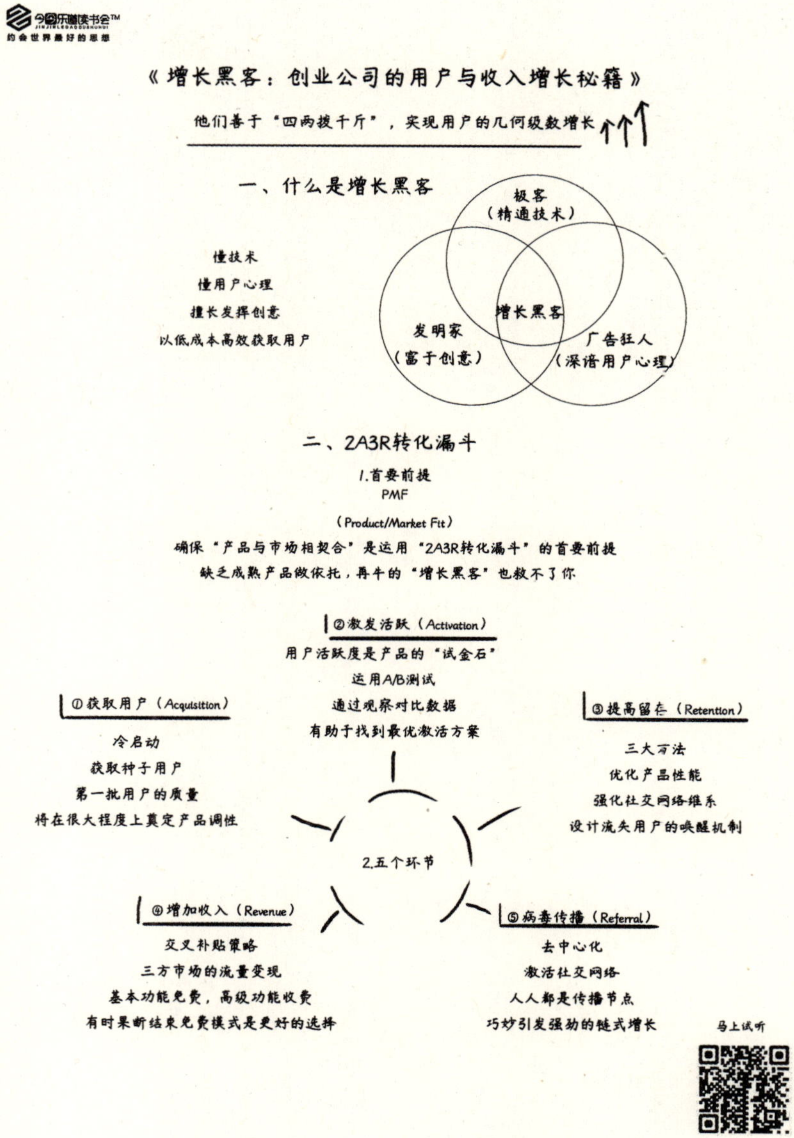
《增长黑客：创业公司的用户与收入增长秘籍》
他们善于"四两拨千斤"，实现用户的几何级数增长
一、什么是增长黑客
懂技术
懂用户心理
擅长发挥创意
以低成本高效获取用户
极客
（精通技术）
增长黑客
发明家
（富于创意）
广告狂人
（深谙用户心理）
二、2A3R转化漏斗
1.首要前提
PMF
（Product/Market Fit）
确保"产品与市场相契合"是运用"2A3R转化漏斗"的首要前提
缺乏成熟产品做依托，再牛的"增长黑客"也救不了你
②激发活跃（Activation）
用户活跃度是产品的"试金石"
运用A/B测试
通过观察对比数据
有助于找到最优激活方案
①获取用户（Acquisition）
冷启动
获取种子用户
第一批用户的质量
将在很大程度上奠定产品调性
③提高留存（Retention）
三大方法
优化产品性能
强化社交网络维系
设计流失用户的唤醒机制
2.五个环节
④增加收入（Revenue）
交叉补贴策略
三方市场的流量变现
基本功能免费，高级功能收费
有时果断结束免费模式是更好的选择
⑤病毒传播（Referral）
去中心化
激活社交网络
人人都是传播节点
巧妙引发强劲的链式增长
马上试听

图 3-14　思维导图

第四篇 迭代意识

第一章《思考的技术：培养具有竞争力的思维方式》

转换思路：向麦肯锡学习逻辑思维

概要

在沙特首都利雅得举办的“未来投资大会”上，沙特政府居然给机器人“索菲亚”（Sophia）授予了沙特国籍。这个机器人“索菲亚”真是机器人界的“话题女王”，这一次，她又整了个大新闻，正式成为了史上第一个拥有合法公民身份的机器人。看来，距离机器人和人类平起平坐、共同生活的日子，真的不会太远了。

这几年，关于AI（人工智能）会不会最终取代人类的讨论一直就没停过。从1997年IBM的“深蓝”机器人，到2016年的“阿尔法狗”，在各种人机大战中，人类是节节败退。输给“阿尔法狗”的世界顶级围棋棋手李世石甚至表示，自己再也不想跟“阿尔法狗”下棋了。

而机器人“索菲亚”这一次的公开亮相，更是让人脊梁骨阵阵发凉。她不仅和人类长得非常相像，而且还能运用很多自然的面部表情，甚至还能进行眼神交流。面对主持人的提问，她不仅对答如流，甚至还会主动开玩笑。当被问到：“你想毁灭人类吗？”索菲亚笑着说：“我将会毁灭人类。”并且露出了一种让你捉摸不透的、似笑非笑的表情。这话一出口，不管是不是玩笑话，都让人有一种不寒而栗的感觉。

人工智能的发展步步紧逼，相信每个人都会有危机感。眼看咱这思维能力都比不上机器人了，以后还咋混啊？未来真是充满了未知，在《思考的技术：培养具有竞争力的思维方式》（见图4-1）这本书里，日本著名的管理学家大前研一就说："未来，懒于求知的人没有生存空间。要想安然度过这个激变的时代，必须从根本上改变既有的思维模式。"的确，学会思考对我们每个人来说都太重要了。先不说会不会输给机器人的事，很多时候，企业之间的竞争在本质上就是思维的竞争、认知的竞争。《思考的技术》，要解决的就是"应当如何思考"的问题。

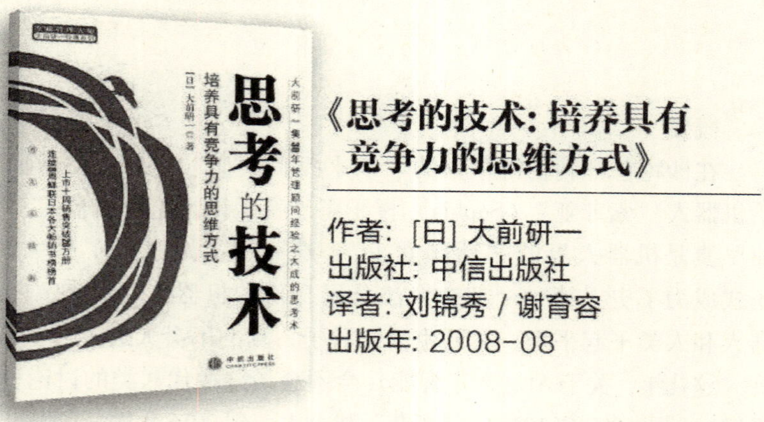

图 4-1　《思考的技术：培养具有竞争力的思维方式》

问题 1

大前研一认为，新经济始于 20 世纪 80 年代中期，在往后 20 多年的时间里，新经济以戏剧性的飞跃速度产生变革，并且一直持续到今天。那么，在新经济中，企业人究竟需要什么样的思考方式呢？

在新经济的冲击下，旧有的价值观将全部被淘汰，一切都将重新来过。在新世界里，旧世界的总体经济原则已经变得完全不适用，既有的企业经营手法也已经不再管用。因此，大前研一认为，新经济中的企业人需要的思考方式仍是四个字：逻辑思考。听到这你可能会觉得，逻辑思考？这算哪门子新发现啊？不过是陈词滥调！

的确，从古到今，多少人都在讲逻辑，比如古希腊的哲学家亚里士多德，两千多年前就开始讲逻辑学了；中国古代的先贤墨子，也创建了自己的逻辑学体系；甚至现在有些早教班，从学龄前就开始教孩子们学逻辑。

现代逻辑哲学则认为，逻辑是一种深层语法，简单地讲，只要能掌握语言，只要会说话，就有逻辑能力。但是，大前研一指出，有了逻辑能力，并不等于你的逻辑水平就足够高。道理很简单，你会跑步，并不等于你就能跑得足够快；你会射箭，也不等于你能正中靶心。

在大前研一看来，日本人的逻辑思考能力非常令人担忧。绝大多数的日本企业往往依据过去的成功经验来经营企业，既没有注意到新经济的来临，又不知道要怎么应对这种挑战。

其实不光在日本，中国的情况也好不到哪去。著名学者傅斯年就曾经说过：中国人的逻辑能力，也就是“天无二日，国无二主”的水平。什么意思？“天无二日，国无二主”，意思是：天上不可能出现两个太阳，所以一个国家也不应该有两个国君。但实际上，天上有没有两个太阳，和国家政体根本就没有关系。

可是，“天无二日，国无二主”这句谚语却在中国古代的老百姓中广为流传，如果真有人把这种类比关系当成了因果关系，以此去证明君主专制的正当性，那就太可笑了。再看看朋友圈里的各种谣言，比如，“喝凉水会致癌”“紫菜是塑料袋做的”等，也是让人哭笑不得。

一个普通人缺乏逻辑，也许只是他个人的损失，但假如这个人是企业的CEO，或是政府官员，危害就会波及一个群体，而一个民族、一个社会如果普遍缺乏逻辑，那就太可怕了。

问题2

与此同时，当今世界是一个日趋复杂的世界，没有现成的公式可以计算答案。被旧有的价值观束缚的人和能够创造新价值的人，将有明显的区别。那么什么样的人才能创造新价值，企业又该如何找到这些人?

全球最著名的管理咨询公司麦肯锡顾问公司在招聘员工时，就非常注重考察员工的逻辑思考能力。

比如，他们会问应聘者这样一个问题：如果公司突然派你到坦桑尼亚出差半年，明天就要出发，而你只能带一个背包，那么你会在背包里装入什么东西？大多数应聘者在听到这个问题的时候会陷入恐慌，开口就先问："坦桑尼亚在哪里?"如果连这都不知道，当然也就不知道该往背包里放什么了。

但是，那些最终被录用的应聘者，却给出了完全不同的反应。他们会这么回答："很抱歉，我并不清楚坦桑尼亚在哪里。但是我可以假设这是非洲的一个炎热的地方，并且以这一点作为前提，来回答这个问题……"你看，这就很有意思了。

换句话说，优秀的应聘者会先对问题的前提做一个明确的假设。紧接着，这些面试者就可以从炎热、非洲这些概念，联想到高温潮湿、很多病原体等情况，然后再推论出自己所需要的物品。而且，就算他们后来知道自己所设定的前提是错误的，也可以根据新的前提给出新的回答。这样的人，具备了一种重要的思考模式，这种思考模式就是"有前提就有结论"，所以他们在面试的时候不会陷入恐慌。

作者大前研一表示，他会录用这种人，因为他认为，拥有这种思考模式的人，不仅能够胜任麦肯锡的工作，其他的工作也一样能够胜任。新经济时代是一个"思考力差距化"的时代。新经济是呈倍数增长的，所以由思考能力的差距所造成的经济能力差距，也是呈倍数的。思考力差距等于收入差距，这是新世界的法则。懒于思考的人，在这个世界里将没有未来。

由于没有现成的公式可以计算答案，所以新经济时代也是一个不需要工作手册的世界，敏锐的人已经开始朝着这个方向努力了。比如，在日本餐饮业中，业绩最好的并不是高级料理店，而是所谓的"西麻布系列餐厅"。这些店走的是轻奢路线，能够巧妙地呈现高级感，每间店都有匠心独具的高格调。

走进这种店，店员不会说“欢迎光临”，而且他们也没有工作手册。美式的标准化连锁公司都有工作手册，比如说麦当劳，不管你走进全世界的任何一家麦当劳，店员的问候语都是一样的。

但是，在西麻布系列餐厅里，你听到的问候语却是“下雨天真是不方便”或者“天气不会再冷了吧”，诸如此类的话。因为在这些店里，店员们所接受的培训是“看着客人的脸想问候语”。大前研一认为，这种指导思想才是正确的。

在这些西麻布系列餐厅里，店长通常只有二十七八岁。因为没有工作手册的条条框框限定，他们更习惯于自主分析问题，找出解决方案。这样一来，他们就能在工作实践中迅速成长起来。很多店员在25岁左右就已经掌握了一系列的工作技能，包括写企划书、做资产负债表、制订事业计划、分析商店地段等。

问题3

预测未来的能力，在大前研一看来，其实也是一种逻辑思维能力。那么在实际工作中，这种能力的内在逻辑到底是什么？

2005年的年度最佳时尚手机，当属诺基亚推出的8800，最高售价达到了12 800元。尽管卖得这么贵，当时的诺基亚8800却还不是一款智能手机，屏幕非常小，摄像头也只有50万像素，这在当时已经算是高端配置了；而当时的智能手机，大概就只有多普达828了，采用的是Windows的操作系统，虽然已经可以用手指甲点击屏幕，但是屏幕毕竟还是不够大，厂家不得不给用户提供了一支手写笔。

就在这一年，大前研一也关注了手机市场。在这本书里，大前研一对手机今后的发展做出了一系列预测，包括：电子钱包、影像娱乐终端、移动办公终端、上网搜索、语音交互、GPS定位和导航等。不仅如此，他还给自己的预测加上了一个期限：只需要5年。那么，他的预言实现了吗？很显然，全都实现了。

大前研一说，这不是占卜，而是逻辑思维的结果。所谓的“预知性”，其实就是能够看清楚当前正在起作用的因素，以及推动这些因素的力量是如何运作的，并且知道它在未来是否可以持续运作。很多时候，企业的发展之所以受到限制，并不是因为技术条件不够，而是想象力不足。搞制造的人不懂得人性，只是在实验室里思考，在象牙塔里制造商品。有执行力的人能创造未来，而有想象力的人在引领未来。

就在2017年年初，美国海军陆战队的未来评估部召集了18名军事作家，创作了3个军事科幻故事，描绘出未来的战场。这可不是什么文学创作沙龙，而是美国的军事备战活动，目的是鼓励海军陆战队打破常规思维，适应迅速变化的世界。

除此之外，美国陆军还启动了“疯狂科学家科幻写作比赛”，呼吁军人想象“2030—2050年的战争”。用军事科幻文学来研究未来战争，这完全不是空想主义，也说明，在军事领域，想象力已经成为了“无形杀器”。

2014年，美国就开展了快速缓解士兵肌肉疲劳、7天7夜不休不眠等研究，还尝试借助脑机接口技术提高士兵的认知能力，使士兵可以在3秒内识别出100个威胁目标。这简直就是漫威漫画里“美国队长”的现实版。“美国队长”就是被政府注射了超人士兵的血清，具有高度的智能以及超越常人的力量、敏捷和体格，并且能把肌肉中造成疲劳的物质代谢掉，还可以在冰封了几十年之后复生。

电磁轨道炮、动力外骨骼战甲、无人机……这些曾经只在好莱坞科幻大片里才能看到的炫酷武器，都被美国一一率先实现了。让人不得不感慨，有时候，“架空的幻想”更容易催生现实。

问题4

墨西哥就有这样一句谚语：“墨西哥的不幸，在于离上帝太远，离美国太近。”这句谚语对照我国南宋的灭亡，其实有着很微妙的关系。南宋亡国其中一个至为关键的原因，就在于战略上犯了一个致命的逻辑错误。那么，这个致命的逻辑错误到底是什么呢？

当时，南宋面临着两个主要的敌人——金国和蒙古。很早之前，南宋就已经意识到蒙古的巨大破坏力了，但好在有金国作为缓冲，情况还没有那么糟糕。如果联合金国来抗击蒙古，对于南宋来说也不是什么坏事。但是，宋朝和金国之间毕竟有世仇，尤其因为当年的靖康之耻，南宋对金国是相当不爽。

1234年，南宋和蒙古人联手，终于灭了金国，一雪前耻。可是这样一来，在面对蒙古时，南宋就失去了金国这个缓冲地。更为致命的是，当时的南宋皇帝宋理宗不满足于现状，决定再接再厉，想要收复北宋故土，将国界推进到潼关黄河一线。表面上看来，这个决定对于扩大南宋的版图意义重大，但是此时的南宋已然犯下了一个战略失误，正是这一失误使得南宋损兵折将，最终走向灭亡。

增加国土纵深是个好战略吗？我看未必，特别是弱国对强国，国土纵深增加，也就意味着你离强敌更近。南宋的领导人只看到了“国土越大国力越强”这个逻辑层面，却没有看到“国土越大自己离强敌越近，也就越危险”这个逻辑。

墨西哥就有这样一句谚语：“墨西哥的不幸，在于离上帝太远，离美国太近。”南宋越向北，就越接近蒙古的中心，这对于南宋这样一个本来就缺乏强有力军队的国家来说，是一个不幸。

没错，南宋是很快就收复了大片国土，但是，守住潼关黄河的防线却要耗费15万精锐部队，维持军需更需要漫长的后勤补给线，这些都导致了北进行动在遭遇蒙古反击时很快失败，而南宋也因此最终走向了不归路。

问题5

大前研一把在工作中通过实践学习工作技巧，进而取得成功的人称为“街头智者”。那么这种“街头智者”取得成功的关键是什么？

松下电器的创始人松下幸之助就是典型的“街头智者”。

松下幸之助只读过4年小学，因为父亲生意失败，9岁松下幸之助被送到了大阪的一家自行车商店当学徒。后来他辗转到大阪电灯公司打工，从见习生做到工程负责人，再后来又升任了电灯公司的检查员，这可是一个既轻松又有权威的岗位。但是他后来却辞职了，原因是他提出要生产一种新型的电灯插座，但老板没有采纳他的建议。于是他决定：要自己生产这种产品。

1918年，在四个助手的帮助下，松下幸之助用100日元的积蓄开始了他的创业史。在他们五个人当中，没有一个人接受过相当于高中水平的教育。为了实现自己的目标，松下幸之助和妻子甚至典当了家里的衣服，来换取急需的资金，并且每天工作18小时，一个星期工作7天。幸好，到年底时他们接到了一个订单，获得了80块钱的毛利，这是公司第一次获利。

尽管各种艰辛，但凭借可靠的产品质量和顾客的满意度，这个拼命奋斗的公司站稳了脚跟，并且逐步发展成为日后闻名世界的松下电器。7年之后，松下幸之助成了日本收入最高的人。

可以说，从一个只受过4年小学教育的学徒，最后成长为日本收入最高的人，松下幸之助毫无疑问是典型的“街头智者”。大前研一指出，在实践中磨砺自己的思考能力，这是“街头智者”取得成功的关键。比别人多花两倍时间思考的人，就可以拥有10倍于别人的收入；比别人多花3倍时间思考的人，就能比别人多赚百倍的利润；以此类推，比别人多花10倍时间思考的人，当然就有可能成功创办一家市值总额一万亿日元的企业。这已经是新世界的法则了。

思维导图

《思考的技术：培养具有竞争力的思维方式》的思维导图见图4-2。

第一章《思考的技术：培养具有竞争力的思维方式》

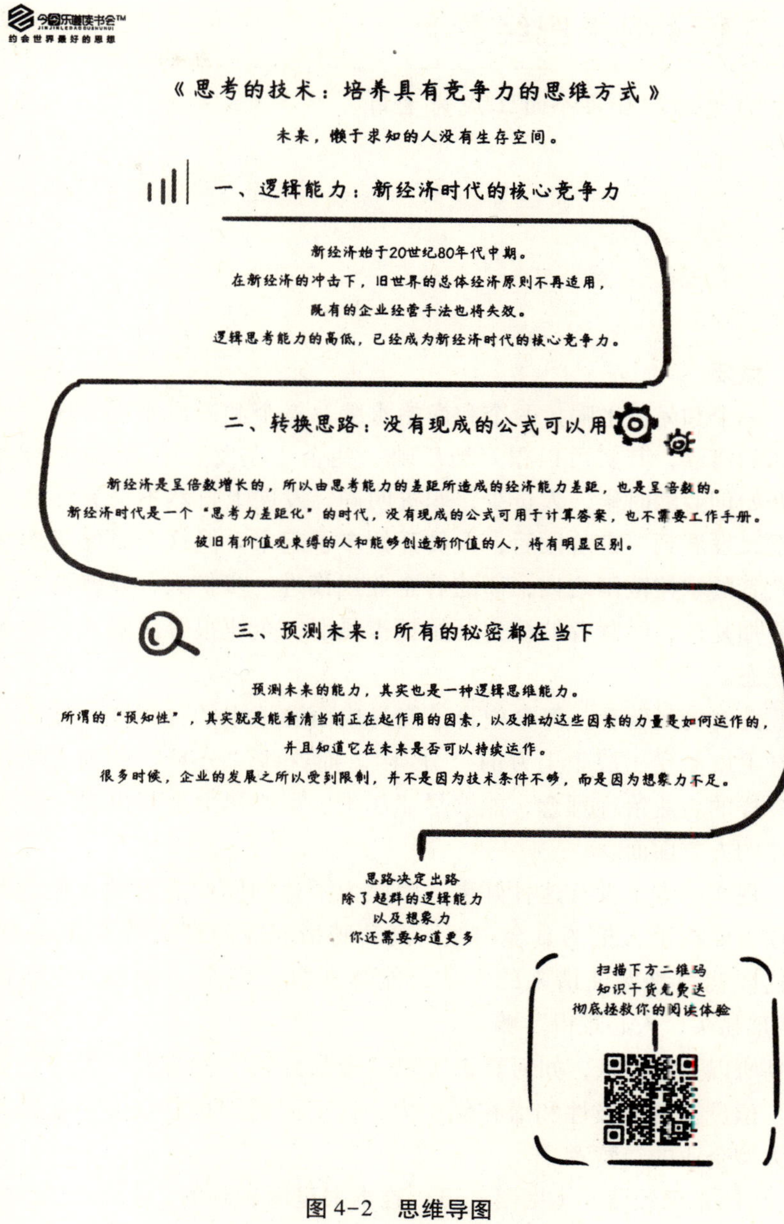

图 4-2　思维导图

第二章《阿米巴经营》

自发动：让每个员工成为主角

概要

一个和尚挑水喝，两个和尚抬水喝，三个和尚没水喝。这句很通俗的谚语，其实可以很好地反映一些企业在发展中遇到的难题：刚开始创业的时候，人员少，职责明确，发展上自然不会有什么大问题；发展到一定阶段后，人员开始多了起来，但这个时候仍然在经营者的掌控范围之内；而随着企业规模进一步扩大，经营情况变得更加复杂，经营者的精力开始捉襟见肘，企业很容易陷入一种无序状态。

此时的经营者，都希望自己变身成西游记中的孙悟空，拔出一根汗毛就能变出成千上万的“分身”。而这些“分身”都拥有和自己一样的企业治理理念，能够尽职尽责、尽心尽力地帮助自己管理企业的方方面面。

现实中肯定没有这种好事，因此为了达到同样的目的，经营者往往需要掏出大把的真金白银，高薪聘请职业经理人等专业人才。但这样就很难保证请来的人才，能够和自己完全一条心，正所谓“西瓜易买，人心难得”嘛。

所以一直以来，如何真正实现“全员经营”的方针，发挥企业每一位员工的积极性和潜在创造力，这个问题困扰着众多企业尤其是大型企业的经营者。

《阿米巴经营》（见图4-3）这本书里面讲到的“阿米巴经营”理论，正是目前改善这种企业管理者“同床不同心”的最好理论之一。此理论的缔造者是日本“经营之圣”稻盛和夫先生，在此理论的创立和完善的50年间，稻盛和夫先生创办经营了京瓷和KDDI两家世界五百强企业，并凭借此经营模式于2010年以近80岁的高龄挽救日航于死亡线之上，这些鲜活的案例成为佐证阿米巴经营理论成功的最好实践脚注。

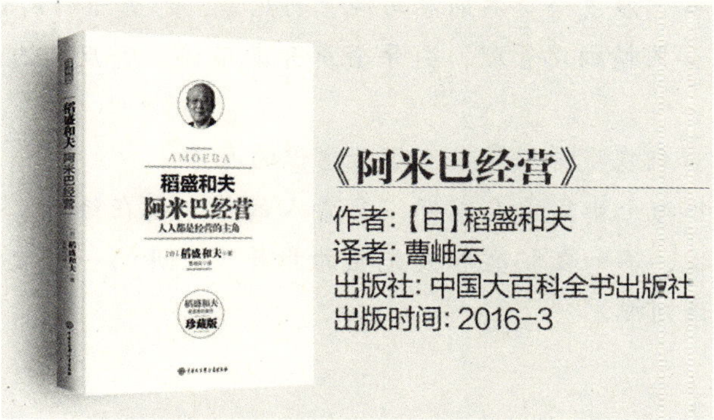

图4-3 《阿米巴经营》

问题1

稻和盛夫先生为何要把自身的经营理念定义成“阿米巴经营”理论，这其中到底有何来源和深意?

“阿米巴”（Amoeba）在拉丁语中是“变形虫”的意思，这种生物由于其极强的适应能力，在地球上存在了几十亿年，是地球上最古老，最具生命力和延续性的生物体。

阿米巴经营指的是根据产品、工序、客户以及地区等的不同，将企业的大组织划分为许多独立经营、独立负责、独立核算的小组织，也就是阿米巴。

这样就可以在多个阿米巴之间建立伙伴意识，激发主人翁精神，从而发挥企业每一位员工的积极性和创造性，真正实现“全体员工都是经营者”的目标。

另外，阿米巴作为变形虫，可以随环境变化而马上变形，企业实行“阿米巴经营”后，也将实现迅速适应环境的灵活性。

阿米巴经营为众多企业家所追捧和学习的原因，在于它完美地解决了其他经营手段所不能解决的三个痼疾：

（1）如何激发全员共同参与经营的热情，形成组织内驱力；

（2）如何精细化管理，引导全员开源节流，并反映在定量的数据上；

（3）如何发现并培养具有经营意识的人才。

如果作为企业负责人或部门负责人的你，也在经营工作中遇到了以上困境，不如在稻盛和夫先生的指导下，开启一项变形虫阿米巴的养殖计划吧。

问题2

阿米巴组织能够取得巨大成功，并且能够被后来者纷纷推崇和效仿，它的核心因素是什么？

组织臃肿成为企业苦不堪言的负担。组织是企业经营的基础。大多数企业是根据经营常识，照搬其他企业的现成构架来构建组织，但这样常常造成组织臃肿。

为避免这种情况，应根据企业的阶段及主要职能来设置组织，并遵循如下流程：首先明确什么职能是不可或缺的，发挥这些职能需要什么特质的组织，之后考虑使这些组织运转顺畅需要配置的人员素质和数量。这些组织就成为天然的阿米巴。

当阿米巴被划分出来之后，还不是真正的阿米巴，真正的阿米巴是用人心链接的具有使命感的组织。各个阿米巴是在同一个经营理念的引领下，成为命运共同体中的一员。

每一位阿米巴的领导者在追求各自利益的基础上，必须明确自身立场，抛开利己主义的想法，一荣俱荣，为维护公司的整体利益，做出正确判断。

稻盛和夫认为，阿米巴经营是以人心为基础的，如果阿米巴之间不能相互尊重、相互帮助，就不能发挥公司整体的力量。因此，公司内的数千个阿米巴，相当于人体中的数10万亿个细胞，只有统一意志、齐心协力，才能使公司成为一个整体。

一个集体因为共同的使命感而凝聚起的精神力量，常常会造就不可思议的奇迹。《轻足迹管理：变革时代的领导力》中讲到过岳家军精锐中的精锐“背嵬精兵”朱仙镇八百破十万的故事，今天我们再来看看背嵬精兵统领、岳家军五虎将之一的杨再兴，是如何在无敌的使命召唤下，以300人对12万人，决战小商河。

杨再兴原本是盗匪曹成的手下，也就是个占山为王的草寇。在岳家军打败曹成之后，岳飞看中了他的良将之才和报国忠心，杨再兴也被岳飞的仁义、勇武、忠诚所感召，成为了岳飞帐下与岳云、张宪齐名的猛将。

公元1140年，宋、金两国再次爆发大规模战争，此时的杨再兴在岳飞手下已经南征北战8年多了，一直忠心耿耿，战场上也是冲锋陷阵，奋勇杀敌，号称岳家军五虎将之一，更是最精锐的背嵬精兵副统领。

什么是“背嵬精兵”？有人解释为大将帐前的勇士，有人解释为像大山一样坚不可摧，还有人说，背嵬就是战场上为大将军背酒的勇士，是将军最贴身、最信任的猛士。总之是精锐中的精锐，关键是这支万中选一的古代特种部队具有强大的使命感。他们攻则冲锋陷阵、锐不可当；守则稳如泰山，保大旗不倒。

这次战役，杨再兴自然也是一马当先，所向披靡。在岳家军的强势冲击下，金军是节节败退，最终溃不成军。为了乘胜追击，岳飞命令杨再兴率领300背嵬精兵继续追击，要一举击垮金军的士气。

当杨再兴追到小商桥（现在是河南漯河的一个著名景点）时，迎面撞上了金军前来支援的12万大军。这下算是撞到铁板了，300人对12万人，一般人吓都吓死了。但杨再兴和他的300背嵬精兵却不是一般人，大军面前依然毫无惧色。因为他们的使命就是冲击，誓死击垮敌人的士气。在这种集体使命感的驱动下，300精兵爆发出了势不可挡的气势。

一声令下，杨再兴带着300精兵义无反顾地冲向了12万金军，在敌军阵中反复突击，把金军阵型冲得一片混乱。这一战，杨再兴和其部下一共斩杀金军士兵2 000多人，斩首金军万户、千户级将领100多人。

虽然最终杨再兴连同自己的300背嵬精兵全数战死，但岳家军在无敌使命驱动下“虽千万人吾亦往矣”的大无畏气概，给金军的士气带来了沉重的打击。金军撤退之后，岳家军在战场上找到了杨再兴的遗体，火化之后，从骨灰中捡出的铁箭头竟有2 000多个。

无论是军队还是企业，共同的使命感所能激发出的力量常常会超出血肉极限的无数倍。建设一个真正的阿米巴组织的核心就是共同的使命感。

问题3

1966年，稻盛和夫执掌的京瓷公司迎来了IBM公司提供的第一个大单，这笔订单将带来1.5亿日元的收入，对于当时一年销售额才5亿日元的他们来说，无疑是一件值得大家兴奋的事情。但当时京瓷的技术完全达不到IBM的要求，那么最后是怎么做到呢？

能够用“将来进行时”看待能力的人，一定能够使艰难的工作取得成功。阿米巴经营坚持用将来的视角，看待自身的能力并发起挑战。因此即使按照目前的生产能力，很难生产出那些技术难度高的产品，但如果通过团队的竭尽全力反而取得了成功，那么阿米巴的业绩也一定能得到大幅度的提高。

1966年，稻盛和夫执掌的京瓷公司迎来了第一个大单，IBM公司向他们订购了2 500万个用于IC的氧化铝基板，是用于集成电路的基板。这笔订单将带来1.5亿日元的收入，对于当时一年销售额才5亿日元的他们来说，无疑是一件值得大家兴奋的事情。

然而事情并没有想象中的那么简单，尽管这是他们盼望已久的订单，但IBM公司对规格的要求极其严格，反复试制了很多次都无法达到他们的要求，实际上以京瓷当时的技术是很难达到的。这对京瓷来说，无疑是一个极具挑战性的工作，用IBM公司资材采购负责人艾里克·乔的话说，“如果完成了这项工作，那么京都陶瓷的技术将会有一个质的飞跃”。

在这种情况下，稻盛和夫并没有退缩，他认为从长远发展来看，公司也必须把技术提上去，而这正是提升公司技术到世界一流水平的最好机会。在得到全体一致认可之后，他们选择了共同来面对现在的处境，并且坚信能够做好。稻盛和夫亲自坐镇，参与到原料调和、成型到烧结的所有工序中，并与工人一起研究，攻克技术难关。

但是，胜利并不会因为他们的辛勤而轻易偏向他们，时间毫不留情地流逝着，在期限之内他们做出了20万个成品，却还没等喘一口气，就被对方判定为次品，当即退了货。IBM总公司的采购负责人和技术人员解释说：“我们用IBM的自动辨别机来检验京瓷的产品，结果判定为不合格产品。”这对稻盛和夫的团队来说，无疑是巨大的打击，但没有一个人就此承认失败，他们选择继续进行改进。

终于，他们马不停蹄地攻克了一道道难关，并在规定期限内成功交货。他们生产出来的基板，最终得到了IBM公司的高度赞赏。这一消息在日本电气、电子制造商之间不胫而走，被称为“京瓷基板神话”。

问题4

价格是一把双刃剑，一方面对着消费者和市场份额，另一方面对着竞争对手和企业利润。而稻和盛夫对于定价策略，有着自己的一套逻辑。在这方面，有哪些地方值得其他企业借鉴？

“销售人员轻易降价而使制造部门陷入疲于应付的窘态，这是很不合常理的。销售人员只会用这种降价的方法取得订单，根本不值得褒奖。销售的使命是看清客户能够欣然接受的最高价格，并准确地判断出这个极限点”。这是稻盛和夫的独特观点——高价卖出才是经营的本质。

所以，在信息整合的基础上，准确掌握市场和竞争对手动向，正确认识自家产品的价值，然后进行定价，才是决定经营成败的关键。

熟悉美国苹果公司的人可能都知道，在20世纪90年代的时候，苹果公司因为创新陷入瓶颈，没能生产出具有影响力的新产品，导致公司经历了长达10年的低迷。直到2001年一款新产品的问世，才让苹果改变了长期低迷的盈利情况，这款产品就是数字播放器iPod。

iPod一经推出，就迅速风靡全球，受到年轻人的大肆追捧，甚至还在全球唱片业和娱乐业掀起了一场革命。即便现在已经过去十几年了，iPod仍被称为是科技史上最成功的消费类数码产品之一。原因就是当时的iPod利润实在太高了，而这主要靠的就是苹果的定价策略。

苹果第一款iPod的零售价就高达399美元，这在当时完全不被市场看好，因为对于美国人来说，这个价格也属于高价位了，很难相信会有多少人去买这个东西。

但是让人大跌眼镜的是，iPod的销量却一路高歌猛进。原因何在呢？原来苹果早在推出iPod之前，就做过市场调研，他们发现那些音乐发烧友，以及许多苹果产品的忠实粉丝，都愿意花钱买这个数字播放器，而且这些人的消费能力都很高。在这种情况下，即使售价高达399美元，iPod也是供不应求。

甚至当苹果看到这种情况后，在不到半年的时间内，又推出了一款容量更大的iPod，定价499美元，仍然销路很好。

但苹果iPod在最初的定价策略上取得成功后，并没有就此一路走到黑。而是根据外部环境的变化，主动改变了定价方法。2004年，苹果推出了 iPod Shuffle，这是一款大众化产品，此时的价格已经降低到 99 美元一台。

之所以在这个时候推出大众化产品，一方面市场容量已经很大，占据低端市场也能获得大量利润；另一方面，竞争对手也推出了类似产品，苹果急需推出低价产品来抗衡，但是原来的高价格产品并没有退出市场，而是略微降低了价格而已，苹果公司只是在产品线的结构上形成了“高低搭配”的良好结构，改变了原来只有高端产品的格局。苹果的 iPod 产品前后的价格变化，显然就是依托市场，正确认识自身产品的典范。

问题 5

如果仅考虑单位时间的附加值，把一些制造环节外包，可能会创造很可观的数据，因为外包可以减少本部门员工的数量和工作时间，从而提高单位时间附加值。但从长远来看，这会使制造型企业走向衰落。那么制造型企业要想长盛不衰，应该怎么做呢？

经营必须基于长久的观点开展，对于制造型企业来说，必须在公司内部积累关键技术，并不断钻研创新，提升附加值，保存一个组织的活力和希望。

王东升在 1993 创立了京东方电子科技公司，那时候，中国电子产业存在严重的技术短板，无奈之下，很多企业选择了合资的“捷径”。但是王东升意识到，这种用市场换技术的方式一定不会长久，如果合资企业垮了，中方企业就跟着全面崩盘，因为没有形成核心竞争力，中国电子产业将永远受制于人！

他认为一个以制造业为生的企业，必须把关键的核心技术牢牢掌握在手里，只有这样才能保持企业长久的竞争力。于是，他选择自主研发液晶面板。然而，京东方自身拥有的资源和所需要的资源差距悬殊，要想在液晶面板研发领域搅起风浪，无异于“蚂蚁绊大象”。

要想仅仅凭借一己之力，在短时间内追上几十年积累下来的技术差距，几乎是不可能的。但王东升没有畏难，他选择奋力追赶，也许真是“苦心人天不负”，一个大好机会从天而降，正巧砸在了他的头上。

2003年，韩国现代集团因过度扩张而导致负债累累，京东方以3.8亿美元并购现代的液晶显示业务，成功进入液晶显示领域。这次并购有一个很重要的意义——我国大陆“无自主液晶屏时代”宣告结束。虽然实现了从无到有的突破，但是在新技术方面，京东方和日韩企业仍有着不可逾越的鸿沟。

京东方收购了韩国现代的液晶面板业务后，公司派了300多名工程师前往韩国学习观摩液晶显示的核心技术，希望借机提高公司整体技术水平，但是韩国方面的技术人员则直言：“这条生产线已经落后了，你们学会了也没用，新技术还是比不过我们。”这句话深深地刺痛了王东升，他深刻意识到：如果没有自己的人才储备和技术优势，就永远只能做业界的追随者。

2003—2005年，京东方在北京招了3 000名大学生，都是做技术出身，而且大多数都来自985、211大学。王东升开始全力投资技术研发，即使是在最困难的岁月，王东升也会坚持拿出十几个亿来支持创新和研发。

最终，经过十余年时间的不间断的艰难研发，京东方开始大放异彩。2017年10月26日，京东方宣布第六代柔性AMOLED生产线正式量产！对于我们普通人来说，最大的好消息就是，使用OLED屏幕的手机将会降价！而对于企业来说，这意味着三星垄断中高端手机屏幕的日子将一去不复返！这就是掌握核心关键技术的重要性。

思维导图

《阿米巴经营》的思维导图见图4-4。

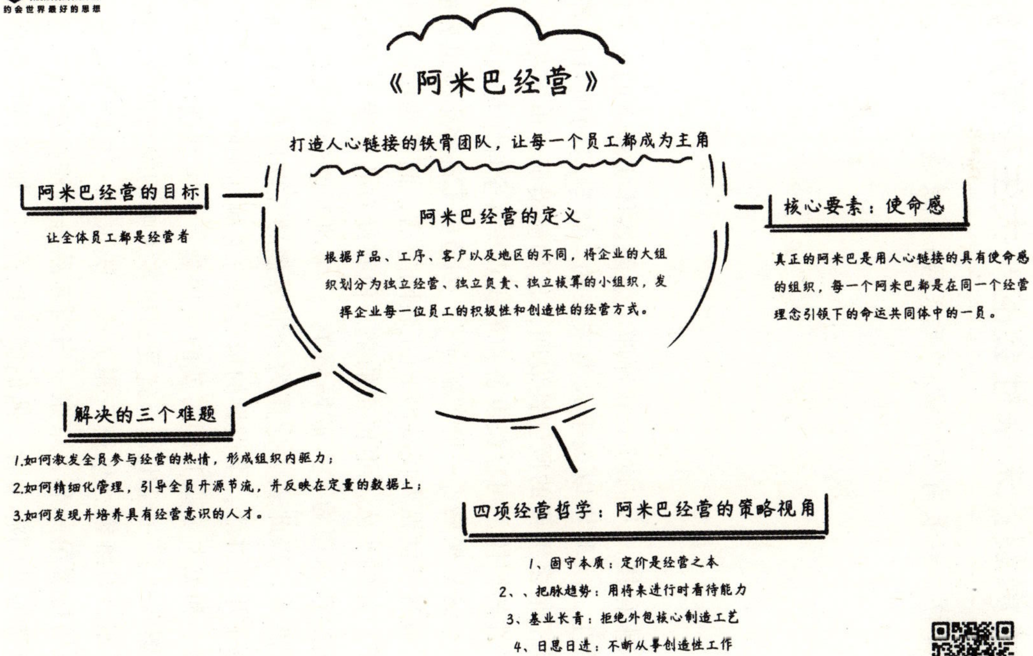
《阿米巴经营》
打造人心链接的铁骨团队，让每一个员工都成为主角
阿米巴经营的目标
让全体员工都是经营者
阿米巴经营的定义
根据产品、工序、客户以及地区的不同，将企业的大组织划分为独立经营、独立负责、独立核算的小组织，发挥企业每一位员工的积极性和创造性的经营方式。
核心要素：使命感
真正的阿米巴是用人心链接的具有使命感的组织，每一个阿米巴都是在同一个经营理念引领下的命运共同体中的一员。
解决的三个难题
1.如何激发全员参与经营的热情，形成组织内驱力；
2.如何精细化管理，引导全员开源节流，并反映在定量的数据上；
3.如何发现并培养具有经营意识的人才。
四项经营哲学：阿米巴经营的策略视角
1、固守本质：定价是经营之本
2、、把脉趋势：用将来进行时看待能力
3、基业长青：拒绝外包核心制造工艺
4、日思日进：不断从事创造性工作

图4-4 思维导图

第三章《爆裂：未来社会的9大生存原则》

机会窗口：谁最有可能被“互联网+”改造

概要

提到未来科技，人们对于麻省理工学院媒体实验室的名字应该并不感到陌生，实验室以关乎人类未来的、跨学科的项目而著称，为人类贡献了很多重要的原创性发明，比如触摸屏、电子墨水、提升人类灵活性的假体、可穿戴设备和车载GPS（全球定位系统）等。

可以说，这里聚集了一群“疯子”，创造出了许多影响世界的颠覆性技术，覆盖了世界人民80%的互联网生活，而伊藤穰一正是这一群“疯子”的领头人。更传奇的是，他并没有获得学士学位，却曾被《时代》杂志评为“互联网精英”。牛津互联网学院还为他颁发了终生成就奖，以此表彰他作为全世界倡导互联网自由的领头人的贡献。他一开口讲话，全世界的精英都纷纷侧耳倾听。

伊藤穰一和杰夫·豪共同写就的《爆裂：未来社会的9大生存原则》（见图4-5）一经出版，就受到很多大咖的隆重推荐，比如，李开复、吴军、万维钢、里德·霍夫曼、沃尔特·艾萨克森等。亚马逊销售总榜持续第一名，京东、当当新品排行榜持续第一。两位作者都是极富远见的思考者。他们敏锐地看到，随着科技革命和通信革命的发生，世界已经进入数字时代，变革快速出现，而人类的思维却总是处于脱节状态。

面对这个充满不对称性、复杂性、不确定性的崭新系统，人类的思维需要更新迭代。本书基于此提出了现代世界生存的九大原则，以帮助个体和组织应对充满挑战和不确定性的未来。

图 4-5 《爆裂：未来社会的 9 大生存原则》

问题 1

为什么往往把新发明、新事物普及并进行商用的，往往并不是它的创造者，而是其他人？这其中到底存在着什么问题呢？

电影发展到今天已经不仅作为一门艺术，更是逐渐形成了成熟的产业市场。但在其诞生之初，人们仅仅将其视为一种新鲜的供娱乐消遣的玩意儿。

很多技术的发明在之后的发展中都大大超出了人类的预想。如同蝴蝶扇动翅膀引起太平洋上的风暴一样，每一次看似细小的突破和改变，却可能是人类历史进程中的一次大的变革。而身处其中的人们或许并没有意识到这将是怎样的开端。

1895 年 12 月 28 日，巴黎大咖啡馆门外人头攒动，人们正在等待一场神秘的展览开幕。这场展览的发起人许诺，观众只需花 1 法郎便可亲眼见证人类历史上首批“活照片”。观看首批“活照片”的观众最终被引领着迈下数级黑暗、狭窄的台阶，来到咖啡馆的地下室，坐在摆放整齐的折叠椅上。站在房间中央凸起平台上的一名男子，正在摆弄一个小木箱。

短暂的尴尬之后，这台装置突然发出一道光，照亮了一块由亚麻布制成的屏幕，妇女的模糊身影从工厂的阴影中显现出来。观众对这一奇观的反应并不热烈，因为大半个巴黎城区的人们都能看到工人离开工厂的景象。

之后，影像奇怪地闪动起来，似乎活了过来。屏幕上的妇女开始三三两两地从工厂中陆续走出。这就是世界上的第一部电影，法国卢米埃尔兄弟拍摄的《工厂大门》。这段极为粗糙的镜头在今天看起来很可笑，但在那天晚上，巴黎中部的大咖啡馆的地下室内，观众们惊呆了，他们为此而鼓掌，开始大笑，还有人坐在那里目瞪口呆。

这一奇观的消息迅速传播开来。大咖啡馆外人潮涌动，乱成一团，以至警察都出动了以维持秩序。一个月内，卢米埃尔兄弟将节目单增加了1倍，许多人会猜想，这哥俩肯定会因为电影变得极其富有，并不断推动这一全新产业的发展吧。事实是，没有，到1900年，他们便不再玩电影了。因为卢米埃尔兄弟宣称："电影是没有未来的发明。"这哥俩转身投向了彩色摄影这一"可靠"的技术去了。

同样的，托马斯·爱迪生在发明了留声机并推向市场之后，也没有表现出发明家应有的远见，此后许多年，他都坚持认为不会有什么客户会用留声机播放音乐；全球最大、最成功的电脑公司之一——美国数字设备公司的总经理肯·奥尔森也曾说过，没有谁喜欢在家里放一台电脑；第一款苹果手机发布时，微软公司前CEO官史蒂夫·鲍尔默在接受《今日美国》采访时说："苹果手机根本没有任何机会获得巨大的市场份额……"

从电影的诞生，到留声机的发明，再到电脑、手机的普及，无论是发明者还是许多当时的"专家"，都没有表现出对后继趋势的认可和市场远见。造成这一结果的根本原因，就是认知的局限性。

问题2

我们一直以来有一个根本性的误解，认为蚁群会接收蚁后的指令，而某些组织会负责应对我们周遭世界的复杂性。直到最近研究才发现：其实蚁后并不比最低级的工蚁拥有更多的能力。这个认知背后其实说的就是“涌现大于权威”的生存法则。我们应该如何理解这个法则？

涌现出来的新事物、新技术，比过去的权威更重要。在这个前提下，我们唯一能做的就是接受这些新事物和新技术。蚁群、人体神经元等，都是符合“涌现”特征的典型系统。这些都表现出了系统的力量可以完成、而单独个体能力无法完成的事。

如今，互联网时代的到来，为“涌现”提供了更多的可能，也推动了更多人参与讨论、思考和协作，使得群体智慧不断“涌现”出来。也就是说大众在互联网时代所产生的力量，在某种程度上有很大可能秒杀权威，过去的权威认知体系，随时可能烟消云散。失控且没有中心的群体力量催生的超级有机体，会催生新的智慧诞生机制。这种方式已经在重塑未来社会。

比如现在许多的创业孵化器，就有力地证明了这一点：并不是只有大企业才能搞创新，微小企业同样可以施展出自己的智慧，成为创新大军中的一员。

2009年，李开复在北京创立了创新工场，旨在培育创新人才和高科技企业。许多早期创业者往往由于缺乏资金、人力等各种原因，很容易出现半途而废的情况，尤其对于一些创新型企业来说，没有这些资源很难坚持下去。结果就会导致一些有好点子、有很大潜力的新创企业胎死腹中，造成极大的浪费。而创新工场要扮演的就是“救世主”角色，给这些早期创业者提供资金、人力、技术等一系列支持，帮助他们度过这个阶段。

如今的创新工场在李开复的牵头下，规模和投资队伍都日益壮大，包括财富100强企业、知名创投和中美精英人士。其中有郭台铭领导的富士康科技集团、柳传志创立的联想控股有限公司、俞敏洪领导的新东方教育科技集团、陈士骏创立的YouTube等。同时也得到了来自硅谷银行、中华电信、联发科以及美国、欧洲、亚洲等多位顶尖投资者的鼎力相助。在这些成功创业者的帮助下，创新工场的融资能力越来越强，帮助到的创新项目也越来越多。

目前，创新工场的融资规模已经达到了45亿人民币，其投资并取得成功的创新项目也是不胜枚举，包括美图秀秀、蜻蜓FM、知乎等。这些涌现出来的已经估值超10亿的项目，大部分都并非是大公司，而是由一些小团队开发出来的。试想，如果我们还把目光聚焦在那些具有“权威”代表性的大企业身上，这许许多多的创新就很难在这么短的时间内“涌现”出来。

问题3

地图，意味着掌握详细的地形信息以及最佳路径；相比而言，指南针是更加灵活的工具，需要使用者发挥创造性和自主性找到自己的道路。那么，企业在未来的发展中，是应该选择地图还是选择指南针？为什么？

在能够预测的年代，我们看到地图就能找到路径，但是在未来，很难画出一份准确而具有时效性的地图，因此使用指南针找准方向，要比按图索骥有意义得多。

运用指南针策略意味着创新者在通往目标的曲折道路上，虽不按照既定的路线，但不偏离目标，而且发挥创造性和自主性。他们能快速应对不断变化的设想和环境，避免了遇到障碍时重新规划路线的麻烦。

美国著名的KIPP（知识与力量）教育项目的前首席执行官斯科特·汉密尔顿，曾运营过一个名叫“环行”的教育项目，目的是通过焦点小组、现场测试和采访，来确定家长和学生真正想从学校获得什么。因此有很长一段时间里，他在全美各地和2 000位家长以及他们的孩子进行了沟通。

有一次，一个女孩问汉密尔顿，说她想成为一名服装设计师，为什么却要学代数？汉密尔顿一时愣住了，不知道如何回答。随后，他打电话给研究教育的认知科学家丹·威林厄姆，询问为什么高中生要学习在他们生活中应用极少的代数。

威林厄姆回答说，代数不仅是大脑的体操，更重要的是代数教会大脑如何将抽象的理论应用于实际。换句话说，代数是座桥梁，连接柏拉图的理念世界和我们居住的纷乱世界。而学生，包括所有人，都需要这座桥梁。

所以，代数并不重要，重要的是那座桥梁——代数中的抽象思维，而这恰恰是我们导航用的指南针。许多人在做事情的时候，都想着要是能有一张完全可以照着上面做的地图该多好，因为这可以节约精力和成本。

但是，没有任何一件事可以完全按照事先规划好的进行，中途稍有差池，按图索骥的你可能就会迷失。因此，我们需要的是指引我们前进方向的指南针。

问题4

“推力”策略，是指决策制定者将资源“推”到他们认为最有用的地方，“拉力”策略指的是通过网络在最紧急的关头将最需要的资源吸引过来。这两者有哪些优劣势，对于新时代的企业来说，应该倾向哪种策略最好？

“拉力”策略是一种更加灵活迅速的资源筹集方式，极大程度地降低了创新成本，并将权利核心边缘化。而在这个过程中，自愿参与者因受到内在而非外在奖励的影响，拥有更高的热情和潜能，取得更好的表现。

同时作者也指出，在“拉力优于推力”上，你必须充分警觉，关注当下，通过探索和好奇开拓广泛的人际网络，将兴趣和能力有效组合起来，才能够应对随时出现的机会和危险。

如果过分关注过去或未来，会限制你的视野，使你无法应对变化、机会和威胁。在许多方面，拉力就像坐禅或武术训练，需要有奉献和开放的心态。

2011年3月11日，日本福岛爆发了强度高达里氏7级的地震，持续时间长达6分钟，而通常意义上的大地震持续时间不过40秒左右。由于地震太强烈，导致日本本土向美国移动了近2.4米。同时，成千上万栋建筑和高速公路尽数被毁，到处一片狼藉，但这还不是最糟糕的，更糟糕的还在后面呢。

当时的日本福岛第一核电站，距离地震震中仅177千米。在大地震过去15分钟后，伴随而来的是巨大的海啸，一波波大浪冲向防波堤，650名核电站工作人员发疯似地冲上核电厂后面的小山。

有些浪高甚至是防洪堤高度的两倍，其中两名工作人员在短短几分钟内便被海浪吞噬。地震引发如此强烈的海啸确实罕见，东京电力公司甚至一度坚信海啸浪高，绝不可能超过防洪堤，但事实是发生了。在此之前，科学家也曾警告过当地政府要做好预防工作，但都被官员忽视了。

海啸发生后的第一时间里，日本政府也没能及时地做出应对措施，尤其是在福岛核电厂核泄漏的问题上。当时来自福岛核电厂的一线情况必须自下而上经过多个管理层，才能抵达上级，而上级的决定又遵循一样的路径再返回前线，这样，再有用的措施也于事无补了。3月12日，大量放射性物质进入空气和海洋，造成了有史以来最严重的核灾难。

这场福岛核泄漏事故中，日本政府采取指挥与控制方式的结果，就是决策制定者将资源“推”到他们认为最有用的地方。但可以看到，即使在最好的时机，这种管理方式也存在效率低下的弊端，在核危急关头，更会导致致命的后果。

在过去的几百年中，“推力”策略几乎是人们处理危机时，能想出的最好方式。然而，在网络时代，情况却并非如此，人力资源的最佳利用方式，是在最需要他们的时候将其“拉”进一个项目。因此，“拉力”战略要做的，就是在最需要的紧急关头，投入最需要的人力物力。

问题5

《伊索寓言》里面有则芦苇和橡树的故事，说的是在飓风肆虐时，钢铁般结实的橡树被连根拔起，而柔软、极具韧性的芦苇弯下了腰，待飓风过去后又迅速生长。这其实说的就是韧性优于力量的对比。在实际情况中，企业如何理解这一点？

通常而言，大公司倾向于储备资源，用强大的自身抵御失败，但一旦真的失败，便因成本过高，很难东山再起。而在互联网时代成长起来的软件公司则善用极少的原始投资，从不断失败中学习经验，这恰恰允许他们在原有想法失败时拥有足够的韧性，轻松自由地变换核心，无须增加成本就能保持生存。

因此，为了保护网络安全，战无不胜的防线是灾难性的幻想，而不断改变的、无法预测的防御措施才具有有效的防护力。面对攻击者，不断地从错误中学习和适应才是好的抵抗方式。

如果说能把韧性和力量的对比，体现得更加淋漓尽致的话，肯定非军队莫属了。东汉末年，轰轰烈烈的黄巾起义虽然被镇压下去了，但它却沉重地打击了汉朝地主阶级的统治，使早已腐朽不堪的东汉政权分崩离析，名存实亡。在镇压黄巾起义的过程中，各大豪强开始拥兵割据，逐鹿中原。北方最大的割据势力袁绍自恃实力雄厚，等得时机想消灭曹操。然而曹操挟天子以令诸侯，整饬政务，屯田积粮，加紧准备抗击袁绍。

东汉建安五年，曹操终于集结了近2万人的军队于官渡，随时准备与袁绍决战。到了二月，袁绍率精兵10万、战马万匹，企图南下进攻许都。至此，史上著名的“官渡之战”正式拉开序幕了。我们从这兵力的对比来看，就知道两者力量相差悬殊。因此曹操没有一开始就选择硬拼，而是采纳了谋士荀攸的声东击西之计，假装要北渡黄河。

当袁绍分兵向西的时候，曹操便乘机率领轻骑兵袭击，先后斩杀了袁绍的大将颜良、文丑，大败袁军。袁绍初战失利，锐气受挫，但是袁军仍然具有兵力优势，因此袁绍决定集结优势兵力一举打败曹军。

由于兵力过于悬殊，几战失利后，曹操只得主动退守官渡。而袁绍一再拒绝部属分兵袭击都城许都的建议，坚决要等曹军粮食耗尽撤退的时候，乘势歼灭。双方相持3个月，曹操处境困难，前方兵少粮缺，士卒疲乏，后方也不稳固，曹操几乎失去坚守的信心。

这个时候，军队的韧性起作用了，无论袁绍如何进攻，曹军都毫不松懈，顽强坚守了下来。终于，在前后坚持了半年之后，曹军获得了补给。随后，曹操出奇兵烧掉了袁军的粮车，迫使袁绍分兵护运粮草。然后曹操再冒用袁军旗号，诈称援兵，乘夜从小道焚烧袁绍的屯粮。

天明的时候，曹操得知袁军救兵将至，督军奋战，大败袁军，共消灭袁军主力7万余人，缴获全部军资。袁绍仅率800余骑北逃，从此一蹶不振。由此，北方便开启了曹氏的时代。

可见，战场上以少胜多的案例，往往考验的就是敌我双方的韧性，力量在这个时候反而变得并不重要。其实用道家的话说就是“以柔克刚”的意思，万物相生相克，刚劲的东西不一定要更刚劲地征服，有时最柔软的事物才恰恰是它的弱点。

思维导图

《爆裂：未来社会的9大生存原则》的思维导图见图4-6。

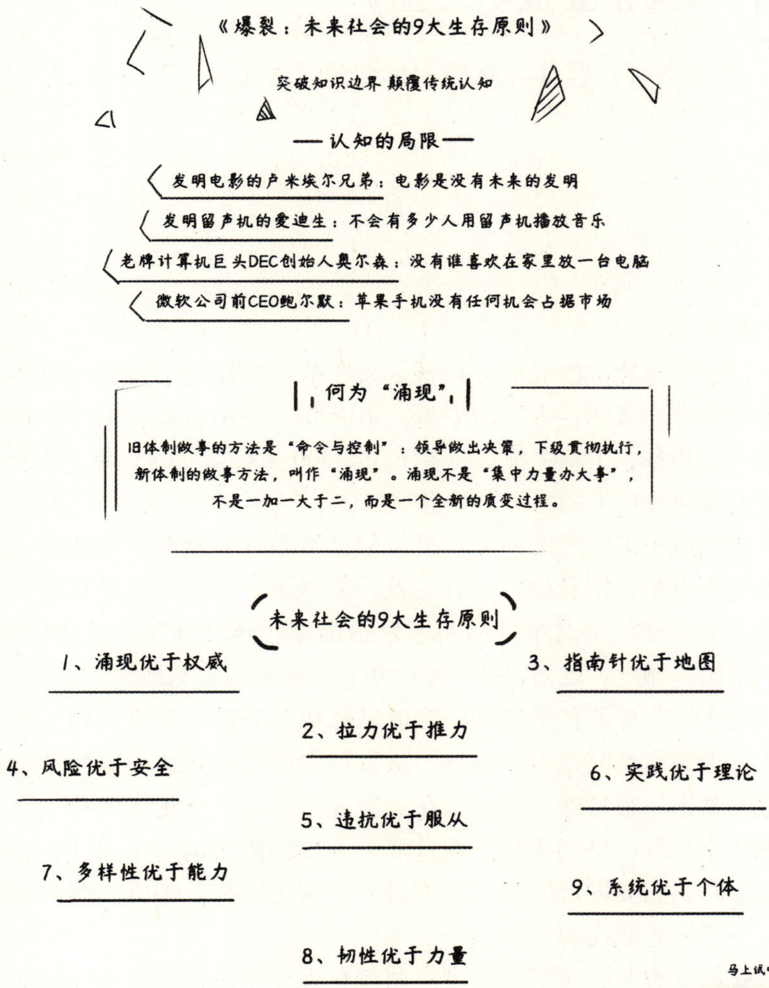

马上试听

图4-6　思维导图

第四章《引领转型：如何在大变革时代实现企业成功转型》

关键驱动：人员、战略和经营的完美结合

概要

讲起全球经济格局的大调整、大变革，自然绕不开当今世界上最大的两个经济体：中国和美国。2017年，美国总统特朗普上任以来第一次访华，大笔一挥，就签下了2 500多亿美元的订单，刷新了世界经贸合作史上的纪录，举世哗然。

美国对中国市场的高度重视，早已不是什么新闻。在我们今天读的这本书里，作者拉姆·查兰就反复强调，全球的经济重心正在转移，从主要位于北半球的西方发达国家，转移到了发展中国家，包括中国、印度、巴西以及一些中东和非洲的国家和地区。

过去，先进的科学技术、管理思想和金融资本都是从西方传到东方，但现在情况发生了逆转，从发展中国家到发达国家的流动正在成为常态。很显然，我们正在经历着整个人类历史长河中，最大规模的全球经济格局重构。在这样一个汹涌澎湃的变革时代，企业想要生存，想要发展，除了转型以外，别无选择。那么，要往哪里转，怎么转才能成功？

拉姆·查兰的《引领转型：如何在大变革时代实现企业成功转型》（见图4-7）这本书探讨的就是：在全球经济格局大调整、大变革的背景下，企业要怎么做才能实现成功转型。

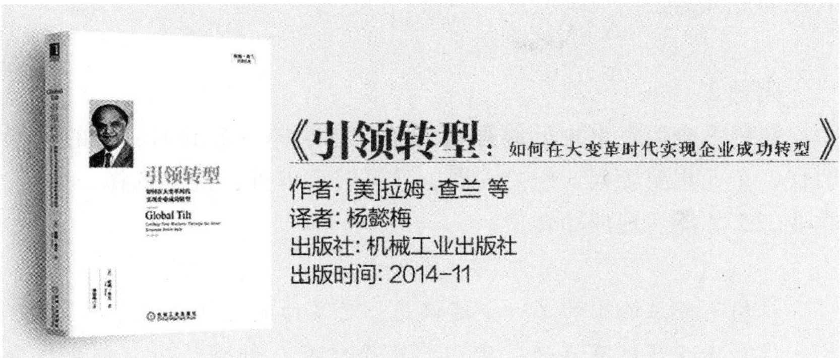

图 4-7 《引领转型：如何在大变革时代实现企业成功转型》

问题 1

10 年前，当我们评估一家商业银行的价值时，一个关键的评价指标是银行的网点数，网点越多，就说明银行的实力越强。但在互联网时代，这种情况发生了什么变化？

今天在互联网金融的冲击下，随着越来越多的、将近 90%的银行业务转移到手机上，越来越多的人开始更认同这样的说法："未来，银行网点转型的终极目标其实是消灭网点。"

老路子是走不通了，银行业的转型势在必行。比如荷兰国际集团旗下的 ING Direct 银行，就选择了完全不同于传统银行业的经营模式。ING Direct 银行既没有传统意义上的经营网点，也没有 ATM 机，而是在关键城市，比如洛杉矶、纽约、多伦多等城市，设立具有理财顾问功能的咖啡馆，咖啡馆的店员都接受过专业培训，在和客户沟通的时候，能做到不使用专业术语，用通俗易懂、简单明了的表达方式，为客户提供金融服务。

其实不光是银行业，各行各业的企业家都有一种深切的危机感：自己所在的行业早晚会因为某种因素被彻底颠覆。很多人都陷入了深深的"转型焦虑症"之中，而且过去越成功、业绩越辉煌的领导人反而越焦虑。

问题2

拉姆·查兰在书中始终强调的是，在这样一个汹涌澎湃的变革时代，企业想要生存，想要发展，除了转型以外，别无选择。那么，企业怎么才能实现成功转型?

拉姆·查兰给出的第一个建议是：忘了你的“核心竞争力”。

这个建议显然有点违背常识。几乎所有人都会认为，企业想要获得成功，就必须聚焦自己的优势业务，不断强化核心竞争力。

但是，拉姆·查兰提醒我们：在新时代里，很多企业过去引以为豪、赖以安身立命的竞争优势，反而会成为它们最大的绊脚石，比如相机行业曾经的王者——柯达。

1975年，美国柯达实验室就研发出了世界上第一台数码相机。但是，当时数码技术的市场潜力还不明显，而且利润率非常低。相比起数码业务，当时柯达公司的胶卷业务占据了全球市场份额的三分之二，利润率更是高达75%。

由于担心胶卷的销量受到影响，柯达一直没有大力发展数码业务，而是继续专注于胶卷业务这一“核心竞争力”，并把企业的各种资源都投入其中。直到2003年，胶卷市场开始大幅萎缩，柯达传统影像部门当年的销售利润就从143亿美元锐减到了41.8亿美元，跌幅超过70%。

事情发展到这一步，柯达才彻底醒悟，开始向数码业务转型。但是，当时佳能、富士等日本品牌已经占据了“数码影像”的龙头地位，韩国的三星也已经初具规模。

柯达已经丧失了占领“数码影像”市场的先机，再奋起直追也只是徒劳，衰落已经无可避免。2012年，纽交所向柯达发出退市警告，柯达最终不得不提交破产保护申请，此前筹集新资金进行业务转型的努力宣告失败。

和柯达比起来，美国通用电气在削减核心业务的时候，无疑要有远见、有魄力得多。塑料业务曾经是通用电气的核心业务，不仅规模巨大、利润率高，而且还是卓越领导的摇篮。

比如通用电气的前任CEO杰克·韦尔奇就曾经就职于塑料业务部。但是，通用电气的高管团队没有被眼前的利润和个人感情蒙蔽双眼，他们清楚地看到，随着同质化竞争的日渐加剧，通用电气在塑料这一传统核心业务上将无法保持竞争优势。

于是，他们以壮士断腕的勇气，调整了自身的业务结构，果断地将塑料业务以110亿美元的价格出售。而这一果断的战略转型，也为通用电气的持续发展赢得了先机。

从柯达和通用电气的例子中，我们可以看到，很多时候，过度聚焦于企业的“核心竞争力”，会导致企业领导者不能敏锐地发现、甚至彻底忽视外部正在发生的变化，尤其是那些可能对企业核心业务产生重大威胁的市场趋势。

其实这就和擅长陆战的士兵到了海上一样，外部环境一旦发生变化，原本的优势反而会变成劣势。比如赤壁之战中曹军把战船连在一起，的确可以让船身变得更加平稳，在应对风浪的时候这本来是优势，但是一遇到火攻，反而就成了劣势。

为了实现企业战略的成功转型，必须做到以下两点：

一是“跳出企业看企业”。这种方法不仅能帮助你尽早觉察到潜在的威胁，也能够帮助你发现潜在的机会。这些潜在的威胁和机会往往需要深入思考才能识别。

二是“放下眼前看长远”。在规划企业战略转型时，你必须突破短期业绩的限制，放眼未来，想象20年后市场发展的状况。然后，再以20年后的市场状况为出发点，倒推未来对现在的影响。

保持真正的警觉，从外部环境出发，你才能更好地预见未来。有了预见性，你才会有充足的时间、足够的勇气，在必要的时候采取强有力的变革措施，比如砍掉原有的产品线，整体出售某个业务部门，或是彻底重塑企业的业务模式。

问题3

只有那些有勇气、有自制力的企业领导，才能主动放下原有优势，从零开始推进企业转型，从而创造丰厚的利润。可以说，最终决定成败的，没有别的，只是领导力。那么，如何实现领导力的转型呢？

随着全球经济重心的转移，像柯达那样的悲剧今后会不断上演。只有那些有勇气、有自制力的企业领导，才能主动放下原有优势，从零开始推进企业转型，从而创造丰厚的利润。可以说，最终决定成败的，没有别的，只是领导力。

关于领导能力的转型，拉姆·查兰主要站在美国跨国企业的立场上，他指出：全球经济重心的转移对领导者提出了更高的要求，要想成为称职的企业领导，你必须具备“全球化多元化思维”。

意思是，你必须意识到，世界各地都有各自独特的政治经济文化背景，可谓是百花齐放、千差万别。学习当地语言、了解当地风土人情、尊重当地的风俗习惯，这些只不过是最基本的要求。更重要的是，领导者必须迅速并且准确地掌握当地的政治、经济、文化背景，摸索出当地的商业运作准则，并且找到关键的成功因素。

在考察各地区的政治经济文化特点时，成功的领导者不会戴着有色眼镜，他们会经常警告自己，不能依赖于以往的经验，不能想当然。他们重点要找的，恰恰是和自己之前的认知不一样的地方。

比如欧莱雅公司在进军非洲市场的时候就提出，他们要专门开发为非洲当地客户设计的新的洗发水产品，而不是直接在非洲销售为美国黑人设计的洗发水。

这就是典型的不依赖于以往的经验，哪怕目标客户都是黑人，但由于居住环境和生活习惯各方面的差异，非洲当地用户和美国黑人用户的需求很有可能不一样。因此，欧莱雅公司必须从零开始构建自己对非洲市场的认知。

而在当地拓展社交圈子的时候，你要找到那些真正清楚当地情况、并且能做出准确判断的人，或者干脆组建一支顾问团队，让他们教你怎么解读当地政府的政策等。

问题 4

拉姆·查兰认为，出色的领导者应该是一位“全球资源整合大师”，这些“全球资源整合大师”既能和员工一对一地深入沟通，也能和一群员工深入交流，使全体员工调整心态，就战略目标达成一致。索尼的创始人盛田昭夫就是这样一个人，那么他到底是怎么做的？

1960 年，索尼美国公司成立后，盛田昭夫决定举家搬到美国。为了融入美国社会，盛田昭夫要求自己的妻子和孩子学习美国人的生活习惯，除了说英文、吃西餐之外，还经常在自己家里举办家庭派对。这也算是入乡随俗了。

而且，他们还特地搬到了美国曼哈顿的高级住宅区，和通用电气、哥伦比亚广播公司等世界 500 强企业的高管们成为邻居，努力融入美国上流社会，结识美国的权贵和媒体界人士。除此之外，盛田昭夫还非常关心当地的各种社会群体，积极捐款、捐物。

盛田昭夫的种种努力收到了非常好的效果，一个最有力的证据是 1991 年海湾战争期间，部分美国人出现了强烈的反日情绪，很多美国人涌到日本企业门口表达自己的不满。

有意思的是，索尼公司在这次事件中却毫发未损。在被问起这件事的时候，很多美国人的回答竟然是：“因为索尼是美国公司啊！”当一家外籍企业在当地不被看成是外籍企业的时候，也就说明这家企业和当地社会的融合真的是到了极致。此外，为了更好地激发员工的活力，企业的战略愿景不仅要务实可行，还必须足够具体、清晰、简明、方便记忆。

除此之外，你还要让核心团队充分参与战略制定的全过程，深度的参与将有助于赢得他们的认同、拥护，并且激发他们的积极性和责任感。另外，愿景不能光说不练，你必须制订具体可行的工作计划，并且反复介绍这个愿景，保证所有员工都能真正理解，并且有足够的决心把愿景变成现实。

问题5

身处新时代，企业领导必须设计全新的组织架构和管理机制，来顺应时代的要求。对于这一点，拉姆·查兰在书中有哪些独到的见解呢？

为确保新的发展战略能够顺利执行，你必须重新设计、积极调整现有的组织结构以及管理机制。这一点和制定战略同等重要。你的目标是建立一个灵活高效的组织，不但行动迅速、适应能力强，而且要能跟上全球经济重心转移的时代发展要求。

为了实现组织机制的转型，公司总部必须充分授权，让负责具体地区市场业务的一线经理人有足够的权力、必要的资源，可以自主决策、及时行动，避免因为等待总部的批准而错失良机。

拉姆·查兰认为，组织机制转型并不意味着“重起炉灶”，更有效的方法应该是，首先聚焦于组织内部的生态环境。不管人们在哪里工作，他们的行为方式都会形成一个独特的生态环境。这种生态环境的本质是人与人之间、团体与团体之间的交往互动，比如人们怎么获取信息、和谁分享信息，以及在组织交往互动中产生的究竟是正能量还是负能量等。

这个生态环境非常重要，如果能巧妙改变组织内的生态环境，很多问题都能迎刃而解。比如联合利华在印度市场取得的成功。作为全球日用消费品行业的“大哥大”，联合利华旗下的力士香皂、立顿奶茶和路雪冰淇淋等品牌可以说是家喻户晓。

除了在城市零售市场大打“阵地战”之外，联合利华也不忘开拓乡村零售市场。在印度，联合利华的子公司充分发挥了自己“天时地利人和”的竞争优势，在内部组织机制上大做文章，并且充分激活外部组织的生态环境，形成了组织内外的良性互动。

在印度，散布着1.5万个乡村，这些乡村交通不便，信息闭塞，这就意味着常规广告的传播力度非常有限。联合利华决定改造自己在当地的营销组织架构，不惜花费大量人力、财力、物力，尽全力把当地人培养成自己的营销人员。这么做的目的在于，要“用当地人打动当地人”，利用当地的人际关系网络铺开促销网络。

联合利华把当地的农村妇女召集在一起，建议她们学习宣传联合利华的产品，并且告诉她们：“如果你们购买了联合利华的日用品，就有机会学习怎么向朋友和邻居推销这些产品，然后你们就可以赚取丰厚的销售提成。”

就这样，一次又一次的培训，使得联合利华在当地拥有了一支“召之即来、来之能战、战之必胜”的乡土促销大军。正是在成千上万当地推销员的强力促销下，联合利华一步一步占领了广阔的印度农村市场。

美国的迪士尼公司，为了不断跟上时代的发展，一直在不遗余力地探索最新的技术，希望能利用最新的技术把故事讲好。

目前，迪士尼在很多前沿科技领域都有布局，包括VR虚拟现实、AR增强现实、AI人工智能等。相应地，迪士尼公司的内部组织架构也不断发生着变化，比如为探究前沿科技而设立的迪士尼研究院。

2015年，迪士尼就展示了一款神奇的双足机器人，这款机器人走路的样子模仿了迪士尼动画角色的姿态。也就是说，现在我们在迪士尼乐园里见到的动画角色都是人扮演的，但在未来，它们很可能都是行动自如的机器人。这款机器人是迪士尼研究院和卡内基梅隆大学机器人研究所的合作成果。除此之外，迪士尼旗下的孵化加速器还投资了一家机器人公司。可以说，科技和文化就如同巨人的双脚，共同支撑着迪士尼走向百年老店。

思维导图

《引领转型：如何在大变革时代实现企业成功转型》的思维导图见图4–8。

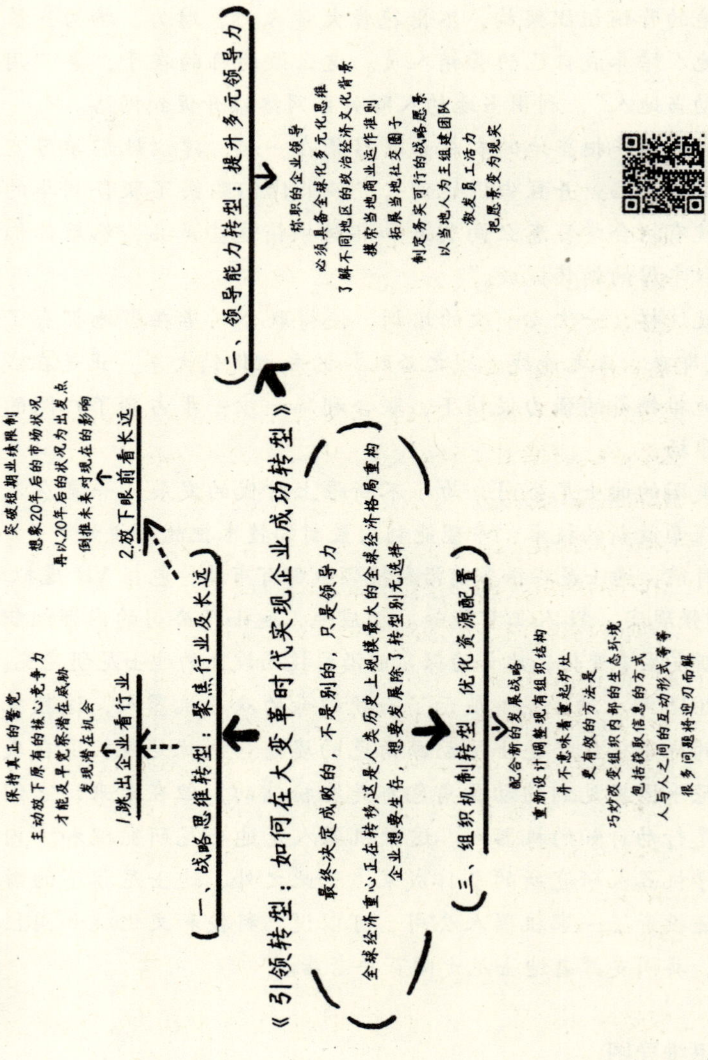
《引领转型：如何在大变革时代实现企业成功转型》
最终决定成败的，不是别的，只是领导力
全球经济重心正在转移,这是人类历史上规模最大的全球经济格局重构
企业想要生存，想要发展除了转型别无选择
一、战略思维转型：聚焦行业及长远
1.跳出企业看行业
保持真正的警觉
主动放下原有的核心竞争力
才能及早觉察潜在威胁
发现潜在机会
2.放下眼前看长远
突破短期业绩限制
想象20年后的市场状况
再以20年后的状况为出发点
倒推未来对现在的影响
二、领导能力转型：提升多元领导力
称职的企业领导
必须具备全球化多元化思维
了解不同地区的政治经济文化背景
摸索当地商业运作准则
拓展当地社交圈子
制定务实可行的战略愿景
以当地人为主组建团队
激发员工活力
把愿景变为现实
三、组织机制转型：优化资源配置
配合新的发展战略
重新设计调整现有组织结构
并不意味着重起炉灶
更有效的方法是
巧妙改变组织内部的生态环境
包括获取信息的方式
人与人之间的互动形式等等
很多问题将迎刃而解

图4-8 思维导图

第五章《三位一体：英特尔传奇》

永无止境：全球信息技术英雄史

概要

创业这件事，找对了人，往往就成功了一半。但找到合适的合伙人，难度甚至超过找一个合适的结婚对象。因为大多数人都要成家，但想创业的毕竟是少数，范围小得多。这也是为什么雷军会在成立小米之前花两年的时间来寻找合伙人。

合伙创业毕竟是一把锋利的双刃剑，如果只是简单地找几个小伙伴一起投资、管理，一旦相处不好，在公司大方向上出现分歧，轻者损兵折将，重者甚至会一蹶不振。

反之，如果合伙人之间能够高效地合作，不仅会达到事半功倍的效果，甚至可以让你和你的小伙伴达到“一体化”的境界。

罗伯特·诺伊斯、戈登·摩尔和安德鲁·格鲁夫是商业领域的三位传奇人物，也是通力合作的伙伴，他们联手缔造了全球最大的个人计算机零件和 CPU 制造商——英特尔公司。

但这个极为成功的创业团队给人们留下的印象却不太好。他们在工作之外彼此之间很少来往，甚至还有不少的摩擦，比如说爱争辩、搞阴谋、斤斤计较、偶尔相互妒忌和指责等。

但不得不说他们在企业管理、技术创新和提升企业核心竞争力方面也各有所长。一旦遇到重大原则性问题，能够抛弃对彼此之间的偏见，相互妥协，给予对方极大的信任。在他们的通力合作下，英特尔依然基业长青，甚至在全球信息产业和信息化发展进程中发挥了极其重要的作用。

《三位一体：英特尔传奇》（见图4-9）这本书，讲述的正是他们三人共同打造硅谷传奇英特尔公司的历史。作者迈克尔·马隆，是美国著名的科技记者，长期关注硅谷的发展动态。他发现了英特尔快速成长背后的秘密：诺伊斯、摩尔、格鲁夫这三位不仅仅是英特尔领导人，更重要的，他们是“三位一体”的。

图4-9 《三位一体：英特尔传奇》

英特尔之所以能够创造如此令人惊叹的商业奇迹，与这三位伟大的领导人是分不开的。《三位一体：英特尔传奇》这本书无论是企业管理、公司建设，还是经营策略等各个方面，都给创业者们带来了新的启示。

问题1

诺伊斯、摩尔、格鲁夫这三位英特尔创始人，被称为是“三位一体”的。“三位一体”的由来是什么？有什么深层含义？

三位一体其实是起源于基督教《圣经》，基督教信奉的是“三一神”，也就是“圣父、圣子、圣灵”，他们其实是同一个神的实体，但是却有三个位格。有意思的是，英特尔的这三位领导人恰恰与“三位一体”有着很大的相似性。

诺伊斯是那个受人爱戴却有品格缺陷的圣父，格鲁夫是才华横溢但争强好胜的圣子，而摩尔则是善良和正义的化身、数字时代的圣灵。格鲁夫在一场俄狄浦斯式的战役中，与诺伊斯对抗，永远保护着摩尔。

有意思的是，这个看似并不圣洁也不和谐的三位一体的创业团队却让英特尔形成了独特的企业文化和管理风格。而这些恰恰来源于诺伊斯的竞争和远见、摩尔的能力和自信，以及格鲁夫的好胜和朴实。

英特尔的文化精神只从这三者身上萃取了获胜所需的四种特质，即扁平化、平等、建设性对抗、灵活适应变化。这也是为什么尽管英特尔的起步远远落后于许多竞争对手，然而却能在短短的两年内完成对世界存储芯片业务的一个合围。

问题2

三位一体在英特尔公司其实代表的是三种角色，那么英特尔的三位创始人分别扮演着什么样的角色，然后是怎么发挥各自的作用的?

在企业经营中，想要达到“三位一体”的效果，其中的一个必备条件就是要形成“专业化分工”。英特尔的三位领导人就严格遵守了这种分工合作的方式，在自己擅长的领域不断提高公司的核心竞争力。

1. 领导

一个企业能否成功和创业者的领导能力密切相关。领导人要关注的是宏观层面的事务，比如公司文化建设、战略计划、凝聚团队等。

因此，一个创业者如果能够成为一名优秀的领导者，他甚至可以发挥出精神图腾一样的作用，重塑整个团队的精神风貌，打造企业的共同价值观。对于创业团队来说，领导尤其关键，一个好的领导在无形中可以推动目标的实现。

这类天生的领导者，可以说是创业团队极其渴望的。

罗伯特·诺伊斯就是天生的领导者，与他交谈过的人对此都有深刻的体会。在交谈中，人们在不知不觉中就进入了诺伊斯的私人空间，成为了他的好朋友，而且非常认同他所说、所做的每件事情。

诺伊斯的这种能力，常常被拿来和史蒂夫·乔布斯的“现实扭曲力场”作比较。毫无疑问，这是一个优秀的领导者必不可少的能力。

2. 产品

企业是向市场提供商品和服务的，一家创业公司能否存活，与它提供的产品能否受到市场认可息息相关。因此，创业团队中必须要有懂产品的人来负责这一重要部分。

对于产品，毫无疑问，质量是最关键的部分。没有质量就没有市场和效益。其次，市场需求分析、产品战略制定也与效益息息相关，客户不是为商品付费，而是为满意度付费，一个好的产品是可以精准地满足客户需求的。

戈登·摩尔被称为精确博士，他在1965年提出的“摩尔定律”，揭示了信息技术进步的速度。从20世纪70年代起，英特尔公司就是这条定律的坚定捍卫者。

在摩尔定律的指导下，英特尔公司1971年对外公布了世界第一个微处理器4004，宣告“一个集成电子新纪元已经来临”。

1974年，又推出了被专家们称赞为有史以来最成功的微处理器之一的“8080”。这些优秀的产品都引领了整个信息产业的发展。

3. 管理

对于一家企业来说，组织架构、公司文化是一种宝贵的无形资产，而这些无形的资产的累积，与一个优秀的管理者脱不开关系。

管理者与领导者的角色不同，应该更加关注微观层面的事务，例如合理的组织架构、积极的公司文化、绩效目标追求等。

安德鲁·格鲁夫在管理方面上，有着近乎偏执的执着与强硬的态度，他的“格鲁夫式管理”是强硬派的代表。他在公司推广“创造性对抗”，这种对抗被用于探讨问题的最佳解决方案。

在探讨过程中，个人因素、情绪、甚至人身攻击都被放在了一边，大吼大叫或者拍桌子是常有的事。这种“创造性对抗”形成了独树一帜的英特尔式文化，并帮助英特尔公司取得了卓越的成绩。

他们三位虽然私下关系不和，但彼此承诺完全信任对方的能力，因为他们都有着让英特尔成为世界上最成功的电子企业的共同信念。

比如在很多场合，诺伊斯与格鲁夫的风格都直接相悖，但诺伊斯并没有进行干预，因为他相信格鲁夫这种强硬的做法可以帮助英特尔成功。他们从未让私人间的摩擦妨碍自己的承诺与职责，反而在不断的摩擦中，彼此之间的敬意与日俱增。

问题 3

“摩尔定律”是戈登·摩尔在 1965 年提出来的。其内容为：当价格不变时，集成电路上可容纳的元器件的数目，约每隔 18 ~ 24 个月便会增加一倍，性能也将提升一倍。但摩尔定律在经济发展中是否也适用呢?

这条科技上的定律，其实也适用于社会经济发展，它的出现让所有人的潜意识里都有了一个观念：我们的生活沉浸在迅速而无情的变化中。这就对现代企业提出了新的要求：企业必须拥有更强的学习能力，才能适应这个快速发展的社会。

在如此迅速的发展中，必须认清的一点是，企业取得的成功往往都是短暂的、不牢固的。大部分公司在取得初步成功后，只会努力守住自己的收获，再也不会通过学习不断地更新迭代。

英特尔取得的卓越成就，并不是它有最卓越的领导人或是最好的产品，而是因为迄今为止，它比美国的任何公司都拥有更强的学习能力。

学习对于企业来说不单是一种能力，更应该成为一种文化，也就是所谓的打造学习型组织。成功的学习型企业要有终身学习的理念和机制，这就需要领导者和管理者的共同努力。

一方面，领导者要推动形成学习共享与互动的组织氛围，打造终身学习的价值观。另一方面，管理者要开创多种学习途径，运用各种方法引进知识，构建开放的学习系统。

现代社会展现了前所未有的发展速度，所以经营企业其实就是一个永无止境、不断学习的过程。

1983年，壳牌石油公司的一项调查表明，1970年名列《财富》杂志“500家大企业”排行榜的公司，有1/3已经销声匿迹了。

总结经验发现，大部分公司失败的原因在于：组织学习中存在的各种障碍，会妨碍组织的学习和成长。

问题4

只有懂得建设学习型组织的企业，才能全面提升自身竞争力。那么，我们从微软以及京师大学堂的发展中，能得到哪些启示？

微软提出的理念是：学习是自我批评的学习、信息反馈的学习、交流共享的学习。它鼓励通过交流学习来实现资源共享，为此组织部门内部和部门之间会定期或不定期召开午餐会，还建立了共同的操作、沟通系统，为员工间的相互学习交流创造了良好的条件。

另外，微软将来自客户的反馈信息视为重要的学习资源，为了鼓励用户提意见和咨询，微软决定产品售出的90天内，用户的反馈电话费用由微软付款。

创办于1898年的京师大学堂，在某种意义上来说，也是清政府主动打开大门，向国外学习的一个典型。它的办学方针就是“中学为体，西学为用”。尽管京师大学堂存在着不可避免的封建色彩，但毕竟是一所模仿西方大学而建的新式教育机构，与旧式的国子监、太学等有本质的区别。京师大学堂无疑是中国主动打开国门，学习西方优秀思想的典型代表。

问题 5

在经济学上，有一对名词叫“蓝海”和“红海”，蓝海指的是未知的市场空间，而红海则指的是已知的市场空间。蓝海难找红海易入，企业在营销层面应该如何找到制胜法宝？

想要开创全新的市场，找到一片蓝海在现在来看，可以说是相当困难的。因为在大多数情况下，任何领域都有竞争者，大家都在红海里厮杀。而在这过度拥挤的产业中，“营销”反而成了脱颖而出的制胜法宝。

一般来说，创业企业一旦遇到强劲的对手，首先是将自身的产品升级换代，寻求技术方面的解决方案，尤其是技术类型的公司，技术是他们的核心理念与最大优势。但实际上，产品想要获得市场的认可，单靠技术上的优势是不行的，因为这不能让用户产生共鸣。

彼得·德鲁克有句名言：“人们不是为了产品付费，而是为了满意付费。”在许多领域，大部分产品的功能、性能都趋于相同，很难找到自己的竞争优势。这就要求创业者跳出常规的技术框架，通过精准定位客户需求，用更多的人性化设计去打动客户，这样才能在“红海”厮杀中脱颖而出。

在营销领域，有一个著名的“黄金圈”法则，它指出人们购买的不是产品，而是企业的理念。真正出色的企业，必定有着独特的理念，这比产品本身更加吸引人。许多企业在做推广时都是流于介绍产品内容，从而忽视了企业的理念，而这恰恰才是打动客户的部分。

毫无疑问，营销是一门博大精深的学问，也是企业成功的必备因素，即使是在英特尔这样一个工程师和科学家聚集的公司，也需要一支由营销和销售专业人士组成的团队。

1979 年 12 月，英特尔面临了一个重大的危机：他们引以为傲的 8086 型微处理器的统治地位，受到了来自摩托罗拉公司 68000 型微处理器的挑战。于是，在格鲁夫的召集下，英特尔所有的营销专家汇集到了总部的一间会议室里。连续一周，格鲁夫和他的营销专家们几乎闭门不出，最后拿出了一份雄心勃勃的方案——粉碎行动。

“粉碎行动”的要点是，把英特尔的微处理器产品，包装成一个整体的解决方案。他们要告诉自己的客户：当你购买微处理器的时候，你购买的是英特尔的整个品牌——两位创始人诺伊斯和摩尔的“半导体经验”、过去十多年里“技术领先的优势”，以及英特尔提供的其他附加产品，包括一颗数学协处理器，帮助客户围绕微处理器设计自己产品的设计工具，以及长期的故障处理服务。这样的话，用户购买的就不仅仅只是一件产品，而是英特尔这家公司的企业理念。同时，英特尔还为自己开出了2 000个设计赢单（指产品还处在设计阶段时，就确保产品会使用Intel提供的微处理器）的销售目标。

“粉碎行动”取得了巨大成功，到了1980年年底的时候，英特尔不但完成了2 000个设计赢单的目标，而且大大超出了预估，英特尔拿下了惊人的2 500个设计赢单。而在英特尔刚刚发布“粉碎行动”的消息时，最乐观的市场分析也只是认为英特尔最多只能完成目标的三分之一。

但是对于英特尔来说，这次营销带来的真正重要的影响是，他们在“粉碎行动”中，获得了来自IBM的订单。因为IBM通常不会接受来自于外部的供应商。但后来的事情发展却出乎所有人的意料。

IBM和英特尔的联合，再加上微软改变了电脑行业的运作模式——他们创造了硬件商、软件商、组装商联合在一起的横向计算机产业，用来对抗苹果自行生产的包括处理器、软件、外形在内的纵向模式。

思维导图

《三位一体：英特尔传奇》思维导图见图4-10。

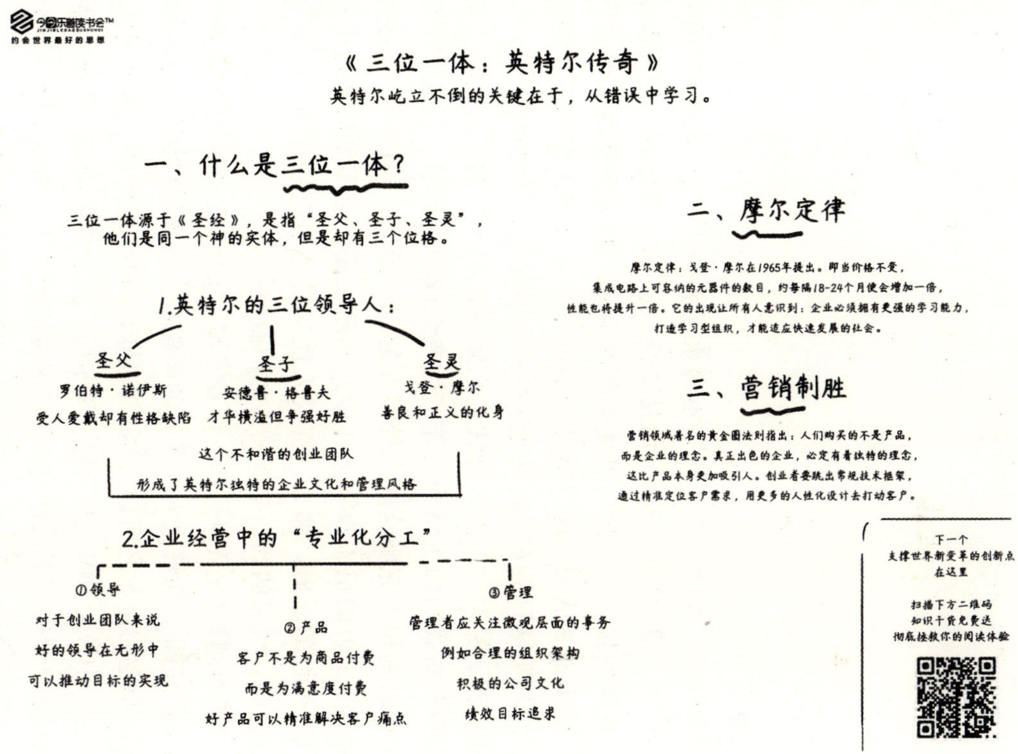

《三位一体：英特尔传奇》
英特尔屹立不倒的关键在于，从错误中学习。
一、什么是三位一体？
三位一体源于《圣经》，是指“圣父、圣子、圣灵”，他们是同一个神的实体，但是却有三个位格。
1.英特尔的三位领导人：
圣父
罗伯特·诺伊斯
受人爱戴却有性格缺陷
圣子
安德鲁·格鲁夫
才华横溢但争强好胜
圣灵
戈登·摩尔
善良和正义的化身
这个不和谐的创业团队
形成了英特尔独特的企业文化和管理风格
2.企业经营中的“专业化分工”
①领导
对于创业团队来说
好的领导在无形中
可以推动目标的实现
②产品
客户不是为商品付费
而是为满意度付费
好产品可以精准解决客户痛点
③管理
管理者应关注微观层面的事务
例如合理的组织架构
积极的公司文化
绩效目标追求
二、摩尔定律
摩尔定律：戈登·摩尔在1965年提出。即当价格不变，
集成电路上可容纳的元器件的数目，约每隔18-24个月便会增加一倍，
性能也将提升一倍。它的出现让所有人意识到：企业必须拥有更强的学习能力，
打造学习型组织，才能适应快速发展的社会。
三、营销制胜
营销领域著名的黄金圈法则指出：人们购买的不是产品，
而是企业的理念。真正出色的企业，必定有着独特的理念，
这比产品本身更加吸引人。创业者要跳出常规技术框架，
通过精准定位客户需求，用更多的人性化设计去打动客户。
下一个
支撑世界新变革的创新点
在这里
扫描下方二维码
知识干货免费送
彻底接教你的阅读体验

图4–10 思维导图

第六章《追求卓越》

行动导向：无正当性的变化

概要

很多时候，人性这个东西并不会永远表现出舍己为人、勇敢无畏、热心助人等积极的一面，而是往往朝着相反的方向，让人很难捉摸。在新闻报道中，我们可能会不时看到一些关于暴露人性“阴暗面”的事件和话题。这些事件和话题可能让许多人感到震惊甚至愤怒，但其实这只是人性弱点在这些特定事件上的放大而已。

在心理学层面，人性本身就是充满冲突和矛盾的，由此产生的消极因素会对我们的生活和工作产生或大或小的影响。因此，不仅个人需要时刻积极克服这些无处不在的人性矛盾；同样的，企业如果想要成千上万的员工投入工作中并不断创新，更需要清楚地了解以及应对人性的矛盾。那么，都说人性是最经不起考验的，企业能够克服它吗？可以的话，企业又该如何做呢？

《追求卓越》（见图4-11），作者汤姆·彼得斯，他就认为企业尤其是卓越的企业，在解决人性矛盾的问题上，应该积极面对。而一般情况下，卓越的企业之所以卓越，正是因为很好地处理了这个问题。彼得斯在书中针对IBM、迪士尼、沃尔玛、麦当劳等43家美国经营得最成功的企业进行了系统研究，不仅从中总结出了卓越企业的8种特质，还详细地提供了这些企业在实际工作中处理人性矛盾的方式。

《追求卓越》这本书是世界最畅销的工商管理书籍之一，不仅开启了商业管理书籍的第一次革命，成为轰动整个管理世界的经典法则，同时也被誉为美国优秀企业的管理圣经。出版30年来，书中的

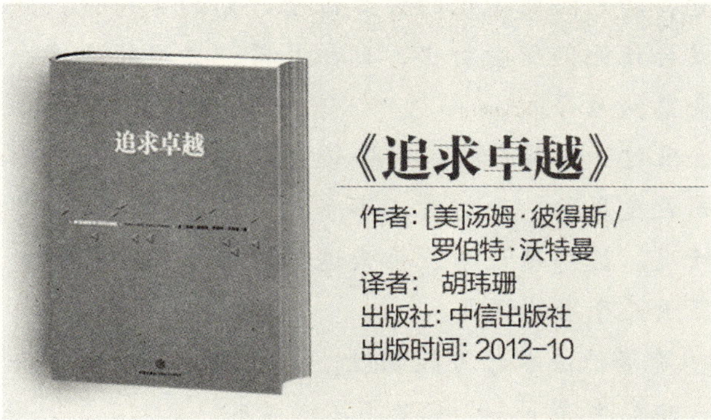

图 4-11　《追求卓越》

许多理念仍为当代经理人津津乐道，作者自己也认为，自《追求卓越》之后，虽然写了很多书，但没有任何一本比其更加精辟。

问题 1

“理性”这个词，在大家看来，应该是个褒义词，因为它意味着明智讲理、讲逻辑、正确表达问题，并且从中找出结论。然而在企业管理中，理性的管理模式并不被认可，甚至还被大多数企业诟病。这是为什么呢？

理性管理模式认为，训练有素的职业经理人可以管理一切，所有的决策都必须是通过客观分析所做的判断。但这种观念看似正确，却足以让人犯下致命的错误，受到严重误导。

为什么呢？因为在商业分析上，“理性”的定义往往非常狭隘，企业只讲究“正确”的答案，但却遗漏掉复杂的人性要素。

这就好像战略定得很完美，却没考虑旧的行为习惯、可能的执行障碍，以及人性矛盾的影响，从而最终走向失败。量化分析的应用更是如此，许多企业管理者认为任何事情都可以量化。

因此，我们经常就会见到这种情况，一线的主管经理们，提出了某项计划，却无法以量化的方式证明计划的可行性，结果被总部否决。这就会让他们倍受打击，日积月累，公司的热情、活力和冲劲自然就会荡然无存。

如果企业过于依赖分析、财务等“理性”工具，以为这些工具可以让公司避免风险，而对员工不多加关注的话，就很可能出现裹足不前的情况。彼得斯认为，推崇这种理性模式管理的经理人，往往会陷入下面几个思维误区：

（1）唯有降低成本才可能制胜。他们在最后的分析阶段专注于成本分析，想要生存下去，就必须压低成本。

（2）凡事都要分析。相信任何事情都可以通过良好的市场分析、现金流分析以及预算分析，来避免做出错误的决定。

（3）公事公办。如果你会看财务报表，你就有管理的能力，以及要想赚大钱，只需要把员工、产品和服务三项资源整顿好了就行。

（4）如果不再增长，那一切就完了。在这个产业再也没有机会时，可以转而投入另一个陌生的产业，这样我们至少可以重新追求增长。

这些过于强调因果的商业理性主义，在现今的许多企业中仍然扮演着重要的角色，但大多数卓越企业并不能靠这些东西实现成功。

原因很简单，理性主义过分强调计算、分析，这本身就充满保守的倾向，所以很难有创新的动力。

同时理性的思考模式会让我们忽略价值观的重要性。尽管卓越企业也具备超高的分析技巧，但是他们的主要决策始终是根据其价值观，而非数字分析。

卓越企业会建立一种广泛的可以鼓舞人心的共同文化，在这样的架构内，人们可以寻找适当的变通方式。他们要求员工有所贡献，员工自然会产生高度的价值感，最后还会促使他们热爱产品、提供高质量的服务、重视创新和贡献。

而只注重分析的管理思维，会让企业过早丧失创新基因，很快就变得平庸。

问题2

我们要明白，人都是以自我为中心的，人们都喜欢听赞美的话，而且老把自己想象为赢家。卓越企业应该如何利用好这一点？

一项心理学研究报告指出，他们随机抽取成年男子，要求受访者针对“自己和他人相处的能力”打分数，全体受访者（100%）都说自己可以排在前50%。60%的受访者甚至把自己排在前10%，有25%的受访者更自认为是前面1%的佼佼者。而在对“个人领导能力”的打分中，70%的受访者认为自己可以排在前25%，只有2%的受访者认为自己的领导能力低于平均水准。

从中我们可以看出，几乎每个人都认为自己是出类拔萃的，并喜欢自视为赢家。可是事实上，人的才智大多相差不大，没有人真的像自己想象的那么出色。但是如果每天都提醒自己并不出色这一点，对自己显然也没有好处。这样看上去，好像也没什么可纠结的，既然每个人都这样，那有什么关系。

但是，正是这点，对于企业却有很重要的影响。卓越企业便是基于这点，设计出了能够不断强化这点的体系，让大多数员工觉得自己出类拔萃。他们始终通过正面激励的方式来强调制胜，而不是失败。

他们的员工大多也可以自定目标和配额，因为公司希望他们能够实现这些目标。而一些平庸的企业则恰恰相反，他们往往设置的目标太高，能完成的员工总是少数。失败的员工当然会厌恶这样的感觉，结果就导致工作绩效下降，并且产生无法预测的、混乱的行为。当把某个人贴上失败者的标签时，他的所作所为也会变得像个失败者。

因此，彼得斯认为，只有成功最能促成成功，人们能够顺利完成任务，主要就是因为自信。至于他们是否真有这个能力，不管是以何种标准来衡量，其实都不重要。

有一个实验请了10个成年人来解答10道题，每个人拿到的10道题目完全一样。实验人员等他们交出答卷之后，再分别告诉他们答案，但其实他们所取得的答案都不是真的。

实验人员告诉其中半数的受试者，他们答得不错，10题里答对了7题。另外一半受试者，实验人员则告诉他们答的很差，10题里答错了7题。然后，再给全体受试者另外10道题，同样，每个人拿到的题目都一样。这次答案揭晓之后，实验人员发现第一回合以为自己回答得很好的人，第二回合都答得更好，而在第一回合以为自己表现很差的人，在这一回合的表现则更糟糕。这表明，仅仅个人过去的成功史就足以提升其毅力、动力，有时候甚至还能有更为突出的表现。

问题3

大多数企业在发展到一定规模之后，组织管理就会变得很复杂。当情况越来越复杂时，高层主管通常会有什么反应呢？当面对数以万计的目标时，他们会怎么做呢？

第一时间，他们肯定是选择雇用更多的员工，为他们简化事情。但这往往会起到相反的作用，因为更多的员工就意味着会有更多的指令、规定、政策、报告、问卷调查等。在这样的过程中，过剩的信息就很容易超过人们短时记忆能够负荷的程度。

因为研究表明：人类并不擅长处理大量的新数据和信息，大多数人的记忆力有限，在短期内能够记住的数据顶多只有六七项。因此，信息总是过剩的话，就很容易让情况变得更加混乱。在这种情况下，管理层要做的就是尽量简化事情，对复杂的组织而言尤为如此。彼得斯在研究中发现，这种一般企业很常见的问题，卓越企业都能迎刃而解。而且其中的一些企业不仅化繁为简，甚至一开始就保持简单。

全球最大的制药公司美国强生，就是一个诠释简化组织的好例子。强生公司旗下拥有强生婴儿、邦迪、达克宁等众多知名品牌，在2017年世界企业500强中排名103。强生公司为人津津乐道的一点是，它在全球57个国家建立了200多家分公司，而且不像大多数企业的阶层式管理，这些分公司都有着绝对的自主权。

每个分公司，都各自负责自己的决策、营销和研发。同时，强生总公司的行政人员很少，因此就很少派人去各分公司视察。这种分散型的组织形式在许多人看来，可能会面临管控上的难题。但强生公司CEO威廉姆·韦尔登表示："企业的挑战永远都是人才的挑战，强生旗下有200多家公司，就需要200多名优秀的领导人才，所以我们的挑战是如何培养优秀的管理人才。尽管分散型组织的控制力没有集中性组织强大，但好处在于这样的组织拥有许多出色的领导，你可以信任他们，对他们充满信心，放手让他们经营公司的业务。"

问题4

追求意义也是每个人的一种内在驱动力，哲学家尼采曾说过"人唯有找到生存的理由，才能承受任何遭遇。"对于企业来说，应该如何理解这句话？

这里所说的生存理由，当然不是指物质的满足，而是精神层面的追求。在许多学者看来，人类渴望追寻意义和追求卓越的需求确实是始终存在的。

那么企业应该如何利用好这点呢？彼得斯在研究中发现，卓越企业的一种非常重要的特质，是文化的主导和连贯。因为文化的力量越强，越以市场为导向，公司就越不需要政策手册、组织图和详细的程序与规则。

在这些公司里，员工知道在大多数情况下应该怎么做，因为公司的价值观非常明确。这些卓越企业都认识到，不只高层管理者，每个人都想要追寻意义。因此，只要公司能够满足员工这方面的需求，大多数员工都会愿意牺牲相当大的个人空间。公司满足员工对安全感的需求，从而赋予其人生的意义，员工也会更尽心尽力地报效公司。

美国宝洁公司，世界500强，排名36，全球员工近11万人，生活和工作在80个不同的国家和地区，各自拥有不同文化背景。宝洁公司自1837年成立至今，已经有180年的历史，品牌信誉和号召力依然登峰造极。宝洁公司这么强大的能量是怎么来的呢？

最重要的一点，就是宝洁公司尊重每一个员工，并让员工成为公司真正的主人。另外，宝洁公司通过奉行“生产和提供世界一流产品，美化消费者的生活”的企业宗旨，在激励员工工作的同时，赋予了员工人生的意义。员工在这种情况下，自然是乐于贡献自己的才华，努力提升自己的工作水平。这些，让宝洁成为了一个伟大的公司，并在世界各地生产出了众多质量一流、深受消费者喜爱的产品。

问题5

人们一方面积极追求自主权，一方面又积极寻求安全感，这听起来似乎不太合理，但这恰恰也是人性矛盾的又一所在。如果企业不知道如何管理具有这种矛盾的人，那就很难充分发挥他们的才能和积极性。卓越企业在这方面是怎么做的呢？

卓越企业也懂得充分运用另一项重要的人类需求，那就是控制自己命运的能力。任何组织只要能够赋予员工人生的意义和生活上的安全感，他们几乎都愿意全心全意地效忠。

下面我们讲一个很有趣的心理实验。在这项实验中，受试者需要解几道谜题和做校对的工作，但是周遭环境很嘈杂：有两个人在说西班牙语，有一个人在说英语，还有一台复印机工作的声音，以及计算器、打字机和街上的噪音。

实验人员把受试者分成两组，一组只能照吩咐解谜题和做校对；另一组则可以按按钮把噪音关掉，这是一种控制的象征。可以控制噪音开关按钮的受试者，答对谜题的数目是另一组受试者的5倍，校对所发生的错误也只有另一组的几分之一而已。最重要的是，可以控制噪音开关按钮的那组受试者完全没有用到这个按钮，光是知道自己有这样的控制权，就足以造成明显的差异。

企业只要让员工对自己的命运有些许控制权，不但能让他们感觉到公司对自己的信任，而且也激发自己内心强大的动力，死心塌地为公司效力，而且表现得会更好。

很多人都知道，华为成功的很大一部分原因，就是得益于其高效的组织执行力。但你知道华为这么高效的执行力是怎么来的吗？其实就来自于华为创始人任正非充分的放权。

2009 年，任正非在意识到华为的管理模式出现了瓶颈之后，他决定进行一次新的改革，就是在华为内部实现充分放权。目的是把决策权按一定的方式尽量下放给一线团队，从而精简掉一些不必要的流程和人员，提高华为的运行效率。

于是华为就形成了面向客户的“铁三角”作战单元：运营商业务、消费者业务、企业业务三大业务集团。这三大业务各自独立，业务负责人都有着很大的经营权力，不仅如此，走在一线的团队和员工也都得到了充分的授权。

短短几年时间，从华为的消费者业务，到华为的企业业务，就都打出了一片天地。尤其是华为的消费者业务，近 5 年来得到飞速发展，后来居上，跻身全球智能手机前三强。

2016 年，消费者业务销售收入达到 1 780 亿元人民币，占华为销售总额的 30%以上。而成功的关键就是华为三大业务版块的老总手握人、财、物等实权，可以根据市场变化，快速响应客户和消费者的需求。

不过，盲目分权也不可取，如果不能做到上下一心，企业分权就会乱。华为的分权，是建立在员工高度认可企业之上的。任正非认为，“只有员工真正认为自己是企业的主人，分权才有基础”。

正是因为任正非舍得放权，才使得各路诸侯的聪明才智得到充分发挥。任正非的分享理念让我们认识到了企业家在管理上的个人局限，只有借助组织、个人的力量，企业才能驾驭时代的不断变化。

思维导图

《追求卓越》的思维导图见图 4-12。

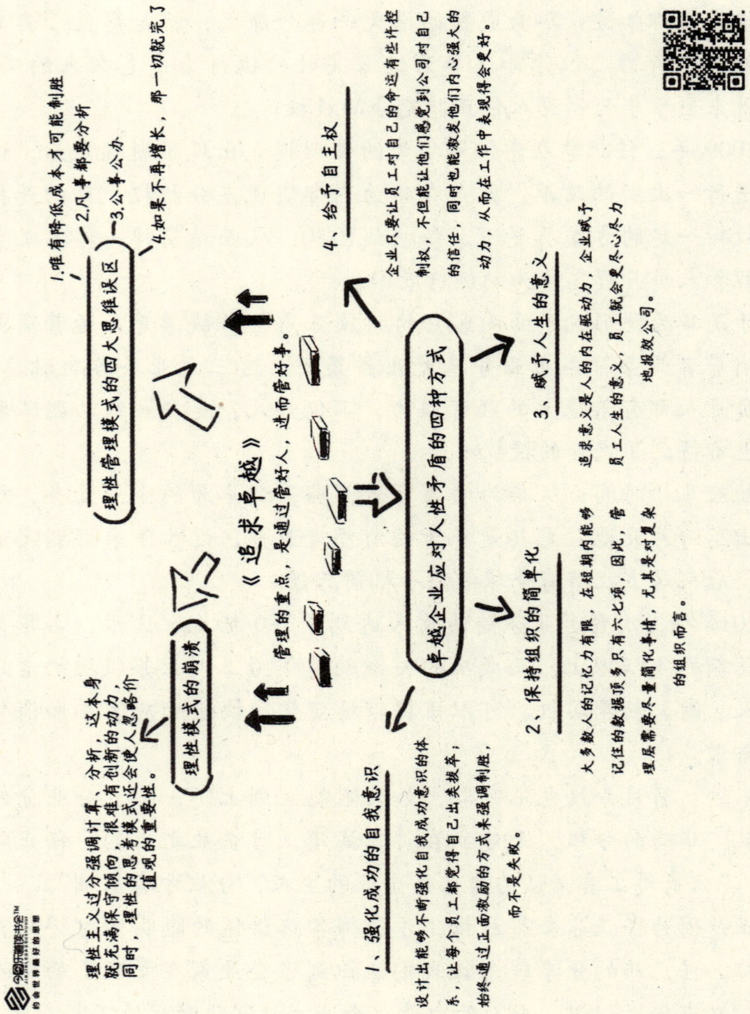
理性管理模式的四大思维误区
1.唯有降低成本才可能制胜
2.凡事都要分析
3.公事公办
4.如果不再增长，那一切就完了
理性模式的崩溃
理性主义过分强调计算、分析，这本身既充满保守倾向，很难有创新的动力，同时，理性的思考模式还会使人忽略价值观的重要性。
《追求卓越》
管理的重点，是通过管好人，进而管好事。
卓越企业应对人性矛盾的四种方式
1、强化成功的自我意识
设计出能够不断强化自我成功意识的体系，让每个员工都觉得自己出类拔萃，始终通过正面激励的方式来强调制胜，而不是失败。
2、保持组织的简单化
大多数人的记忆力有限，在短期内能够记住的数据顶多只有六七项，因此，管理层需要尽量简化事情，尤其是对庞杂的组织而言。
3、赋予人生的意义
追求意义是人的内在驱动力，企业赋予员工人生的意义，员工就会更尽心尽力地报效公司。
4、给予自主权
企业只要让员工对自己的命运有些许控制权，不但能让他们感觉到公司对自己的信任，同时也能激发他们内心强大的动力，从而在工作中表现得会更好。

图4-12 思维导图

第七章《腾讯传》

体验裂变：互联网巨头进化基因

概要

从聊天工具 QQ 到微信、微信支付，从“农场偷菜”到“王者荣耀”，从 QQ 音乐到企鹅影视，不到 20 年时间，腾讯是如何达到市值 5 000 亿美元的？这一辉煌业绩的背后，有着怎样不为人知的商业智慧和独特的商业逻辑？

《腾讯传》（见图 4-13）是腾讯官方唯一授权的权威传记。这本书全景式地记录了腾讯 20 年的崛起经历。毫不夸张地说，一部腾讯的成长史，几乎就相当于一部中国互联网企业的成长史。

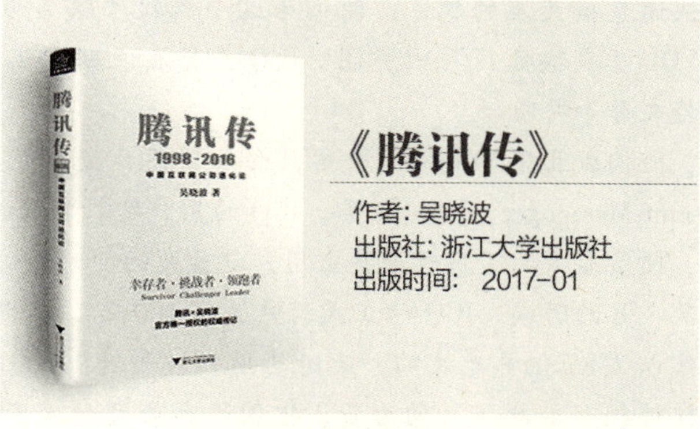

图 4-13　腾讯传

不管是对中国现在蓬勃发展的创新企业，还是对于正在急剧转型的传统企业，这本书都有很好的借鉴作用。本书作者是著名财经作家吴晓波，还著有《大败局》《激荡三十年》《跌荡一百年》等财经书籍，如果要想了解近代和当代中国商业和企业的发展历史，体会近百年中国商业发展的跌宕起伏，以及其中人物的悲欢沉浮，吴晓波的书不可不读。

为了写作《腾讯传》，吴晓波用了5年的时间，走访了60多位腾讯的各级管理者，并且进行了多轮次的百人级外围访谈，挖掘出了大量鲜为人知的第一手资料。可以说，对腾讯公司的了解，吴晓波可能是除马化腾之外的第一人。所以，要想了解马化腾的商业智慧，了解腾讯的商业逻辑，这本《腾讯传》是最好的工具。

问题1

在提到腾讯QQ的时候，我们肯定避不开ICQ，他们两者之间到底有什么渊源，QQ又是如何走到现在这一步的呢?

在说OICQ之前，我们先来说说ICQ。

1996年，三个刚刚服完兵役的以色列青年开发出了一款在互联网上能够快速直接交流的软件，他们为这个新软件取名为ICQ，即“I SEEK YOU（我找你）”的意思。ICQ支持在互联网上聊天、发送信息、传文件等功能。

之后，他们成立了Mirabilis公司，向注册用户提供互联网即时通信（Instant Messenger，IM）服务。ICQ的用户增长非常的惊人，6个月之后，便宣布成为了当时世界上用户量最大的即时通信软件。

在第7个月的时候，ICQ的正式用户达到100万。1998年，ICQ被美国在线以2.87亿美元收购，此时其用户数超过1 000万。看到即时通信软件拥有如此强大的力量，中国的企业开始坐不住了，都想进入这个市场分得一杯羹。敏锐的马化腾也不例外。

于是马化腾开始接触ICQ并成为其用户。他发现，ICQ的英文界面和使用操作习惯不适合中国用户的使用习惯，于是马化腾与张志东用了数月时间，开发出了一款符合中国用户习惯的类似的ICQ

产品。腾讯公司将新软件命名为 OICQ（Open ICQ）。

当时，腾讯在开发 OICQ 的时候，ICQ 早已成熟并且已经进入了中国市场，而且在它们之前已经有三款本土化的 ICQ 产品被使用，但是腾讯却一路披荆斩棘，成了最后的赢家。他们到底做了哪些改进呢？

在 1999 年的中国，家用电脑并不像今天这么普及，那时候，大多数人上网要么是在单位，要么就是在网吧里。这样的话，一旦换台电脑，用户保存的所有信息就都找不到了，这是一个极大的应用痛点。

考虑到这个信息存储的刚性需求，他们设计的 OICQ 把信息留存从客户端转移到了服务器端，用户在任何地方上网，都可以从服务器中调用自己存储过的信息，这一改变适应了当时中国的上网环境。除此之外，他们还针对在网吧集体玩网络游戏的用户发明了群聊、截图等新颖的功能。这一系列看似细微的创意和设计，导致了一个截然不同的结果，腾讯的 OICQ 虽然模仿的是 ICQ，但是它其实是更加符合中国用户需求的新产品。腾讯微创新的出发点并不是想在技术上实现革命性突破，而是把注意力放在了用户体验上。

1999 年 2 月 10 日，在腾讯创建的 3 个月之后，OICQ 的第一个版本终于正式发布。这也标志着腾讯终于在互联网世界中找到了自己的一寸土地。后来，OICQ 改名为我们现在使用的“腾讯 QQ”。

从腾讯的案例中我们可以发现，虽然从互联网产业诞生的那天起，我们在技术的开发和产品模式的发明方面落后于美国同行，但是我们在应用性创新上的能力和速度一点儿也不逊色于美国人和其他国际同行。

问题 2

腾讯有一个很有名的企业战略叫“在线生活”，取得了非常大的成功。马化腾到底是如何定义“在线生活”的？

如何定义“在线生活”？当时马化腾和刘炽平创造出了一个新的英文单词——ICEC。I代表Information（信息），C代表Communication（通信），E代表Entertainment（娱乐），C代表Commerce（商务）。其目的就是提供多元化的在线生活，而在线生活的背后则是社区，这几种服务都将通过社区串联起来。

2005年，马化腾说腾讯要打造出一个“在线生活”的新模式。就像日常生活中人们对水和电的依赖一样，腾讯要做成互联网上的水和电，希望给用户提供的是一站式和全价值链的互联网服务解决方案。通过腾讯已经形成的即时通信服务、互动娱乐业务、互联网增值服务、电子商务和广告业务五大业务体系来打造“一站式”的在线生活布局。

在“在线生活”战略提出之后，腾讯首先面临的就是现有的组织架构。在2001年，腾讯在第一次组织架构调整中，将公司的业务部门切分成了研发线（R线）和市场线（M线）。但是随着产品类型的增多，市场线的项目越来越多，研发线跟不上发展的步伐。因此在2005年10月24日，腾讯宣布进行第二次组织架构调整。调整后的架构被分成8个序列，分别有5个业务部门和3个服务支持部门组成。

对于腾讯来说，2005年是一个关键的年份。当时的腾讯面临着赖以为生的无线增值业务遭遇低估的危急时刻。而马化腾团队进行的“在线生活”的战略调整，以及第二次组织架构调整带有标志性的意义。

这意味着腾讯由一家以即时通信工具为核心的单一企业，在创业7年之后，带着数亿用户和十几亿元的现金，踏上了多元化的道路。此后的腾讯几乎涵盖了当时所有的互联网产品形态，当然它耕耘、收获的同时，也遭遇了种种质疑、攻击。

这一时期，对腾讯诟病最多的就是“山寨”“克隆”“盗版”，但是马化腾带领的腾讯团队把这一切都置之脑后，坚持自己以用户需求为目标的“技术微创新”，通过不断地调整和改造，一个个更加适合中国用户需求的产品被推上市场，腾讯的“在线生活”理念也潜移默化地改变了年轻人的生活方式。

问题3

3Q大战，想必没有多少人不知道，但为什么最后说腾讯“赢了官司，输了舆论”呢？

2010年以前，中国的很多PC安全软件都是收费的。中国许多PC用户都使用盗版的安全软件保护电脑，因为没有为软件花钱的习惯。

2006年7月，奇虎360发布了首款免费安全软件——360安全卫士，随后又推出免费的“360杀毒”。360安全卫士仅用了1年就成为了安全软件市场的老大。但是6个月之后，腾讯公司也正式推出一款名为“QQ医生”的免费安全软件，由于其下载量暴增，让奇虎360受到很大的威胁。随后的几个月，腾讯将“QQ医生”升级为“QQ电脑管家”。至此，双方的矛盾变得难以调和。接下来，360发布直接针对QQ的“隐私保护器”“QQ保镖”，腾讯也积极迎战360。

2010年11月3日，“3Q大战”全面爆发。全国的QQ用户都收到了这样的弹窗信息：腾讯QQ和360安全卫士互不兼容。腾讯做出了“最艰难的决定”——要求用户在360安全卫士与QQ之间必须做出选择，要么留360安全卫士，要么留QQ。

史无前例的“二选一”，一时间，业界一片沸腾。尽管之后在工信部的调停下，这场耗时4年的“3Q大战”最终以腾讯公司在法庭上的胜诉而结束，但是，这对腾讯和360两家公司的影响，都是巨大的。

对于腾讯公司来说，虽然在法律层面获得了胜利，但是却在舆论上输得很彻底。不过，这一战也成为了腾讯“封闭”和“开放”的分水岭。这家曾是“人民公敌”的企业开始了多维度的开放。

随后的“一站式在线生活”的“大腾讯战略”，正是在开放的基础上提出的。正如马化腾所说，开放不是一种态度，是能力。开放是“大公司搭台，小公司/个人唱戏”。

对于奇虎360来说，这一战让其全球闻名。3Q大战后，奇虎360在纽交所正式挂牌交易，奇虎360在美国纽交所的IPO总计获得40倍超额认购，成为2011年中国企业在美国最成功的IPO交易之一。

对互联网、安全行业来说，3Q大战就像一场“蝴蝶效应”，让网络安全软件彻底从收费时代进入免费时代，中国网络安全实力得到了大幅提升。

3Q大战结束7年之后，周鸿祎出版的新书《颠覆者：周鸿祎自传》也对这次“3Q”大战进行了详细的描述。他认为这场史无前例的大战之后所带来的反思，对改变中国互联网的生态环境起了至关重要的作用。

在书中，周鸿祎说“3Q”大战是他毕生难忘的一场战役，那种出生入死的感受至今让他记忆犹新。周鸿祎说自己最敬佩腾讯的地方，就是它们并不只是做样子、摆架子，而是抱着一个真正优秀的民营企业和互联网企业的心态，去学习、去调整、去做真正的改变。

腾讯变得更加开放，变成了一个更加强大、更令人尊重的企业。也开始反思过去的商业模式，逐渐由自建网络帝国的模式，过渡为通过收购、投资和兼并方式，构建以腾讯为核心的产业生态圈这一商业模式。

问题4

在微信与米聊的争霸中，微信是如何取胜的，米聊为什么最后就偃旗息鼓了呢？

2014年春节前夕，微信红包还在内测时，马化腾就邀请了一些企业老板测试“抢红包”功能。他发了微信红包历史上的第一个随机红包链接：50 个随机红包，人均 20 元。从此，微信和它的红包开始了华丽的表演。

2014 年除夕，微信红包收发总量为 1 600 万个；2015 年除夕，突破 10 亿个；2016 年除夕，达到 80.8 亿个；2017 年除夕，微信红包收发总量达到惊人的 142 亿个。与微信飞速增长相对应的是，当初先于微信半步上线的“米聊”已经被人们彻底遗忘了。

2010 年，市场上出现了一个叫做 Kik 的即时通信产品，其最大的特点是可在本地通讯录上直接与联系人建立连接，并且在这个基础上实现免费短信聊天。10 月份，Kik 上线苹果商店（App Store）和安卓商店（Android Market），就在短短的 15 天里，吸引了 100 万的用户。

2010 年 12 月，反应迅速的小米仅用了 1 个月，就发布了中国第一款模仿 Kik 的产品——米聊，先是 Android 版，继而是 iPhone 版。在米聊上线的同时，在广州，张小龙带领着一支不到 10 人的小团队也开始秘密地开发一个叫“微信”的产品。

2011 年 1 月，腾讯推出了重磅炸弹“微信”，1.0 版的微信几乎没有收到任何的市场反馈。张小龙迅速调整战略，升级后的 1.2 版迅速转向了图片分享。与此同时，雷军也不甘落后。4 月份，米聊借鉴香港一款名为 Talkbox 的同类产品，增加了对讲机功能，用户猛增到 100 万。随后，张小龙也在微信新版本中及时增加了语音聊天功能。

雷军曾有名言：“站在风口上，猪也能飞起来。”显然米聊就站在了移动即时通信的风口之上，但可惜的是，微信的快速“起飞”直接导致了米聊的坠落。

因用户数的大量激增，米聊的服务器曾在一天之内宕机 5 次。另外，由于跨地域、跨运营商等因素，网络质量差距很大，经常会出现某个地区米聊用户集体掉线的情况。而微信在这一点上则要做得更好，即使在跨年零点每秒收发 76 万个红包的峰值时，它也几乎没有出现明显的卡顿现象。技术的优势和用户的体验让微信逐渐占据了上风。

如果当时雷军开发的米聊的技术能再过硬一点、bug少出一点，那么如今是谁领导市场还真就说不准了。到了7月份，微信推出“查看附近的人”功能，而这个功能彻底扭转了战局。在此之前的半年里，微信的用户数未曾突破100万。然而，7月份之后，微信的日增用户数达到了惊人的10万以上，而这还是在没有动用任何QQ资源的前提下实现的。

在互联网史上，微信仍然是迄今为止增速最快的在线通信工具。QQ同时在线用户数突破1亿，用了将近10年；Facebook用了5年半；Twitter用了4年；而微信仅仅用了433天。此时的米聊，已经被远远地甩在了身后。随后，微信推出的新功能“朋友圈”“微信公众平台”“微信红包”，不断地改变着我们的生活方式。

2005年马化腾曾说腾讯打造的“在线生活”新模式，就像日常生活中人们对水和电的依赖一样，腾讯就是要做互联网上的水和电。如今，微信正如互联网上的水和电，人们已经完全离不开了。如果手机上只能安装一款APP，恐怕绝大多数的中国人会选择微信，因为只有微信能几乎同时满足你所有的需求。

问题5

从创业的第一天起，腾讯就是一个被工程师包围着的企业，马化腾、张志东们迷信技术的驱动力，几乎所有的精力都投注在研发和迭代上。腾讯出了这么多爆品，那么马化腾的产品哲学到底是什么呢？

2002年，在技术部门研发QQ群聊功能的同时，市场部门提出了一个“阿凡达计划”。这项计划给腾讯带来了两个变化：首先，它是第一个由市场部门——而不是技术部门提出的项目；其次，对用户体验的定义由物理层面提升到了情感层面。

他们在执行上采取了产品经理制的新模式，即“谁提出，谁执行”“一旦做大，独立成军”，这成为腾讯内部一个不成文的规定。这一新模式无形中造就了“赛马机制”。我们后来看到的很多创新，如微信、王者荣耀，其实都不是高层规划，而是腾讯内部各个小分队开发的结果。工程师文化与产品经理制在内在的驱动力上其实有天然的冲突性，然而却在腾讯实现了无缝融合。

后来，马化腾在公司内部的产品技术峰会上做了一个演讲，系统性地阐述了自己的产品观。

1. 关于“核心能力”

任何产品都有核心功能，其宗旨是为解决用户某一方面的需求，如节省时间、解决问题、提升效率等。

构建核心能力，首先要有技术突破点，不能跟在别人后面走；其次，要考虑如何让竞争对手想得到也追不上；最后就是产品的更新和升级需要由做过前端、后端开发的技术研发人员晋升而来的产品经理来配合。

2. 关于“口碑”

在一个产品没有口碑的时候，不要滥用平台。产品经理要关注最核心、最能够获得用户良好口碑的战略点。

作为一个有良好口碑的产品，每增加一个功能要考虑清楚，这个功能给10%的用户带来好感的同时，是否会给另外90%的用户带来困惑。每个功能不一定要用得多才是好，而是用了的人都觉得好才是真正的好。

3. 关于“体验迭代”

产品经理要把自己当成一个“最挑剔的用户”，开发人员要用心来思考产品，而不是公事公办地完成工作。要在最常见、用量最大的地方下功夫，体验和迭代的最终标准是要规范到让用户使用起来感觉很舒服。

4. 关于“细节美学”

产品必须符合用户的使用习惯。在设计上要坚持四个原则：不强迫用户；不为1%的需求骚扰99%的用户；淡淡的“美术”，点到为止；不刻意地迎合低龄化。

同时，在产品的总体结构及运营上，要采用六个策略：

一是交互功能："Don' t make me think!"（别让我思考!）；

二是美术呈现："尽可能简单"；

三是产品设计："让功能存在于无形之中"；

四是运营要求："不稳定会功亏一篑"；

五是总体要求："快速、稳定、功能强、体验好"；

六是发现需求："勤看BBS和Blog（博客）"。

上述四项几乎包含了马化腾的所有产品哲学，其中提到的"口碑创造""速度""极致""细节""单点突破"等，在后来都成为了互联网产品的标配性语言。

思维导图

《腾讯传》的思维导图见图4-14。

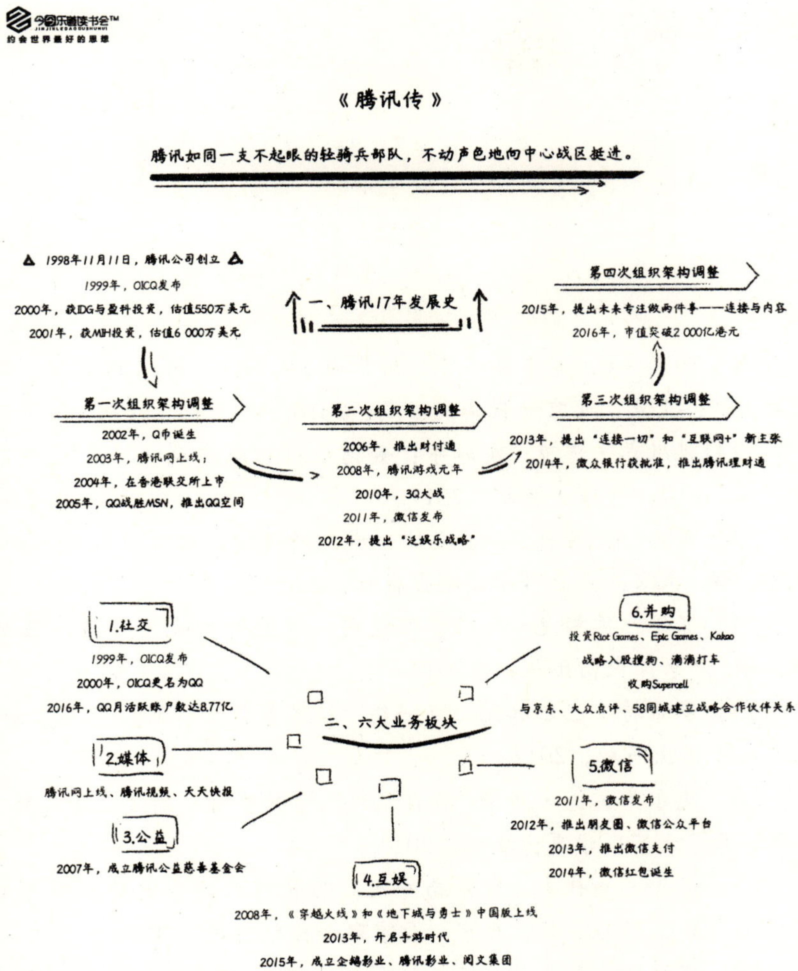
今今乐道读书会™
约会世界最好的思想
《腾讯传》
腾讯如同一支不起眼的轻骑兵部队，不动声色地向中心战区挺进。
1998年11月11日，腾讯公司创立
1999年，OICQ发布
2000年，获IDG与盈科投资，估值550万美元
2001年，获MIH投资，估值6 000万美元
一、腾讯17年发展史
第一次组织架构调整
2002年，Q币诞生
2003年，腾讯网上线；
2004年，在香港联交所上市
2005年，QQ战胜MSN，推出QQ空间
第二次组织架构调整
2006年，推出财付通
2008年，腾讯游戏元年
2010年，3Q大战
2011年，微信发布
2012年，提出“泛娱乐战略”
第三次组织架构调整
2013年，提出“连接一切”和“互联网+”新主张
2014年，微众银行获批准，推出腾讯理财通
第四次组织架构调整
2015年，提出未来专注做两件事——连接与内容
2016年，市值突破2 000亿港元
二、六大业务板块
1.社交
1999年，OICQ发布
2000年，OICQ更名为QQ
2016年，QQ月活跃账户数达8.77亿
2.媒体
腾讯网上线、腾讯视频、天天快报
3.公益
2007年，成立腾讯公益慈善基金会
4.互娱
2008年，《穿越火线》和《地下城与勇士》中国版上线
2013年，开启手游时代
2015年，成立企鹅影业、腾讯影业、阅文集团
5.微信
2011年，微信发布
2012年，推出朋友圈、微信公众平台
2013年，推出微信支付
2014年，微信红包诞生
6.并购
投资Riot Games、Epic Games、Kakao
战略入股搜狗、滴滴打车
收购Supercell
与京东、大众点评、58同城建立战略合作伙伴关系
马上试听

图4-14　思维导图

参考文献

[1] 约翰·C. 麦克斯韦尔. 领导力21法则［M］. 路卫军，路本福，译. 北京：北京时代华文书局，2016.

[2] 米歇尔·渥克. 灰犀牛：如何应对大概率危机［M］. 王丽云，译. 北京：中信出版社，2017.

[3] 罗杰·克劳利. 财富之城：威尼斯海洋霸权［M］. 陆大鹏，张骋，译. 北京：社会科学文献出版社，2015.

[4] 保罗·休梅克. 沃顿管理精要：做最好的决策［M］. 王昭力，译. 北京：中信出版社，2013.

[5] 罗希特·巴尔加瓦，陈一枏. 非显著趋势［M］. 王烁，译. 北京：中信出版社，2017.

[6] 艾尔弗雷德·斯隆. 我在通用汽车的岁月：斯隆自传［M］. 刘昕，译. 北京：华夏出版社，2014.

[7] 威廉·桑代克. 商界局外人：巴菲特尤为看重的八项企业家特质［M］. 许佳，译. 北京：北京联合出版公司，2016.

[8] 常博逸，刘文波. 轻足迹管理：变革时代的领导力［M］. 李瑶光，译. 北京：中信出版社，2014.

[9] 道格·克兰德尔. 西点军校的领导力［M］. 刘志强，译. 北京：中信出版社，2012.

[10] 约什·卡明斯. 最强兵法：军事史上最不可思议的战术详解［M］. 陶力行，译. 杭州：浙江大学出版社，2014.

[11] 山冈庄八. 德川家康［M］. 岳远坤，王维幸，译. 海口：